KB074377

복지정책 디자이너 30년 최병호의 생각

복지
담론

복지정책 디자이너 30년 최병호의 생각

복지
담론

최병호

이미지북

세상은 생각이 다른 사람들끼리 어울려 사는 곳
사회에 던지고자 했던 나의 진심 어린 메시지

나는 연구자다. 지난 30년간 연구소에서만 일했다. 아내는 나만큼 내 직업을 사랑하는 사람은 못 봤다고 한다. 젊은 시절에는 주말에도 연구실로 출근했다. 연구실에 앉아 글 쓰는 시간이 즐거웠다. 아이들을 데리고 연구소에서 시간을 보내기도 했다. 아이들은 컴퓨터 게임을 즐기고 그림을 그리거나 공부를 했다.

80년대 초 대학원을 졸업하고 KDI에서 연구원 생활을 시작했다. 지금까지 대통령이 일곱 번 바뀌었다. 집권 정부마다 복지의 이념적 지형이 다르고 복지정책도 달랐다. 국책연구기관은 집권 정부의 국정 이념과 철학을 구현하기 위해 정책을 구상하고 개발한다. 집권 정부의 복지 이념은 국책연구기관의 독립성과 자율성 혹은 연구자 개인의 신념이나 철학과 충돌할 수밖에 없다. 그 때마다 고민하고 타협할 수밖에 없다. 그래서 이 책에 실린 글들이 내용상 논리적인 모순에 빠질 수도 있다. 세상은 자기 생각대로 움직이지 않는다는 사실을 오랜 경험을 통해 깨달았다. 세상은 생각이 다른 사람들끼리 어울려 사는 곳이다.

지난 30년 간 많은 글을 썼지만, 비교적 근래에 언론에 기고하고 인터뷰한 글들을 중심으로 정리하였다. 언론은 세상과 소통하는 창(窓)이다. 이 글들은 한국 사회를 향해 소통하려고 애쓴 나의 흔적으로, 국책 연구자로서의 본분을 지키면서 사회에 던지고자 했던 나의 진심 어린 메시지다. 물론 모든 글들이 다 그렇지는 않다. 일부러 멋을 내거나, 치기(稚氣)를 부리거나 속 보이는 부끄러운 글들도 있다. 나는 늘 부족하고 목말라 하고 배우고 싶어하는 학생이기 때문이다. 아무튼 사람들과 소통하고 공감을 나누려는 나의 진정성이 얼마나 전달될 수 있는지 궁금하다.

이 책에 실린 글들은 대부분의 언론 기고문이 그렇듯이 시민들이 쉽게 이해하도록 풀어쓰도록 노력했다. 따라서 보건의료나 복지 분야를 공부하는 학생들도 복잡해 보이는 정책에 쉽게 입문할 수 있을 것이다. 복지전문가들도 복지정책을 되씹어 보는 기회가 될 것이다.

이 글들을 정리하는 데 꽤나 정성을 쏟았다. 나를 다시 돌아보는 계기가 되었다. 그러다가 갑자기 부끄러운 생각이 들었다. 몇 번이나 출간을 포기하려 했다. 그때마다 용기를 불어넣어준 큰형님 같은 이계홍 선생님이 아니었으면 이 책은 발간되지 못했을 것이다. 꼼꼼하게 원고를 하나하나 읽고 원고마다 핵심적인 메시지를 짚어내어 주신 이미지북 오종문 사장에게도 깊은 감사를 드린다.

이 책은 고인이 되신 존경하는 아버지, 자애로운 어머니에게 헌정한다.

2014년 5월

최병호

1장

집안 살림 나라 경제

오카방고의
분홍펠리컨

❧❧❧❧
사막 한가운데 생긴 삼각주에 바닷가 철새 분홍펠리컨 살 듯
시장에 돈 돌아야 경제 생태계 살아나고 젊은이들의 미래 보인다
비정규직 양산·노후 빈곤 해결해 고루 잘사는 생태계 조성 힘써야

펠리컨은 바닷가에 서식하는 철새다. 놀랍게도 아프리카 사막 한가운데에 사는 펠리컨이 있다. 아프리카 칼라하리사막의 오카방고 삼각주에 사는 분홍펠리컨이다.

삼각주는 강이 바다로 들어가는 어귀에 모래가 쌓여 생기는데 사막 한가운데 삼각주가 형성됐다. 오카방고 강물이 사막에 막혀 멈춰 버렸기 때문이다.

아프리카 남서부의 앙골라고원의 우기인 1월에 집중적으로 내린 큰비는 1600㎞에 달하는 오카방고 강을 따라 흐르다가 칼라하리사막을 만나 1만8000㎢에 달하는 광활한 오카방고 습지를 형성했다. 이것이 오카방고 삼각주다.

오카방고 삼각주는 아프리카에서 손꼽힐 정도로 다양한 생명체

가 모여 살아 칼라하리의 보석이라 불린다. 강과 습지에 수초와 풀, 숲이 우거지니 물고기들이 살게 되고 물고기를 잡아먹는 갖가지 새들이 몰려들었다. 습지에 모여든 수만 마리의 플라밍고는 장관을 이룬다. 누·영양·얼룩말·물소·하마와 악어들이 몰려들었다. 이들을 잡아먹고 사는 사자와 치타, 들개들이 먹이사슬의 꼭대기에 생겨났다. 심지어 코끼리도 살고 바다에나 사는 분홍펠리컨도 왔다. 그래서 분홍펠리컨은 오카방고의 다양한 생태계를 상징한다.

물은 생명이다. 오카방고에 물이 흘러들어야 생태계가 살아나듯이 시장에 돈이 돌아야 경제 생태계도 살아난다. 서민들의 주머니가 넉넉해져야 물건과 서비스를 사게 되고 소매와 영세 상인이 살아난다. 이들이 살아나야 도매와 중견기업이 살아난다. 이들 없이는 대기업도 존재할 수 없다. 정글에 사자만 살 수 없듯이 대기업만으로 경제를 꾸려갈 수 없다. 주변 생태계에 먹이가 풍부하고 안전해야 번식을 하듯이 젊은이들이 취업을 하고 미래가 보여야 가정을 이루고 출산을 할 것이다. 골고루 잘사는 경제 생태계를 만들어야 한다.

그러나 불행하게도 시장은 그런 방향으로 작동하지 않는 것 같다. 분배는 악화되고 있다. 우리나라 중산층의 비중은 1990년 75%에서 20년 만인 2012년에 65%로 내려앉았다. 상대빈곤율(가처분소득 기준)은 1990년 7%에서 2012년 12%로 증가했다. 그 이유는 어디에 있을까. 우리 경제는 수출 대기업 중심으로 성장해왔다. 대기업과 중소기업 간 양극화가 심해지면서 일자리 증가가 더뎌졌고 내수시장이 침체됐다. 세계적인 경제 위기까지 겹쳐 경제 침체가 악화됐다. 갈수록 대졸 청년이 일할 곳은 줄어들었다. 대신 저부가가치 일자리만 양산돼 고령자와 여성이 저임금 일자리를 차지하고 있다.

비정규직 근로자의 양산으로 임금이 싼 비정규직 중심의 고용이 증가해왔다. 조기 퇴직한 수많은 근로자들이 창업과 실패를 거듭한 끝에 저임금 일자리를 찾아 헤맨다. 저축은 꿈도 못 꾸고 가계 부채는 눈덩이처럼 불어난다. 이들을 받쳐줄 사회 안전망은 미숙하다. 노후 빈곤에 시달리고 질병에 걸리면 헤어날 길이 없다. 벼랑 끝에 몰리면 극단적인 선택을 하게 된다. 이 모든 것들이 성장을 위해 감수해야 할 고통이어야 했는가. 길고 긴 고통을 참았는데 성장은 좀체 회복되지 않는다.

불행하게도 오카방고에 수량이 줄어들고 있다고 한다. 물이 사라지면 생태계도 사라진다. 아름다운 분홍펠리컨을 더 이상 볼 수 없게 된다. 오카방고의 비극이 시작되고 있다. 오카방고 생태계를 살리기 위해서 물을 대야 하듯이 우리의 경제 생태계를 살리기 위해서 물을 대야 한다. 그것이 창조 경제든 규제 혁파든 분배든 무엇이든 해야 한다. 나는 분홍펠리컨을 보고 싶다. [서울경제, 2014. 4. 1]

증세 없는 복지
가능한가

〜〜〜
비과세 감면 축소, 세출 구조조정, 지하경제 양성화가 유력한 수단
경제활동인구 세금 투명해야 연금·건보 사각지대 사라져
아울러 나눔 복지인 동네공동체 복지, 신앙공동체 복지 복원해야

복지정책을 연구하다보면 가끔씩 어릴 때의 아련한 기억들이 떠오른다. 경제적으로 어려웠던 1960년대 후반, 옆집 태우는 엄마 젖이 말라 동네 엄마들이 돌려가며 젖을 물렸다(심봉사도 심청이를 동네 젖동냥으로 키웠다). 노총각 구걸인 수만이는 해질녘이면 깡통 하나 들고 밥 동냥을 다녔다. 동네 아이들이 졸졸 따라다니면서 놀리고 괴롭혔다. 나도 그 중의 하나였다.

경남 통영 외조부는 오갈 데 없는 걸인들을 거둬 먹이고 재우는 데 이골이 난 분이었다. 이 때문에 늘 외조모는 못마땅하게 여겼다. 뒤치다꺼리는 외조모 몫이었기 때문이다. 성탄절 무렵이면 성당 안은 늘 아이들로 가득 채워졌다. 고무공 하나 얻기 위해서였다. 고무공 하나면 동네 아이 여럿이 찜뽕(일종의 야구)을 하면

서 하루를 보낼 수 있었다. 동네 골목은 늘 시끌벅적했고 아이들의 놀이터이자 어린이집이기도 했다. 동네 골목에서 사람을 알고 세상을 이해했다. 동네공동체 복지는 이렇게 이루어졌다. 십시일반이고 나눔이었다. 교회의 신앙공동체도 그러했다. 나의 유년 시절은 집과 동네, 교회를 오가는 시간들로 채워졌다. 거기에 정부는 보이지 않았다. 근대화의 물결을 타고 모든 게 물질화되면서 나눔의 복지는 돈(세금)의 부담으로 환산되었다. 복지는 곧 세금이 되어버렸다. 동네와 교회는 사라지고, 그 자리를 정부가 대신했다. 마음을 나누던 복지가 세금을 나누는 복지가 되면서 증세 논쟁이 불거진다.

근래에 홍역을 치렀던 세법 개정안도 복지 재원 부담을 두고 벌인 정치적 논쟁이었다. 아름답던 복지가 미움과 분열의 복지가 되고 정치화되었다. 세금 복지에서 충돌하는 지점은 복지를 위해 증세를 하자는 쪽과 증세가 어려우니 복지 공약을 축소하자는 쪽 사이이다. 대다수 전문가들은 증세 없는 복지는 불가능하다고 본다.

그러나 증세 없는 복지는 여전히 유효한 국정기조이다. 증세 없는 복지는 과연 불가능한가? 비과세 감면 축소, 세출 구조조정, 지하경제 양성화가 유력한 수단이다. 그러나 과거에 다 해 봤는데 안 되더라, 혹은 무리하게 추진하면 많은 부작용을 낳을 것이라는 자조적인 분위기에 젖어있는 것 같다. 증세 없는 복지를 위한 의지와 창조적 노력은 그다지 보이지 않는다.

지하경제 양성화는 세원을 추가 확보하기 위한 것만은 아니다. 지하경제 규모는 GDP의 17~26%로 추정된다. 가령 GDP의 20% 정도의 지하경제를 양성화 한다면 1인당 국민소득은 2만3000달러(2012년)에서 2만8000달러까지 집계될 것이고, 내년이면 3만 달러를 돌파하게 될 것이다. 더욱 중요한 것은 세원의 탈루를 막아야 진보 진영이 주장하는 부자 과세가 가능해지고, 보수 진영이 주장하는 보편 과세도 가능해진다.

경제활동을 하는 모든 사람들의 세원이 투명해져야 국민연금이나 건강보험의 사각지대가 사라져 진정한 전 국민보험이 된다. 세금 안 내고, 보험료 안 내고 복지 혜택을 누리려는 무임승차자를 가려내기 위해서도 지하경제 양성화는 필요하다. 증세 없는 복지를 글자 그대로 해석해서는 안 된다는 것쯤은 알 만한 사람은 다 안다. 복지 공약도 글자 그대로 해석해서는 안 된다는 것쯤도 안다. 갈수록 악화되는 양극화, 가족의 해체와 사회병리, 고령사회의 진행으로 국가 복지의 확대는 불가피하다.

복지 확대는 우리나라만이 아닌 대부분의 선진국이 거쳐왔던 과거의 경험이고 진행형이다. 우리나라만 거스를 수는 없는 일이다. 국가복지는 세금 복지일 수밖에 없지만, 증세하기 전에 숨은 재원을 최대한 가려내야 한다. 이와 함께 진정한 나눔의 복지인 동네공동체 복지, 신앙공동체 복지를 복원해보는 것은 어떨까. 어려웠던 시절의 풀뿌리 복지를 현대적으로 복원시키는 것이 결코 어려운 일은 아닐 것이다. [한국일보, 2013. 09. 03]

보편적 맞춤형복지가
답이다

미래 수요를 감안한 복지 재원 마련하고
사회안전망·복지 수요 채워주는 맞춤형복지 조화시켜
국민이 행복한 복지국가, 대한민국 만들어낼 때

'복지'는 한국 정치와 경제의 화두로 등장했다. 복지는 야누스적 양면성을 지니고 있다. 국민에게 희망을 주는 '복지국가'를 연상시키는가 하면, 국민을 나태하게 하는 '복지병'을 연상시키기도 한다. 이 때문에 정치는 복지의 밝은 면을 강조하고, 경제는 복지의 어두운 면을 강조한다. 현실은 정치와 경제의 타협점에 서 있다. 복지 포퓰리즘을 우려하지만, 복지의 정치화는 이미 현실로 받아들일 수밖에 없다. 지난 4·11 총선을 거치면서 여·야 간에 복지 논쟁이 불붙었고, 복지 과열을 우려한 기획재정부가 소요재정을 낱낱이 계산함으로써 재정 부담에 대한 관심을 환기시켰다.

연말 대선을 앞두고 또 한 차례의 치열한 복지 공방은 필연이다. 대선 주자들은 유권자의 마음을 사로잡기 위한 공약에 매달릴 수밖에 없다. 공약을 100% 이행하기는 어렵겠지만 복지의 큰 흐름을 좌우할 것은 분명하다. 보편복지와 선별복지, 무상복지와 맞춤형복지 간의 경쟁이 국민의 선택을 기다리고 있다. 복지 혜택에 못지않게 누가 부담하느냐에 대한 논쟁도 뜨거울 것이다.

진보 정당은 고소득층이 부담하는 보편적 무상복지를 강조하고 있고, 보수 정당은 고소득층이 많이 부담하되 대상을 선별하여 필요한 복지를 제공하는 선별적 맞춤형복지를 강조한다. 서민중산층이 유권자의 다수를 차지하니 진보 공약이 표를 얻는 데는 일단 유리해 보인다. 그러나 진보 공약은 엄청난 재원 마련을 어떻게 마련할 것인지 고민에 빠지게 될 것이다. 고소득층만의 부담으로는 한계가 있기 때문이다. 보수 공약 역시 세금을 인상할 수밖에 없는 고민에 빠진다. 보수 정당은 줄곧 감세 기조를 유지해 왔고 세출 구조조정을 통한 복지 재원 조달을 주장해왔기 때문이다.

현실은 복지 확충과 세금 인상에 우호적이지 않다. 유럽 경제 위기는 장기화되리라는 관측이 지배적이고, 개방형 경제인 한국 경제는 이미 위기에 노출되고 있다. 경제 침체로 일자리는 줄 것이고 양극화는 심화될 것이다. 위기 시에 복지 수요는 더욱 늘어날 터인데, 기업의 담세 여력이 떨어지는 것이 문제이다. 조세와 사회보험료의 대부분은 비교적 안정된 기업과 근로자들이 부담하기 때문이다.

현재의 복지도 중요하지만 미래의 복지를 생각해야 하는 것 또한 부담이다. 저출산이 지속되면 미래 복지는 지속 가능하지 않다. 장래 생산인구가 줄어들면 복지 시스템을 지탱하기 어렵기 때문이다. 비교적 낙관적인 인구 전망을 하더라도 한국은 2050년에 세계 최고령 국가가 된다. 출산을 장려하기 위해 과감한 보육투자를 할 것인가, OECD 국가 중 가장 높은 노인자살율과 노인빈곤율을 완화하기 위해 노인복지를 강화할 것인가? 발등의 불을 꺼야 하나, 미래를 위해 현재를 희생해야 하나? 급한 불도 끄고 미래를 잘 준비하는 것이 우리의 숙제이다.

정치경제학적 선택에 맞닥뜨릴 때 진보와 보수가 만나는 접점인 보편적 맞춤형복지가 해답이다. 국민 누구나 위험에 빠졌을 때 국가가 가까이 있다는 믿음을 갖게 되고, 실효적으로 보호를 받는 사회안전망을 구축하는 것이 보편적복지이다. 사회안전망은 가정과 사회의 안전을 담보하는 사회간접자본이기도 하다. 사회안전망의 굳건한 토대 위에 개별적으로 필요한 복지 수요를 채워주는 맞춤형복지를 잘 조화시켜야 한다.

우리는 경제적으로 한강의 기적을 일구면서 20-50(소득 2만 달러-인구 5천만) 클럽에 진입하는 성공 국가를 이루어냈다. 이젠 두 번째의 기적, 국민이 행복한 복지국가, 대한민국을 만들어 낼 때이다. [서울경제, 2012. 08. 03]

집안 살림과
나라 살림

자식에 유산을 남길망정 빚 떠넘기는 부모는 없다.
과도한 복지 확대보다는 재기를 돕는 발판을 마련하고
새 정부는 집안 살림 챙기듯이 나라 살림을 챙기면 된다.

　박근혜 정부가 복지 공약에 대한 강한 실천 의지를 다지는 것을
보면서 주변에 나라 살림에 대해 걱정하는 분들이 많다. 가뜩이나
국·내외 경제상황이 어려운데 복지 확대가 자칫 성장판을 훼손하
지나 않을지, 근래에 침체를 겪고 있는 PIGS(포르투갈·이탈리아·그
리스·스페인)와 같은 남부 유럽형 국가로 전락하지 않을까 우려하
고 있다.

　복지 확대에 대한 경고는 어제 오늘의 일이 아니다. 1970년대는 남
미의 포퓰리즘 복지병을 경계했고, 1980년대는 영국과 네덜란드의
복지병을 우려했다. 독일의 복지병이 한때 회자되기도 했다. 선진국
들이 경제적 난국에 처할 때마다 그 난국을 초래하는 다양한 원인보
다 국내에서는 늘 복지병을 원인으로 지목하면서 복지 확대에 대한

경계의 고삐를 늦추지 않는다.

　나라의 흥망성쇠를 좌우하는 국가 경영은 집안 살림과 별반 다를 게 없다. 집안이 흥하려면 형제 간에 우애가 돈독해야 한다. 부모형제 간에 반목하고 갈등하면 집안이 잘될 리가 없다. 어려운 형제가 있으면 서로 도와 일으켜 세우는 집안이 오래가고 자손 대대로 번성한다. 마찬가지로 나라가 융성하려면 함께 나눠 서로 신뢰가 쌓이고 화합해야 나라에 대한 믿음과 애국심이 생긴다. 열 손가락 깨물어 안 아픈 손가락이 없지만, 미약한 자식에게는 더욱 각별한 정을 쏟아야 한다. 이게 빈곤층에 대한 기초생활보장을 강화해야 하는 이유이다.

　부모가 자식을 채찍과 훈육으로만 다스리면 말 잘 듣고 얌전하기는 하겠으나 자식의 기를 꺾어 모험심과 창의력을 고갈시키게 된다. 훈육과 더불어 사랑으로 보살펴야 한다. 집안이 화목하고 따뜻해야 가장이 안심하고 열심히 뛸 수 있다.

　사회보장제도가 탄탄하고 사회 통합이 잘된 나라가 해외시장에서, 국제무대에서 당당하게 경쟁할 수 있다. 자식 키우느라 많은 것을 희생하신 집안의 어른은 너무 누추하지 않게 자식 손자들이 십시일반 갹출해 모셔야 한다. 이것이 기초연금이다.

　집안 살림이 어려워지면 부모는 허리띠를 졸라매더라도 자식만은 배 곯리지 않고 공부시키려 한다. 마찬가지로 나라 살림이 어려워지면 지도층부터 내핍하고 나누어서 서민들에게 베풀고 어려운 시기를 참고 견뎌내도록 해야 한다.

　집안 살림이 어렵더라도 빚을 져서는 안 된다. 자식들에게 유산을 남길망정 빚을 떠넘기려는 부모는 없다. 마찬가지로 과도한 복지를 빚으로 충당해서는 안 된다. 빚을 내기 시작해 그것이 이어지면 갚기 어려워지기 때문이다. 빚을 내기보다는 살림 규모를 줄이고 쓸 곳에 제대로 쓰는 알뜰함의 지혜를 발휘해야 한다.

아이들을 가정의 울타리에서 벗어나 어엿한 사회인으로서 새 가정을 꾸리게까지 하는 것이 부모로서의 의무이다. 성공한 사회인이 되기까지는 실패와 좌절의 관문을 거치게 된다. 마찬가지로 국민을 과도하게 국가복지에 안주하도록 해서는 안 된다. 실패했을 때 재기할 수 있는 바탕을 마련해주는 것이 국가의 역할이다.

기초적인 생계를 보장하고 교육시키고 훈련시켜 취업의 기회를 잡도록 해야 한다. 흔히 복지를 늘리면 근로 의욕을 꺾어 국민을 나태하게 만든다고 한다. 복지는 따지고 보면 가계의 생활비 부담을 줄여주는 것이다.

아이들의 양육비와 교육비, 의료비, 어르신 돌보는 비용 등이 그것이다. 이 비용을 줄여주면 가계의 가용소득이 늘어나 내수가 창출되고 기업은 투자를 하게 된다. 가용소득이 늘어나야 빚도 갚고 저축도 할 것이다. 저축은 투자로 이어질 것이다. 이와 더불어 복지는 일자리를 늘린다. 보육교사가 늘어나고 간호 인력이 늘어나고 돌봄 인력이 늘어난다. 이런 일자리는 국민을 행복하게 하고 주부들이 취업할 수 있는 여건을 만들어주는 좋은 일자리이다.

이러한 원리로 복지와 경제가 선순환하게 되는 것이다. 다만 개인의 이기심을 잘 활용해 나태에 빠지지 않고 일할 동기를 자극할 수 있는 복지 시스템을 마련해야 한다. 어렵게만 보이는 나라 살림도 집안 살림의 원리와 별반 다를 게 없다. 새 정부는 집안 살림 챙기듯이 나라 살림을 챙기면 된다. [서울경제, 2013. 03. 04]

복지 공약과
공약가계부

복지예산 범위 내 운용하려면 복지 공약 축소 불가피
음성화되고 탈루된 세원 찾아내고 빚내기보다는 절약 필요
안주인이 가계 경제 고려해 목표 수정하듯 공약 가계부도 손질해야

   복잡한 일은 단순화해서 바라봐야 쉽게 이해되고 해결 방안도 쉬이 찾아지는 경우가 있다. 복지 공약 이행을 위한 정부의 재정운용 방안과 이를 놓고 벌이는 정치적 갈등이 복잡하게 전개되는 상황을 보면서 문득 드는 생각이다. 국정 운영에 대한 복잡한 계산도 평범한 가정의 눈높이에서 국민을 설득하고 해법을 함께 고민하다 보면 쉽게 풀릴 수 있다.

   복잡하고 딱딱한 얘기부터 해보자. 복지 공약을 놓고 이를 지키기 위해 증세를 할 것인가, 아니면 증세 없이 복지 공약을 축소할 것인가. 두 가지로 크게 의견이 갈리고 있지만 내부 사정을 들여다보면 복잡하다. 공약 가계부의 테두리 내에서 작성한 2013~2017년 정부 예산안을 보면 정부는 복지예산을 2013년 97조4000억 원에서 2017

년 127조5000억 원으로 5년간 565조 원 늘리기로 했다. 연평균 증가율이 7%로써 잠재성장률 3%를 뛰어넘는다. 하지만 조세부담률은 2017년에 20.1%로 증세를 최대한 억제하겠다는 입장이다. 조세 부담은 묶어 놓고 돈 쓸 곳은 많으니 국가 채무는 2013년 443조 원에서 2017년 600조 원을 돌파할 것이라고 한다.

예산당국은 근래의 경제상황을 감안해 재정운용 계획을 빠듯하게 짰다고 하지만, 공약 가계부 상의 복지예산 범위 내에서 운용하려면 복지 공약 축소는 불가피해 보인다. 복지 공약을 지키려면 공약 가계부 내 다른 용도의 예산을 줄여 복지예산을 늘려야 한다. 운 좋게 경제상황이 호전돼 세입이 늘어나면 복지예산을 늘릴 수 있다. 경제상황이 좋아지지 않으면 세금을 더 거두거나 빚을 내서 복지를 해야 한다. 증세는 억제하겠다는 입장이므로 세금을 더 거두기 위해서는 세율을 올리기보다는 음성화되고 탈루된 세원을 찾아내야 한다. 또 하나의 방법은 어디 새어 나가는 돈이 없나 꼼꼼히 살펴보는 것이다. 티끌 모아 태산이라고 여러 부처에 복잡하게 분산되고 세분화된 복지 프로그램에서 조금씩 절약하고 낭비를 줄이면 큰 돈이 절약될 것이다. 이 같이 복지 공약과 정부 재정 운용 간의 관계는 복잡하다.

간단하고 부드러운 얘기를 해보자. 가계를 꾸리는 안주인은 한정된 수입을 갖고 요리조리 살림을 꾸려나가야 한다. 안주인은 따뜻하고 섬세하면서도 현명해야 한다. 식구들을 잘 먹이고 건강을 챙겨야 한다. 아이들 교육도 시켜야 하고 집도 마련해야 한다. 아플 때를 대비해서 치료비도 마련해 놓아야 한다. 자식의 결혼 준비도 해야 하고 노후 대비도 해야 한다. 이 모든 것을 다하려면 허리띠를 졸라매고 알뜰히 저축해야 한다. 허튼 곳에 돈 쓰지 말고 어디 돈 새는 곳이 없나 살펴야 한다.

되도록이면 빚은 내서는 안 된다는 친정 엄마의 말도 명심해야 한다. 빚을 내기 시작하면 빚이 빚을 부른다는 어른들의 말씀을 누누이 들어왔다. 특히 현명한 안주인이라면 미리 계획한 지출이 있어도 이를 마냥 고집하기보다는 상황에 따라 현명하게 조율할 것이다. 이렇게 알뜰살뜰 살림하고 집안이 평안해져야 가계 경제도 원활하게 돌아가 집안이 흥하지 않겠는가.

공약 가계부 역시 현모양처가 살림하듯이 잘 짜면 된다. 국민생활의 구석구석을 잘 살펴 빈곤과 절망의 나락에 빠지지 않게 하고, 질병의 질곡에서 빠져 나오도록 하고, 아이 낳기 좋은 환경을 만들어 주고, 노후가 걱정되지 않도록 하면 된다. 국민들이 건강하고 삶의 의욕이 충만해 열심히 일하도록 도와주면 된다.

특히 공약한 내용이라고 글자 그대로 지키는 것은 지혜롭지 못하다. 현명한 안주인이 가계 경제를 고려해 목표를 수정하듯이 책임 있는 공직자라면 공약 가계부를 손때가 닳도록 손질해야 한다. 국민이 십시일반 갹출해 공직자에게 월급을 주고 연금을 주는 이유가 여기에 있다. 또 공약 가계부를 손질할 때 각계각층의 시민들과 함께 머리를 맞대고 고민하면 갈등의 공약 가계부가 화합의 공약 가계부가 될 것이다. [서울경제, 2013. 10. 14]

국민행복시대 반석
사회보장 SOC

∽∽∽∽

미래사회에도 지속 가능한 한국형 복지 시스템 구축 필요
신설된 사회보장위원회 컨트롤 타워 역할 수행
접근성 용이하고 공평하고 낭비 없는 시스템 구축해 나가야

복지는 산업화와 전쟁의 산물이다. 서구의 산업화 과정에서 산업 재해·질병·실업 문제가 발생했고, 농경사회가 산업사회로 전환되면서 근로자의 은퇴 문제가 대두되고 연금제도가 생겨났다. 두 차례의 세계대전은 가족과 사회를 파괴했다. 미망인·고아·노인들은 생계가 막막해졌고 상이자들은 가족을 부양하기 어려워졌다. 1800년대 후반에서 1900년대 전반에 걸친 100년 동안에 사회보장제도의 틀을 갖추게 됐다. 세계대전 이후 경제 부흥기에는 삶의 풍요를 보장하는 국가복지제도로 발전해 나갔다. 복지 후진국이라 불리는 미국도 남북전쟁을 겪으면서 복지제도의 기반을 닦았고, 대공황을 겪으면서 건실한 국민연금제도를 구축했으며, 경제 부흥기에 접어들면서 건강보험을 도입했다. 일본도 산업화와 전쟁을 겪으면서 서구 복

지제도를 일본식으로 소화하면서 복지 선진국 대열에 끼게 됐다.

우리나라 역시 전쟁과 산업화 과정을 겪었다. 그러나 경제개발과 국방에 밀려 사회보장은 우선순위에서 뒤처졌다. 앞만 보고 달렸다. 뒤처지는 낙오자는 열등한 자였고 게으른 자로 낙인찍혔다. 옆에서 픽픽 쓰러져도 자신과는 상관없는 일이었다. 오로지 가족만이 버팀목이었다. 그 결과 세계가 놀랄 만한 압축성장을 하게 됐다. 그러나 정서는 메말라갔고 남을 배려하고 베푸는 데 인색한 국민이 됐다. 그래도 대한민국은 여전히 배가 고프다. 눈앞에 보이는 목표를 빨리 달성해야 할 조급증과 강박감이 우리 사회에 바이러스처럼 퍼져 있다. 우리 등 뒤에 바싹 따라오는 추격자들을 생각하니 등줄기에 식은땀이 흐른다. 잠 못 이루고 전전긍긍하는 밤. '복지는 안 돼. 우린 아직 행복해서는 안 돼'를 속으로 되뇌었다.

새 정부가 문화와 복지 코드를 선택한 것은 잘한 선택이다. 선진국 클럽으로의 진입은 목적만 달성하면 과정은 무시해도 되는 천박한 게임이 아니다. 그렇다고 선진국의 복지제도를 그대로 좇아가서는 안 된다. 선진 복지의 실패 사례를 철저히 검증해 후발주자로서의 이점을 살려야 한다. 생애주기 맞춤형복지를 한국형 복지모형으로 발전시켜나가기 위해서는 복지 시스템의 틀을 개편해야 한다. 복지제도의 역사가 오래된 선진국들은 개혁을 하고 싶어도 하기 어렵다. 이미 굳어져버린 복지행정 조직과 복지 인프라, 기득권의 틀을 깨트리기가 쉽지 않다. 대신 여전히 복지 확대 과정에 있는 우리나라는 아직 기회가 있다.

개혁은 사회보장의 사회간접자본(SOC)을 제대로 구축하는 일부터 시작해야 한다. 사회보장의 SOC란 국민들이 필요한 복지 서비스를 찾아 이곳저곳을 헤매지 않고 한 곳에서 받을 수 있는 시스템이다. 국가의 도움이 절실히 필요할 때 언제든지 찾아갈 곳이 있다는 믿음이 마음속에 자리 잡을 때 국가에 대한 신뢰가 생겨난다. 국가 복지의 본질은 국가가 언제든지 내 곁에 있다는 믿음을 갖도록 하는 것이다.

박근혜 대통령이 발의한 사회보장기본법은 사회보장의 SOC를 구축하기 위한 근거를 제공한다. 사회보장기본법에 의해 설립된 사회보장위원회는 여러 부처에 산재된 사회보장 기능을 조율하는 컨트롤 타워가 되며, 수요자 중심의 복지 시스템을 잘 설계해야 하는 임무를 수행해야 할 것이다. 도로·전기·가스·수도와 같은 SOC를 잘 깔아야 경제가 활성화 되듯이 이젠 사회보장의 SOC를 다시 점검해보고 제대로 깔아야 한다. 미래사회에도 지속 가능한 튼튼한 SOC를 구축해야 한다. 국민들의 접근성이 용이하고 공평하고 낭비 없는 시스템을 구축해 나가야 한다. 사회보장의 SOC는 국민행복시대의 기초를 다지는 반석이다. 반석이 튼실해야 실패를 두려워하지 않는 모험과 창의적 실험이 가능한 창조경제를 이룰 수 있다.

[서울신문, 2013. 04. 01]

중앙과 지방의
복지 분담 해법

◈◈◈◈
복지비용 부담 두고 중앙정부와 지방자치단체 간의 갈등 고조
조선시대, 소공동체에서 해결 못한 복지 지방 수령 중심이 돼 해결
민간 소공동체와 지자체, 중앙의 역할을 다시 정립해야 할 때

무상급식과 무상보육에 이어 기초연금까지 다양한 복지정책이 잇달아 시행되고 있다. 복지를 확대시킬 공약도 줄줄이 대기하고 있다. 복지정책의 내용을 둘러싸고 논쟁이 커지는 가운데 눈덩이처럼 불어나는 복지 재정을 누가 부담하느냐를 놓고 중앙정부와 지방자치단체 간의 갈등도 커지고 있다. 대표적인 것이 영·유아 보육료를 놓고 벌이는 정부와 서울시 간의 힘겨루기다.

최근 정부는 영·유아 보육료에 대한 국고 기준보조율을 10% 포인트 상향 조정하고, 지방소비세의 전환율 5%를 2015년까지 11%까지 확대하기로 했다. 그러나 서울시는 현재 국회에 계류 중인 보육법 개정안대로 국고보조율을 20% 포인트 올린 40%로 높여야 한다고 주장하며 실제 내년 예산안도 법 개정안대로 편성했다. 이에 따

라 정부와 서울시 간 갈등은 앞으로도 계속될 것으로 전망된다. 내년 7월 시행 예정인 기초연금 역시 정부와 지자체 간 부담비율을 놓고 다툼이 예고된 상황이다.

재원 분담을 놓고 벌이는 전쟁은 시작에 불과하다. 이 전쟁은 꽤나 오래갈 것 같다. 흥미로운 것은 대선 당시 복지 공약에 대해 왜 지자체는 조용했는가 하는 점이다. 공약 실천에 필요한 재원은 어떤 형태로든 지방이 분담할 수밖에 없는 데도 말이다.

복지정책 자체에 대한 고민을 넘어 누가 복지를 책임지고 부담해야 할 것인지에 대해서도 근원적인 성찰이 필요한 때다.

돌이켜보면 조선시대의 복지에 대한 일차적 책임은 지방 수령에게 있었다. 마을마다 조직된 계·두레·오가통과 같은 소공동체에서 해결하지 못하는 복지 문제를 지방 수령이 중심이 돼 해결했다. 중앙은 수령의 책임을 묻고 지도·감독했다. 다만 가뭄과 홍수·지진 같은 천재지변이나 전쟁·전염병 등 재난이 발생하면 중앙은 국고로 비축한 식량을 풀어 구휼했다.

근대화 과정에서 서구의 복지제도를 도입하면서 국가 책임이 강조되기 시작했다. 서구 역시 근대화 이전에는 교구(parish) 중심의 자치복지를 했고 교구가 구빈세를 징수했지만, 19세기에 이르러 교구 간 격차를 줄이고자 구빈 행정을 중앙집권화하면서 국가복지가 확대됐다.

정당정치의 활성화로 정권 창출을 목표로 하는 정당은 선거 과정에서 복지를 핵심 이슈로 만들었고, 그 결과 복지 책임의 상당 부분이 국가로 넘어가면서 가족이 담당했던 아이 돌보기와 노인 봉양까지도 국가가 담당하는 시대가 된 것이다.

재원 분담의 두 가지 극단적인 해법은 중앙이 100% 부담하거나 지방이 모두 부담하는 것이다. 100% 중앙 복지를 하게 되면 지방에 내려줬던 재원을 중앙으로 환수하고, 중앙이 지자체의 복지 수요를 엄밀히 계산해 돈을 배분하면 된다. 혹은 중앙이 주도하는 전국적인 사회보험조직을 통해 직접 집행할 수도 있다. 이러면 복지 재원의 분담 문제를 놓고 갈등할 이유가 없다.

반대로 100% 지방 복지를 하게 되면 중앙은 사회보험을 제외한 복지 공약을 내려놓아야 한다. 중앙이 할 수 있는 것은 최소한의 기본(national minimum)만을 약속하고 이에 걸맞은 재원만 지자체에 주면 된다. 기본을 넘어선 복지는 지자체별 사정에 맞게 하면 된다. 지자체 간 격차가 벌어지겠지만 지자체 내의 민간자원을 활용하거나 마을 단위의 자발적인 봉사와 참여를 끌어내야 할 것이다. 그러나 우리 현실은 지방재정조정제도를 통해 중앙과 지방이 함께 부담하는 중간 형태를 띠고 있다. 중앙은 지방교부세와 국고보조금을 통해 지방으로 재원을 이전하는데, 그 속을 들여다보면 웬만한 전문가도 이해하기 어렵게 복잡하고 세분화됐다. 이 때문에 중앙과 지방은 복지비용 부담을 두고 계속해서 어려운 전쟁을 하는 것이다.

지금은 복지정책의 근본을 따져볼 시기다. 민간 소공동체와 지자체, 중앙의 역할을 다시 정립해야 할 때가 아닌가 생각한다.

[서울경제, 2013. 11. 10]

건강한 복지사회
미래의 복지 한국을 꿈꾼다

⋘⋙

시장에서의 공정 분배, 조세정책 통한 재분배 등 복지정책과 조화
세계 경쟁력 갖춘 기업, 공정한 기회와 분배가 보장되는 시장,
약자에게 따뜻한 배려가 행복하고 건강한 독창적 복지국가 만들어

지난해 이후 복지의 미래 방향성에 대한 논쟁이 뜨겁다. 특히 지난 4·11 총선을 거치면서 여·야 간 복지 논쟁이 불붙었고, 복지 과열을 우려한 기획재정부가 소요재정을 낱낱이 계산함으로써 재원 조달에 대한 관심을 환기시켰다. 금년 연말의 12·19 대선을 앞두고 또 한 차례 치열한 복지 공방이 예상된다.

복지정책의 방향은 주변의 상황과 전망에 대한 올바른 인식에서 출발해야 한다. 지난 20년간 복지 지출이 빠르게 늘고 있음에도 불구하고 분배와 양극화는 갈수록 악화되고 있다. 이 현상을 뒤집어 보면 분배가 계속 악화되니 복지 지출을 계속 늘리게 되는 것이다. 복지가 분배 개선을 주도해온 것이 아니라, 악화되는 분배를 완화하기 위해 복지가 허겁지겁 뒤쫓아 가는 형국이다. 물론 분배 개선은 복

지만으로는 해결될 수 없다고 본다. 시장에서의 공정 분배, 시장 참여 기회의 공정성, 조세정책을 통한 재분배 등이 복지정책과 잘 조화되어야 한다.

복지는 이미 정치의 영역으로 깊숙이 들어와 있다. 정치권은 유권자들의 마음을 사로잡기 위한 공약에 매달리게 되었다. 공약을 100% 이행하기는 어렵겠지만 복지정책의 큰 방향을 좌우하게 되는 것은 분명해 보인다. 보편복지와 선별복지, 무상복지와 맞춤형복지 간의 경쟁으로 연말 대선에서 국민의 선택을 받게 될 것이다. 복지 혜택에 못지않게 누가 부담할 것인가에 대한 논쟁도 뜨겁게 부상할 것이다. 진보 정당은 고소득층이 주로 부담하는 보편복지를 주장할 것이고, 보수 정당은 국민 부담을 최소화하는 맞춤형복지를 주장할 것이다. 서민중산층이 유권자의 다수를 차지하니 진보 공약이 민심을 얻는 데 유리해 보인다. 보수 공약은 서민의 복지 혜택에 집중하는 전략으로 불리함을 극복하려 할 것이다.

그러나 현실은 복지 확충에 그다지 우호적이지 않다는 점이다. 유럽발 경제 위기는 장기화 한다는 것이 중론이고, 위기는 유럽에서만 끝나는 게 아니라는 것도 알려진 사실이다. 개방형 경제인 한국 경제는 이미 위기에 노출되고 있다. 이때 경제적 어려움의 피해자는 취약계층이 될 수밖에 없다. 실업이 늘 것이고 양극화는 심화될 것이다. 반면에 대외적 요인으로 인한 경기침체는 기업의 담세 여력을 떨어뜨린다. 엄밀히 보면 조세와 사회보험료의 대부분은 비교적 안정된 기업과 근로자들이 부담하기 때문에 기업이 어려워지면 복지 확충도 힘들게 된다. 위기 시에 복지 수요는 더욱 늘어나게 될 것이다.

현재의 복지도 중요하지만 미래의 복지를 고려해야 한다. 저출산이 지속되면 미래 복지는 지속 가능하지 않다. 미래 생산인구가 줄어드니 복지 시스템을 지탱할 수 없는 것이다. 비교적 낙관적인 인구 전망을 하더라도 한국은 2050년에 세계 최고령 국가가 된다. 출산을 장려하기 위해 더욱 과감한 보육투자를 할 것인가? OECD 국가 중 최고의 노인자살률과 노인빈곤율을 구난하기 위해 노인복지를 늘릴 것인가? 발등의 불을 끌까, 아니면 미래를 위해 현재를 희생해야 할까? 급한 불도 끄고 미래를 잘 준비하는 것이 우리의 책무이다.

우리는 늘 어려운 난국을 기적처럼 잘 이겨내 왔다. 역사적으로 한민족의 독립성을 꿋꿋이 지켜내었고, 근대에는 한강의 기적을 일구었다. 우리는 두 번째의 기적을 이루어내야 한다. 국민이 행복한 복지국가를 만들어야 한다. 선진 복지국가의 성공과 실패의 역사로부터 교훈을 얻어서 우리의 독창적인 복지국가를 고안해내야 한다. 그리고 역사적으로 경험해보지 못했던 개방적인 다문화사회를 받아들여 건강한 복지사회를 만들어내는 것도 우리의 임무이다. 세계 최강의 경쟁력을 갖춘 기업, 공정한 기회와 분배가 보장되는 시장, 약자에게 따뜻한 배려, 그래서 국민이 행복한 복지국가, 기회의 나라 대한민국을 꿈꾼다. [보건복지포럼 권두언, 2012. 07. 01]

새정부의
보건복지정책 방향

ᅍᅍᅍ
복지의 핵심 브랜드는 생애주기별 맞춤형복지
가구 니드 따라 선정기준 달리하고 생계·의료·교육·주거·에너지 등
다양한 급여 제공하는 맞춤형 급여체계로 개편

새정부는 국민행복시대를 국민에게 약속하고 있다. 국민행복을 실현하기 위해 '중산층 70% 재건 프로젝트'라는 화두를 던졌다. 국민행복과 중산층 70% 재건의 중심에는 국민의 건강과 복지, 일자리가 자리 잡고 있다.

복지 공약의 핵심 브랜드는 생애주기별 맞춤형복지이다. 생애주기별 맞춤형복지는 국민 누구나 보편적으로 혜택을 받는 보편적인 맞춤형복지가 되어야 한다. 국민 누구나 보편적인 복지 혜택의 기회를 누리되, 개인과 가정의 경제적 형편과 가족 상황에 맞는 복지 혜택을 제공해야 한다. 이는 보편복지와 선별복지가 조화로이 균형을 맞추어야 함을 의미한다. 보편복지제도인 사회보험제도는 상당히 강화될 전망이다.

4대 중증질환에 대한 건강보험 100% 책임은 실현 가능성은 희박하지만, 중증질환과 같은 고액 의료비 부담을 완화하여 의료비로 인한 가계 파탄을 막는 데 중점을 두어야 한다. 가구 소득수준에 따라 의료비 본인부담의 상한을 두는 정책을 적극 시행하는 것이 현실적이다.

이를 위해서는 소득 수준을 파악하는 시스템이 갖추어져야 한다. 기초노령연금과 장애인연금을 기초연금으로 전환하여 연금급여액을 월 20만 원으로 인상하고, 기초연금과 국민연금을 통합 운영하는 방안이 공약으로 제시되었다. 노령·장애·사망과 같은 보편적 위험에 대처하는 부과 방식의 기초연금을 의미한다면 연금제도의 큰 틀의 개혁을 의미한다. 과거에 줄곧 논의되어온 기초연금과 소득비례연금으로 이원화하는 방안은 기초연금이 장기적으로 가져올 재정 부담 때문에 폐기되었다. 국민이 동의하는 통합 운영의 구체적인 방안을 마련하여야 한다. 특수고용직 근로자의 산재보험 및 고용보험 확대, 월급여 130만 원 미만 비정규근로자에 대한 고용보험과 국민연금 보험료의 100% 정부 지원 약속은 사회보험의 사각지대를 축소하는 의미가 있다. 그간의 경험에 비추어볼 때 정책의 집행 과정에서 난관에 부닥쳐 번번이 후퇴되었기 때문에 특수직과 비정규직 노동인력시장에 대한 면밀한 정비가 우선되어야 한다.

빈곤층에 대한 대표적인 복지제도인 기초생활보장제도는 대폭 개편될 전망이다. 그동안 최저생계비 이하에 속하였으나 부양의무자, 소득인정액 혹은 재산 기준 때문에 대상자에서 탈락하는 '비수급 빈곤층'이란 우스꽝스런 용어가 탄생하였다. 소득이 최저생계비를 초과하지만 여전히 빈곤한 '차상위계층'도 일반인이 이해하기 어려운 용어였다. 가구의 니드에 따라 대상자의 선정 기준을 달리하고 생계·의료·교육·주거·에너지 등 다양한 급여를 제공하는 맞춤형 급여체계로 개편하는 방향은 옳다. 그리고 차상위계층을 중위소득의 50%에 해당하는 상대빈곤선으로 삼는 기준의 변화도 괄목할 만한 진전이다. 기초생활보장제도는 빈곤층에 대한 잔여적 복지제도로부터 탈피하여, 실업·노령·장애·사별·이혼 등 위험에 빠진 가정의 기초적인 사회안전망의 역할을 해야 한다. 사회안전망 확보와 더불어 교육과 직업훈련, 근로장려세제의 강화와 같은 근로유인정책을 통하여 중산층으로 진입하는 기회의 사다리를 제공해야 한다.

임신·출산·육아, 초·중등학생 돌봄, 고교 무상교육, 대학 반값 등록금에 이르는 정책들은 출산을 장려하고 아동과 청소년을 건강하게 육성하는 국가 책임을 강조하고 있다. 여기에 많은 돈이 들겠지만 미래의 고령사회에 대비한 생산적인 투자이다. 장애나 장기요양에 대한 돌봄 서비스도 보편화의 방향으로 가닥을 잡았다.

맞춤형복지가 개인과 가정의 상황에 맞는 수요를 꼼꼼히 채워주고, 불필요한 비용을 줄인다는 점에서 효율적인 동시에 형평에도 맞다. 문제는 현실을 반영하여 맞춰내는 것이 쉽지 않다. 형평을 강조하다보면 자칫 더 정교한 형평의 논란에 빠져들 수도 있다. 이런 상황을 보완하기 위해서는 정보의 공유와 통합이 중요하다. 예를 들어, 금융정보가 국세청에 연계되고, 국세청의 과세정보가 사회보험공단에 연결되고, 이들 정보들이 읍·면·동에 연결되어야 한다. 읍·면·동사무소가 소위 '행정복지센터(행복센터)'로 개편되고, 국민들이 전국 3500여 개의 센터를 방문하면 16개 부처 293개 복지사업이 대상자에게 맞춤형복지 플랜으로 지원될 수 있도록 하자.

복지 재원의 조달 방안은 조세 감면 축소, 세출구조조정, 중복과 낭비 제거, 지하경제 양성화를 통한 세원 확보, 국채 발행, 증세 등 다양한 수단이 있다. 어떤 수단을 선택하든 이해 관계자들이 있기 마련이다. 효율과 형평, 실행 가능성, 납세자의 수용 가능성, 정치적 수용성을 고려하여 결정되어야 한다.

　국민행복시대라는 목적성을 분명히 하기 위해서는 사회보장목적세를 도입하는 방안을 전향적으로 검토하자. 사회보장세와 사회보험료를 합산한 재원이 총 복지 재원이 되고, 동 재원으로 복지 재정 지출에 충당하는 게 좋겠다. 한편 인구 고령화에 따른 복지 수요의 급증을 우려하여 벌써부터 복지 확충을 경계하는 목소리가 높다. 국민의 행복에는 때가 있다. 때를 놓치면 돌이킬 수 없는 불행으로 빠져 현재도 미래도 없게 된다. 미래의 부담이 걱정된다면 미래의 리스크에 연동되는 복지 시스템을 사회적 합의로 구축하자.

[보건복지포럼 권두언 통권 195호, 2013. 01. 01]

정치 프레임에
갇힌 복지

⊱⊰⊱⊰⊱

기초연금, 생활보호대상 노인에게 지급하던 노령수당이 시초
보수와 진보의 생각을 서로 이해하고 다져가면서 복지 발전시키고
노인소득과 건강, 여가와 문화, 자살 등 종합적 대책 수립에 매달려야

2013년은 기초연금 하나가 모든 복지 이슈를 빨아들인 블랙홀이
었다. 이번 달 임시국회에서도 기초연금법 제정을 두고 여·야 간 살
바 싸움이 치열할 것이다. 기초연금이라면 국민들이 이젠 넌더리를
낼 지경이다. 지난해 12월 13일에 발표된 의료 서비스 투자 활성화
대책은 느닷없이 의료 민영화의 덫에 빠져 제2의 블랙홀이 됐다. 오
는 6·4 지방선거 때까지 기초연금과 의료 민영화 두 가지 이슈로 박
근혜 복지의 1년 반을 허송할까 걱정이다.

과거 정부들은 집권 첫해에 복지 이념을 정립하고 큰 그림을 그리
는 데 시간을 보냈다. 김대중 정부의 생산적 복지, 노무현 정부의 참
여 복지, 이명박 정부의 능동적 복지 등이다. 아직까지 현 정부의 복
지 이념을 상징하는 용어가 없다. 맞춤형 복지는 이념이라기보다 실

천적 개념이다. 지난 정부들은 집권 첫해에 공약의 이행을 놓고 첨예한 갈등을 벌이지는 않았다. 집권 후반기로 가서야 공약 실천은 힘이 빠져갔다.

기초연금은 1991년에 도입된 생활보호대상 노인에게 지급하던 노령수당이 시초다. 김대중 정부가 출범하던 1998년에 경노연금으로 발전했고, 노무현 정부가 출범하던 2003년에 경노연금의 대상자는 노인의 30%로 확대됐다. 이명박 정부가 집권한 2008년에는 기초노령연금이 노인의 60%에게 월 8만4000원 지급됐다. 2009년에는 노인의 70%로 확대됐다. 정부가 바뀔 때마다 대상자는 늘어났고 연금액은 인상됐다. 박근혜 정부는 보다 과감했다. 모든 노인에게 20만 원을 준다는 공약을 했다. 현실에 눈을 뜨자 노인의 70%에게 월 20만 원을 지급하되 차등 지급하는 안으로 물러섰다.

노인을 위한 연금은 선거가 거듭될수록 대상자는 늘어나고 금액도 인상됐다. 여하튼 이번 기초연금은 현재의 기초노령연금과 비교하면 금액이 획기적으로 인상됐다. 국민연금 연계에 따라 파생되는 형평의 문제는 특례조항과 같은 보완책을 강구하고 넘어가면 되지 않겠나. 기초연금은 노인생활 안정을 위한 정책 수단의 하나일 뿐이다. 노인의 소득과 건강, 치매와 만성질환, 여가와 문화, 자살 등 종합적 대책 수립에 매달려야 한다.

의료 민영화의 내용은 의료법인의 영리 자회사 설립 허용과 원격진료 도입이 핵심이다. 국민건강보험을 후퇴시키는 것이 아니고 공공병원을 민영화하자는 것도 아니다. 논리적으로 민영화와 연결 짓기가 어렵다. 그래서 '의료 영리화'라는 이름으로 공격을 받고 있다. 의료 민영화와 의료 영리화, 그 용어가 어떻든 국민들에게 나쁜 정책으로 각인시키기 쉽다. 그러나 의료 영리화를 바라보는 이해당사자들의 셈법은 복잡하다. 야당과 시민단체, 의사협회를 비롯한 의료단체들이 의료 영리화를 반대하는 연맹을 맺었지만 불안한 연맹이다. 정치적 이해와 경제적 득실이 동상이몽이기 때문이다. 구체적인 해법에 들어가면 연맹은 깨지기 쉽다. 근래에 올수록 복지 이슈는 나오자마자 이념에 따른 진영 논리로 찬성과 반대의 결론이 먼저 정해지고 찬반을 합리화하는 논거를 찾기에 분주하다. 정치인들은 타협의 기술을 발휘하지만 이념으로 무장한 학자들에게 타협은 없다. 정치 블랙홀보다 이념 블랙홀이 더 무섭다. 우리 사회에서 매일 38명이 자살하고 있다. 치매노인은 50만 명을 넘었다. 청년의 실업과 자영업자의 파산, 이런 벼랑 끝에 선 사람들 앞에서 기초연금과 의료 영리화가 어떤 의미를 가질까. 과연 우리 사회가 벌여야 할 논쟁의 무게는 어느 정도여야 할까.

복지는 정치 프레임에 갇혔다. 그러나 현실은 정치를 벗어날 수 없다. 정치 프레임 속에서 해법을 찾을 수밖에 없다. 보수와 진보 사이에서 서로의 생각을 이해하고 다져가면서 복지를 발전시켜야 한다. 미국의 오바마케어 역시 양당 간의 치열한 전쟁 속에서 누더기가 다 됐다. 그래도 위대한 발전이었다. 이게 정치다. 기댈 곳은 그래도 정치다. [서울경제, 2014. 02. 03]

2장

인구전략, 미래가 아닌 현재다

통일한국
80-80

๑๑๑

통일 후 국제적 위상 높이려면 인구 8000만－소득 8만 달러 돼야
아이 낳고 기르기 좋은 환경 만들어 출산율 2.1 이상으로 끌어올려
젊은 통일 한국 80-80 꿈 실현을 위한 준비 착실하게 해야

식당에서 일하는 종업원의 대세는 중국 동포들인 것 같다. 여러 모임에서 탈북 동포들도 쉽게 만날 수 있다. 중국이 개혁개방을 하기 전에는 이들을 만나는 것은 상상하기조차 어려웠다. 불가능해 보였던 일이 일상화된 현실로서 당연하게 받아들이는 사례들이다.

베를린의 브란덴부르크 광장에서 동·서독 분단선을 밟고 서 있을 때에도 그랬다. 상상하기 어려웠던 일이었다. 그토록 견고해 보였던 베를린 장벽이 그렇게 쉽사리 무너지다니. 오른발은 구서독에, 왼발은 구동독에 디디고 서서 느낀 감동은 지금도 생생하다. 분단의 상징이었던 브란덴부르크 광장을 자유롭게 왕래하는 모습은 이제 자연스럽고 평범한 현실이 됐다.

서른 중반 늦깎이 나이에 유학을 떠난 1989년 가을 시민들이 망치

로 베를린 장벽을 무너뜨리는 광경이 미국의 각 TV에 연일 방영됐다. 분단국가 한국에서 온 내게는 크나큰 충격이었다. 동독에 이어 폴란드·유고·불가리아·헝가리·루마니아 등 동유럽 국가들이 차례로 붕괴됐고 1991년 말 소련이 해체됐다.

중국은 1970년대 말부터 발 빠르게 개혁개방 정책을 추진해 대국굴기(大國屈起)로 도약했고, 미국과 함께 주요 2개국(G2)의 지위에 우뚝 섰다.

이런 공산권의 변화에도 불구하고 "북한은 왜?"라는 질문을 우리 스스로에게 던지지 않을 수 없다. 이산가족 상봉마저도 2000년이 돼서야 시작했고, 그나마 몇 차례의 짧은 만남에 그쳤다. 모처럼 성사된 2월 말의 짧디 짧은 이산가족 상봉의 끝은 허망하다.

한국보건사회연구원에서 통일 한국을 준비하는 연구를 지난해 시작했다. 첫 프로젝트로서 통일 한국의 인구 규모를 연구했다. 통일 한국의 국제적인 위상이 G7 국가(주요 7개국:미국·일본·영국·독일·프랑스·이태리·캐나다)의 70% 선에 도달할 수 있는 인구 규모를 계산했다. 국가의 위상은 인구·소득·복지·국방 네 가지로 측정했다. 급진적 통일과 점진적 통일 시나리오로 나눠 20년에 걸쳐 통일 비용을 투자하도록 가정했다. 그 결과 2100년에 통일 한국의 인구는 8700만 명 정도는 돼야 한다는 계산이 나왔다.

1인당 소득은 8만4000달러(2005년 불변가격 기준)였다. 8700만 인구에 도달하기 위해서는 합계출산율을 2.1 이상으로 끌어올려야 한다. 획기적인 인구정책이 필요하다. 아이 낳고 기르기 좋은 생태계를 만들어야 한다. 만약 분단이 고착되고 출산율이 1.2 수준에서 정체되면 2100년에 남북한 인구를 합쳐도 5000만에 불과한 늙은 한국이 된다. 인구 8000만이 넘는 젊은 통일 한국이 돼야 하지 않겠는가.

유엔 통계에 의하면 2100년에 8000만 인구를 유지하는 G7 국가는 미국·일본·영국·프랑스 4개국에 불과하다. 아쉽게도 독일은 탈락한다. BRICs(중국·인도·브라질·러시아)가 신흥 부국으로 등장할 가능성이 점쳐지지만 알 수 없는 일이다.

2012년에 우리나라는 세계 일곱 번째로 20-50클럽(2만 달러 소득-5000만 인구)에 진입했다고 자축했다.

그러나 근래의 낮은 출산율이 지속된다면 2040년에 인구 5000만이 무너져 20-50클럽에서 빠지고 2100년에는 인구 3000만으로 쪼그라든다. 우리는 통일 한국을 염원하고 꿈꾼다. 현실의 대내외 정치공학적인 구도하에서는 통일의 실마리를 찾기가 어려워 보인다.

하지만 통일 한국 80-80(8000만 인구-8만 달러 소득)은 꿈이 아니다. 어느 날 우리 눈앞에서 일상화된 현실로 당연하게 받아들일 날이 다가오고 있다. 우리는 그날을 위해 지금부터 착실히 준비해 나가야 한다. 때마침 대통령 직속의 통일준비위원회가 발족된다지 않는가. [서울경제, 2014. 3. 2]

명동과
탑골공원 사이에서

ⴽⴽⴽ
유엔 인구 전망, 2060년 한국은 세계 최고령국가
새로운 패러다임 통해 아이 낳고 기르기 좋은 생태계 만들어야
안정된 일자리, 가족문화 형성, 행복 가치 같은 정신적인 변화 중요

　명동은 젊음의 거리이다. 탑골공원은 언제부터인지 어르신들이 소일하는 곳이 됐다. 우리 사회는 젊은이들로 넘치는 명동형 사회에서 어르신들로 가득한 탑골공원형 사회로 줄달음치고 있다. 유엔의 인구 전망에 따르면 2060년에 한국이 세계 최고령국가가 된다고 한다. 영화 백투더퓨처(Back to the future)가 현실이 된다면, 미래에서 날아온 후배 세대들이 "바보야, 정작 중요한 문제는 인구야.", "기초연금 문제의 본질은 재정이 아니라 인구라고."라고 호통을 칠지 모른다.

　우리는 저출산의 위험을 모르지는 않았다. 저출산의 늪에 빠지지 않기 위해 몇 차례 액셀러레이터를 세게 밟았다. 가속 페달을 밟을 때마다 많은 재정이 투입되었다. 그럼에도 불구하고 명동형 사회로

유턴하는 전기를 마련하지 못하고 있다.

최근 출산 동향이 심상치 않다. 통계청 발표에 따르면, 2013년 1~9월 간 태어난 아이는 작년 동기 간에 비해 9% 급감했다. 연말이면 44만 명으로 예상된다. 2005년 출산율 1.08 쇼크 때의 43만5천 명 이후로 가장 낮은 출생아 수를 기록하게 된다.

2005년 당시 우리 사회는 큰 충격에 빠졌다. 정부는 2005년 11월 저출산고령사회기본법을 제정하고, 저출산고령사회 5개년 계획(2006~2010)을 수립하였다. 여러 부처에서 출산지원정책들을 쏟아냈다. 그러나 이번 통계청이 보내는 위기의 시그널에 무덤덤하다. 굵직한 정치적 현안들에 가려서인지, 저출산 위기가 일상화되어 위기로 인식하지 못하기 때문인지.

저출산의 위기는 한국을 비롯한 대만·싱가포르·홍콩 등 아시아 4룡이 공통적으로 겪고 있다. 아시아 4룡의 출산율은 1960년 5~6에서 1980년 초에 인구 대체 수준인 2.1이 무너졌다. 이후 2011년까지 1.2 수준으로 주저앉았다. 이들 4개국은 압축성장과 치열한 경쟁, 높은 사교육비와 같은 공통점을 안고 있다. 압축성장한 만큼이나 압축적으로 출산율이 하락했다. 4룡 모두 저출산의 위기를 감지하고 여러 대책들을 써 봤지만 큰 효과를 보지 못했다.

우리나라는 근래에도 2차 저출산고령사회 기본계획(2011~2015)을 추진하였고, 2012년 7월 1일을 인구의 날로 제정하고, 2013년 1월 대통령이 나서서 저출산고령사회위원회의를 주재하였다. 그동안 저출산 극복을 위해 많은 예산, 특히 보육에 집중적으로 투입하였다. 보육은 2012년 총선과 대선을 거치면서 무상복지로 불이 옮겨 붙어 무상보육으로 급진전했다. 저출산 대책이었던 보육은 무상보육으로 이행하였음에도 출산율 제고로 이어지기에는 힘겨워 보인다.

출산을 장려하는 백화점식 대책들로서는 저출산을 적정 출산으로 반전시키기는 어려워 보인다. 국가 발전의 새로운 패러다임을 통해 아이 낳고 기르기 좋은 생태계를 만들어줘야 한다.

동아시아의 4룡이 과거의 발전 패러다임에 머무는 한 앞으로 저성장과 저출산의 늪에서 헤어 나오기 어렵다. 생물이 번식하기 좋은 환경은 먹잇감이 풍부하고 서식처가 안전해야 한다. 사람의 경우에도 안정된 직장이 있어야 하고, 안락한 보금자리가 있어야 한다.

최근 호주의 한 연구에 의하면, 여성의 직장이 불안정하면 출산을 기피하고 직장이 안정될 때까지 출산을 연기한다는 보고가 있다. 우리의 경우 직장의 안정성만으로는 부족해 보인다. 교육 받은 여성들은 성취 동기, 자유와 성평등 의식이 강하다. 결혼으로 맺어지는 전통적인 가족 관계의 구속도 싫어한다.

출산율의 반전을 위해서는 안정된 일자리, 새로운 가족문화의 형성, 아이로부터 느끼는 행복의 가치와 같은 정신적인 변화가 중요하다. 이제 새로운 패러다임을 시작해야 한다. 그래서 명동에 젊은이들이 넘쳐날 때 탑골공원의 어르신들이 넉넉해지지 않겠는가.

[서울경제, 2013. 12. 09]

국가인구전략을
새로 짜야 한다

✎✎✎✎
1983년, 인구 대체 수준인 2.1 무너져 2045년엔 인구부족국가
3차 베이비붐 필요한 시점, 20-50 가입에 걸맞은 신가족정책 요구돼
저출산 고령사회 대책 국가인구전략으로 거듭나야

"무궁화 삼천리 화려강산 대한 사람 대한으로 길이 보전하세." 모두가 알고 있는 애국가의 후렴구이다.

대한민국의 안녕과 번영을 길이 보전하기 위해서는 '사람'이 있어야 한다. 국가인구전략이 바로 그것이다. 우리나라의 인구 대체 수준인 2.1이 무너진 것은 1983년이다. 그 이후 30년이 흘렀다. 2005년에는 출산율이 1.0 언저리까지 떨어지기도 했다. 2011년 현재 1.24다. 경제협력개발기구(OECD) 국가들 중 최저수준이다. 이대로 가면 2045년에는 인구 부족국가가 된다. 거시경제학자들이 모여 '적정인구'를 계산해 본 결과이다.

적정인구는 인구 규모와 구성이 적정해야 함을 의미한다. 총인구의 규모를 적절히 유지하면서 지나치게 고령화되지 않도록 하는 것

이다. 그래서 국제사회에서의 위상을 유지하면서 지속 가능한 성장을 할 수 있어야 한다. 적정인구를 유지하기 위해서는 출산율을 향후 30년에 걸쳐 1.8 수준까지는 올려야 한다. 20-50(소득 2만 달러-인구 5000만) 클럽에 가입한 지금 우리의 인구정책은 경제정책과 더불어 성공적이었다고 평가할 수 있다. 그러나 앞으로가 문제다. 이대로 가면 2045년에 인구 5000만 명을 유지하지 못해 20-50 클럽에서 탈락할 전망이다.

적정인구의 본질은 생산인구에 있다. 생산인구는 15~64세 사이의 인구이다. 현재 생산인구 중에서 1, 2차에 걸친 베이비붐 세대(1955~64년생과 68~74년생)는 40대와 50대에 걸쳐 있는 1320만 명이다. 이들이 생산인구의 주력이다. 20-50 클럽에 가입한 것도 높은 출산율 시대의 베이비붐 세대들이 풍부하게 노동시장에 투입되어 경제 성장을 이끈 덕분이다.

1차 베이비붐 세대의 자녀는 현재 20, 30대의 결혼 적령기에 들어섰다. 베이비붐 세대들은 통상 2명의 자녀를 출산했다. 자녀들이 결혼해서 2명의 자녀를 가지면 이상적이다. 그러나 이들 청년층의 취업은 불안정하고, 이들의 부모 세대들은 직장에서 은퇴하고 있기 때문에 결혼도 출산도 어렵다. 따라서 청년들의 취업을 촉진하고 50대 베이비붐 세대들의 직장을 안정시키는 것이 저출산의 해법이다. 저출산의 해법은 경제 문제와 맞닿아 있다.

시야를 좀 더 넓혀 F세대라 불리는 2차 베이비붐 세대에 주목해야한다. 이들은 우리 사회의 허리 역할을 하는 40대이다. 이들은 50대 베이비붐 세대에 비해 더 자녀 교육에 헌신한다고 한다. 이들 세대의 자녀들은 2020년대에 결혼 적령기로 접어든다. 이들이 노동시장에 진입할 때 출산과 육아에 우호적인 환경을 조성해줘야 한다. 2020년까지 우리는 성장동력을 확충하면서 출산 제고를 위한 재정 투자와 사회문화적 여건을 잘 만들어나가야 한다. 이 시기를 어떻게 활용하느냐가 미래 인구정책의 성패를 좌우하게 될 것이다.

인구 5000만 명을 2100년까지 유지하려면 출산율을 향후 30년 내에 2.0명까지 높여야 한다. 출산율이 올라가면 생산인구의 공급도 풍부해져서 2100년에도 활력 있는 노동시장을 유지할 수 있다. 젊은 한국이 되는 것이다. 젊은 한국은 고령화에 따른 복지비용을 줄인다. 과거 출산을 억제하던 가족정책과는 달리 이제는 3차 베이비붐을 일으키는 신가족정책을 펴야 할 때이다.

그리고 저출산 고령사회 대책은 큰 틀에서 접근하는 국가인구전략으로 거듭나야 한다. 대한민국의 새로운 인구 패러다임을 짜야 한다. 우리가 이룬 20-50 클럽 가입의 역사적 성과를 기반으로 국가인구전략 수립을 통해 대한민국의 국제적 위상을 견고하게 유지하면서 번영하는 대한민국을 길이 보전할 수 있어야 한다.

[한국일보, 2012. 07. 21]

100세 시대와
지속 가능성

급속한 고령화 대비하려면 건강한 생산인구 공급 중요
출산율 높이기 어렵다면 이민의 문 여는 것도 대안
초저출산과 초고령화 위기 극복의 길은 기술 혁신 활용한 창조경제

　100m 달리기에서 인간의 한계는 어디까지일까. 최초의 공인 기록
은 1912년 미국의 돈 리핀콧이 세운 10초 6이다. 불가능해 보였던 10
초의 벽은 1968년 미국의 짐 하인스에 의해 깨졌다. 인간의 한계를
극복해나가는 경이로운 역사는 지금도 진행 중이다. 현재 최고 기록
은 자메이카의 우사인 볼트가 2009년에 세운 9초 58이다. 기록을 1초
단축하는 데 100년이 걸린 셈이다.

　인간 수명은 반대로 연장의 역사를 기록 중이다. 우리나라는 세계
에서 가장 빠른 수명 연장의 기록을 세워나가고 있다. 1960년에 수명
이 불과 53세였던 것이 2011년 현재 수명은 81세다. 2년마다 수명이
1세씩 연장된 셈이다. 이런 속도라면 최장수 국가인 일본의 수명(83
세)을 따돌리는 것은 시간 문제다. 100m 달리기와는 비교할 수 없을

정도로 수명 연장의 역사는 빠르게 진행되고 있다. 이 추세대로라면 2050년에 수명은 100세에 도달한다. 주변을 둘러봐도 요즘은 90세를 넘겨야 장수하셨다는 덕담을 하게 된다. 한국은 인간 수명 연장의 경이로운 역사의 개척에서 선두에 서 있다.

100세 시대가 길고 가늘게 사는 것을 의미하지는 않는다. 인류가 오래 염원해왔던 건강하게 오래 사는 '건강 장수'의 꿈이 이뤄지는 것을 의미한다. 건강 장수를 바라는 소비자의 욕구를 채워주기 위해 기업과 시장이 움직일 것이고 정부도 제도적으로 지원하게 될 것이다. 혁신적인 의학기술이 발전해 치명적인 질환과 전염성 질환을 치료하거나 예방하게 될 것이다. 재해나 사고, 각종 위험으로부터 보호받는 안전한 사회를 만들어나갈 것이다. 건강한 생활습관과 운동 그리고 웰빙 식생활을 통해 건강한 생활이 확산될 것이다. 나아가 스트레스와 우울증 등 정신질환적 위험 요인을 관리해나가는 방법을 찾아낼 것이다. 이러한 방안을 실현해나가기 위해서 의약학·식품학·생명공학·전자공학·스포츠과학 등 관련 학문과 산업이 융합된 신(新)산업이 창출될 것이다. 창조적 융합을 촉진하기 위한 정부의 획기적인 지원도 뒷받침돼야 한다.

100세 시대에는 삶의 생애주기도 획기적으로 변해야 한다. 학령기·근로기·은퇴기로 구분되는 전통적인 라이프 사이클이 100세 장수에 맞게 바뀌어야 한다. 근로기는 연장되고 은퇴기는 짧아져야 할 것이다. 그래야 성장 여력이 확충되고 은퇴인구를 부양할 수 있다.

100세 시대로 이행하는 변화의 속도에 맞춰 정년은 자동적으로 연장돼야 한다. 이에 따라 노인의 정의도 변화될 수밖에 없다. 연금 수급 연령을 연장해 미래의 연금 재정 부담을 줄여야 하고 노인의료비 부담도 줄여야 한다.

100세 시대의 지속 가능 사회를 유지하기 위한 중요한 단서는 건강한 생산인구를 풍부히 생산해내는 것이다. 출산율을 끌어올리는 것은 매우 중요하다. 그러나 출산율 제고가 어려워지면 해외 이민을 과감히 받아들이는 결단을 내려야 할지도 모른다. 특히 중국 등 아시아권의 해외 한국인을 받아들이는 것은 우리에게 좋은 기회이기도 하다. 건강한 인구 구조를 만들어나가는 노력이 실패했을 때 우리는 초저출산과 초고령화의 위기에 처할 가능성에도 대비해야 한다. 이러한 위기에 대응하는 길은 기술 진보에 있다. 기술 진보에 적응하고 기술 혁신을 활용하는 창조경제가 그래서 중요하다.

최근 60세 정년이 법제화됐다. 수명 80세 시대에 걸맞은 선택이다. 100세 시대에서는 정년이 80세가 돼야 할지 모른다. 그래야 근로인구 대비 은퇴인구의 적정한 비율을 유지하게 되고 재정적인 지속성을 확보할 수 있다. 100세 시대 이야기가 너무나 멀고 한가해 보이는가. 지난 역사를 돌이켜보면 우리가 상상하는 것 이상으로 세상은 빠르게 변화해왔다. 100세 시대는 결코 멀지 않다. 지금부터 준비해야 한다. 창조적 사고만으로는 부족하다. 창조적 실천이 중요하다.

[서울경제, 2013. 06. 24]

보육은
미래를 위한 저축이다

෨෨෨
예산 제약과 보편적 보육 두 가지 모두 만족시키는 해법은
소득 상위 30%와 하위 70%를 가르는 하나의 기준을 다양화하고
부모에게 충분한 육아휴직 기회 보편적으로 줘야

정부는 올해 시행한 무상보육을 1년 만에 개편하는 결단을 내렸
다. 0~2세 무상보육 지원을 철회한 것이다. 2013년 3월부터 전 계층
무상지원에서 소득기준으로 차등 지원하기로 제도를 바꾸었다. 예
산의 제약 때문에 내린 고심의 흔적을 읽을 수 있다.

그러나 보편적 보육을 약속한 여·야 정치권의 압박을 견디기는
쉽지 않아 보인다. 벌써 여성단체들도 보육 책임을 가정에 떠넘기는
결정이라며 철회를 요구하고 나섰다.

논란이 되고 있는 0~2세 아이에 대한 보육제도 개편안의 골자는
두 가지다. 첫째는 소득 상위 30% 가구에는 양육수당(현금)을 지원
하지 않는다. 둘째는 모든 가구에 보육시설 이용료(바우처)를 지원
하되 맞벌이가구에는 종일제, 전업주부에게는 반일(半日)제 보육을

제공한다.

예산의 제약과 보편적 보육 두 가지 조건을 만족시키는 해법은 없을까. 소득 상위 30%와 하위 70%를 가르는 하나의 기준을 다양화하는 것이다. 모든 가정에 양육수당을 지원하되 고소득층일수록 혜택을 줄이고 자부담을 늘리는 것이다. 대신 저소득·취약 계층에게는 혜택을 늘려 부담을 줄인다. 그리고 소득기준 외 자녀수를 따져 다자녀가구를 더 많이 지원해 출산을 장려해야 한다.

다음으로 소비자의 선택을 강화해야 한다. 맞벌이는 종일제, 외벌이는 반일제와 같은 획일적 기준을 완화하는 것이 필요하다. 전업주부에 대한 종일제 보육 지원이 합리적이지 못할 수 있으나 가정이 처한 상황을 고려할 필요가 있다. 가구 형편에 따라 보육시설과 양육수당 두 가지를 적절히 섞어 이용하는 방안을 옵션으로 제시하는 것도 한 방법이다. 그러기 위해서는 월 10만~20만 원 수준인 양육수당의 수준을 좀 더 인상하는 게 좋겠다. 적정 양육수당은 부모의 양육노동의 경제적 가치, 가정보육비용, 시설보육료 지원 수준과 형평성을 고려해 정해야 할 것이다.

지난해 0~2세 아동 중 54%가 보육시설을 이용했다. 경제협력개발기구(OECD) 국가들의 평균인 30%보다 훨씬 높은 수준이다. 50%대의 시설 보육율을 보이는 덴마크·네덜란드·노르웨이·스웨덴 등 북유럽 복지국가와 유사한 수준이다. 우리나라의 여성취업률이 복지 선진국보다 낮음에도 0~2세 어린아이를 보육시설에 맡기는 이유는 뭘까. 강한 모성애를 가졌던 우리 전통이 근래 들어 점차 무너지고 있는 것일까.

그렇게만 볼 수는 없다. 선진국과 달리 육아휴직이 보편화되지 않앉기 때문이다. 현재 안정된 소수의 직장 근로자만이 1년의 육아휴직을 쓴다. 아이의 부모에게 충분한 육아휴직의 기회를 보편적으로 줬으면 한다. 현실적으로 육아휴직이 여의치 않으면 직장과 육아를 병행할 수 있는 여건을 만들어줘야 한다.

보육에는 많은 예산이 들어간다. 그만한 투자가치가 있는 것인지 의심하는 시각이 있을 수 있다. 현재 0~5세 아이가 자라 중추적인 근로계층인 38~43세(2050년)가 될 때면 한국은 노인이 전체 인구의 37%에 달하는 초고령사회가 된다. 그때가 되면 이들이 사회적 부양을 책임져야 한다. 이 점을 생각하면 현재의 0~5세 아이에 대해 투자하는 돈은 아깝지 않다. 게다가 0~5세 아동은 점차 줄어 보육예산도 줄 것이다. 그러나 보육투자를 통해 아이를 많이 낳게 되면 보육예산은 늘어나야 한다. 그렇더라도 우리 사회의 생산인구가 증가하게 되면 보육비용 이상의 경제적 가치를 회수할 수 있게 된다.

아이에 대한 사회투자는 기성세대가 노후를 맞을 때 다시 찾아 쓰는 사회 저축과 같다. 북유럽 국가나 프랑스·영국 등은 취학 전 아동의 보육·교육에 국내총생산(GDP)의 1% 이상(2007년 기준)을 쓴다. 우리는 최근 몇 년간 대폭 확대했음에도 불구하고 올해 약 0.5%에 불과하다. 어렵더라도 미래를 위해 투자하자.

[중앙일보, 2012. 10. 04]

3장

건강한 사회, 장수의 길

습관이
당신의 미래 바꾼다

ᰔᰔᰔ

나쁜 생활습관은 고혈압·당뇨·심장병·뇌졸중·암 등 만성질환 초래
만성질환인 생활습관병은 인재, 세계적으로 이 병으로 63%가 사망
잘못된 생활·정신 습관이 질환 유발, 긍정적 생각이 미래 바꾼다

새해 다짐은 운동·금연·절주와 같은 건강한 생활습관과 관련된
것이 대부분이다. 그러나 새해 다짐을 연말까지 꾸준히 실천하는
경우는 드물다. 습관의 힘은 강하고 질기기 때문이다. 그래서 똑같
은 다짐이 해마다 되풀이되나 보다. 나쁜 습관으로 심장수술을 받
은 환자의 대다수가 2년가량 지나면 다시 옛날 습관으로 돌아간다
고 한다.

나쁜 생활습관은 고혈압·당뇨·심장병·뇌졸중·암 등과 같은 만
성질환을 불러온다. 만성질환을 생활습관병이라 부르는 이유가 여
기에 있다. 그러니 생활습관병은 인재(人災)임에 틀림없다. 습관
은 중독성이 있다. 자기 통제가 어렵다. 전 세계적으로 사망 인원의
63%가 심뇌혈관질환, 당뇨, 암, 만성호흡기질환, 운동 부족, 과음 등

생활습관과 밀접한 병으로 사망했다.

생활습관병은 의학적으로는 비전염성 질환이지만 사회적 관점에서는 집단문화에 따라 전염되는 질환이다. 2007년 중학교 1학년 학생의 흡연율은 6.6%였으나 2012년 고 3이 되면서 흡연율은 24.1%로 높아졌다.

생활습관 못지않게 잘못 길들인 정신적인 습관이 질환을 유발한다. 스트레스는 자율신경계·면역기능·내분비기능을 와해시켜 질환을 발생시킨다. 심장병의 75%가 스트레스에서 온다는 통계가 있다. 그래서 긍정적으로 사고하는 정신적인 습관이 중요하다. 정신적 습관은 '똑같은 상황을 어떻게 받아들이고 재구성하느냐'에 달려 있다.

영화 '어바웃 타임(About Time)'은 과거로의 시간여행을 할 수 있는 초능력을 가진 아버지와 아들(변호사)의 이야기이다. 아버지는 아들에게 똑같은 하루를 두 번 살아보라고 조언한다. 중요한 소송을 앞둔 어느 날 아들은 아침부터 긴장하며 짜증을 내고 허둥지둥 변론을 마친 결과 소송에서 졌다. 아들은 과거의 그날로 다시 날아가 아침을 상쾌하게 시작하고 주변 사람들을 유머로 즐겁게 했고 여유를 가지고 승소를 이끌었다. 생각이 운명을 바꾼 것이다. 긍정적으로 생각하는 습관이 긍정적인 말을 하게 하고 긍정적 행동으로 이끈다. 긍정의 힘으로 하루가 달라지고 미래가 바뀐다. 성공하는 인생, 행복한 삶은 습관에 달려 있는지 모른다.

국립암센터에 따르면 암 환자는 2001년부터 2011년까지 10년간 두 배 증가했고, 암 환자 4명 중 1명이 사망했다. 갑상선암을 제외하면 위암, 대장암, 폐암, 간암의 순으로 많았다. 모두가 식습관과 흡연, 음주, 운동 부족과 연관돼 있다. 국립암센터의 분석에 따르면 평생 암에 걸릴 가능성은 남성은 5명 중 2명, 여성은 3명 중 1명이다. 암에 걸리는 것은 러시안룰렛과 같은 요행이 아닌 습관을 바꾸려는 자신의 의지에 달려 있다. 마음먹기에 따라 남성은 5명 중 3명, 여성은 3명 중 2명이 암에 걸리지 않고 평생을 마칠 수 있다. 국민 모두가 습관을 바꾸면 암 발생률은 확 떨어질 것이다.

인체는 우주와 같이 정교하고 오묘하다. 몸과 마음의 균형이 무너지면 질병이 침투한다. 하느님은 인간을 완벽하게 창조하지 않았다. 나쁜 유혹에 빠지는 건 인간의 태생적 약점이다. 노력으로 극복하는 수밖에 없다.

개인의 노력에 더해 사회적인 지원이 필요하다. 정부는 개인의 유전체와 습관이 일으키는 질환에 대한 역학조사를 하고 그에 따른 데이터베이스를 만들어야 한다. 개인의 습관을 진단하고 현재까지의 습관이 어떤 질환과 장애를 유발하게 될지 진단하고 습관의 변화를 처방하는 것이 의사의 역할이 돼야 할 것이다.

과거의 습관이 현재의 당신을 있게 했고, 현재의 습관에서 당신의 미래가 보인다. 새해 청마의 기상으로 묵은 습관을 박차고 나오자. 지금 당장. [서울경제, 2014. 01. 06]

정년 연장은
건강한 사회와 가정의 버팀목

베이비붐 세대 83% 노후 준비 안 돼 있어 자립 도와주고
60세 정년 실행하는 기업의 경영 지원 환경 조성돼야
사회보험료 지원 정책과 고령자 교육·훈련 투자로 생산성 유지 필요

정년연장법이 국회를 통과하리라 예상된다. 찬반양론이 갈리지만 대체로 환영하는 분위기가 우세하다. 1957년생 필자는 금년에 57세다. 50대 베이비붐 세대(1955~1963년생)의 맏이에 해당한다. 어느덧 또래들은 퇴직했거나 언제 퇴직할지 기약할 수 없는 불안한 시간을 보내고 있다. 동기회 모임에 모습을 보이지 않거나 아예 소식조차 끊기는 경우가 늘어나고 있다.

요즘 주변 지인들의 자녀 결혼식과 부모 장례식에 참석하는 일이 일상화됐다. 한창 자녀 교육과 결혼, 부모 부양에 힘든 시기에 조기 퇴직한 지인들이 고통을 어떻게 감내해내는지 안타까울 따름이다. 60세 정년이 미리 시행됐더라면 훨씬 안정된 가정을 유지했을 것이고, 자녀들도 좀 더 일찍 가정을 꾸리고 행복한 출발을 하지 않

앉을까.

근로자들은 평균 53세에 퇴직한다. 퇴직이 60세로 연장되면 국민연금을 받기까지의 보릿고개를 잘 넘길 수 있을 뿐 아니라 연금급여액도 증가된다. 직장건강보험의 혜택을 계속 누릴 수 있고 실직 위험도 60세까지 보장된다.

반면에 기업은 인건비 부담이 크게 늘어날 뿐 아니라 생산성이 떨어질 것을 우려한다. 특히 청년층의 취업 기회를 빼앗는다는 젊은 층의 반발도 만만치 않다. 이러한 우려에 대해 고령자의 숙련된 기술과 경험, 헝그리 정신은 생산성을 떨어뜨리지 않으리라는 반론과 함께 정년 연장이 청년 고용에 별 영향을 미치지 않는다는 경험적 통계적 관측이 있다.

그러나 이러한 논의들은 평균적인 경향성을 논의할 뿐이다. 개별 기업의 상황에 들어가면 정년 연장이 결코 만만치 않은 문제들에 부닥치게 될 것이다. 노사 간 갈등과 기업의 저항이 걸림돌로 나타날 것이다. 좋은 제도이지만 정치적 갈등과 경제적 현실에 부닥쳐 좌절되거나 후퇴되는 경우를 종종 봐왔다.

정년 연장이 우리 사회에 미칠 사회적 논의도 필요하다. 정년 연장이 정치적 합의와 대중적 지지로 나타난 것은 정년 연장을 하지 않으면 한국 사회가 공멸할지 모른다는 '집단적 본능'에서 발로된 것인지도 모른다.

베이비붐 세대에 대한 한국보건사회연구원의 조사를 보면, 83%가 특별한 노후 준비가 돼 있지 않다. 6%의 적극적인 소수만이 창업을 희망한다. 조기에 퇴직하면 대부분이 노후에 별 대책이 없는 셈이다. 베이비붐 남성의 80%가 퇴직 후에 일자리를 희망하고 있어 가장으로서 중압감이 극심한 남성 중심의 인식을 엿보게 된다. 특히 교육 수준이 낮고 소득 수준도 낮은 경우에 일하겠다는 의지를 더 많이 보이고 있어 정년 연장은 곧 빈곤 근로 층에 대한 복지정책에 가깝다.

부모 부양에 대한 책임도 정부(30%)보다는 자신의 책임(52%)으로 여기고 있다. 여전히 국가에 대해 의존하지 않겠다는 의식이 강하다. 노후 생계도 정부 의존(38%)보다는 스스로 챙기려는 의지(50%)가 강하다. 따라서 정년 연장은 베이비붐 세대 스스로 자립하도록 도와주는 복지 대책이기도 하다. 자녀에 대한 부양 책임도 '결혼할 때까지'(42%)가 '학업을 마칠 때까지'(30%)와 '직장을 가질 때까지'(24%)보다 높아 가정에 대한 책임의식도 견고하다. 가족에 대한 책임감 강한 베이비붐 세대에 대한 정년 연장은 가장으로서의 자존감을 복원하고 가정을 건강하게 유지하는 길이다. 건강한 가정이 모여 건강한 사회를 이루고 나라가 부흥한다.

정년 연장의 경제적·사회적 이익을 아무리 논의하더라도 정년 연장은 사실상 기업에 달려 있다. 기업들이 60세 정년을 받아들일 수 있는 여건과 유인을 마련해줘야 한다. 60세 정년을 받아들여도 기업을 경영할 수 있는 환경을 만들어줘야 한다. 손톱 밑의 가시를 빼주고 사회보험료를 지원하는 정책이 필요할 것이다. 그리고 고령자에 대한 교육 훈련 투자로 생산성을 유지시켜야 한다. 연공서열형 조직 운영과 임금체계도 변화돼야 할 것이다. 정년 연장을 위해 모두가 조금씩 양보해 공멸이 아닌 공존의 행복한 사회를 이뤄내자.

[서울경제, 2013. 04. 29]

국민 행복은
중산층 살리기부터

৩৩৩

공약 정책 현실화, 부처 간 정보 공유와 통합 중요
고용·복지 균형 유지하는 쌍끌이로 빈곤층 탈출 도와야
미래의 리스크에 연동되는 복지 시스템 사회적 합의로 구축

박근혜 대통령 당선인이 국민에게 약속한 핵심 단어는 국민행복이다. 이를 실현하기 위해 '중산층 70% 재건 프로젝트'라는 화두를 던졌다. 중산층이 두터워져야 성장 기반이 굳건해지고 사회가 안정된다.

행복과 불행은 다른 사람과 자신의 위치를 비교하는 데서 비롯된다고 한다. 즉 절대소득(성장)보다는 상대소득(분배)에 더 많이 영향을 받는다. 따라서 중산층 재건 프로젝트는 성장 중심의 747공약보다는 민생에 방점을 찍은 공약이다.

중산층은 중위소득의 50~150%에 해당하는 계층으로 정의된다. 통계청 자료에 의하면, 중산층은 지난 1990년 75.4%에서 1998년 외환 위기와 2008년 금융 위기로 계속 줄어들어 2011년 67.7%에 이르

렀다. 이는 보건사회연구원이 2012년에 조사한 규모(66.9%)와 비슷하다.

세계화로 인해 양극화가 계속 심화될 것이라고 보면 중산층 70% 사회는 쉽게 달성할 수 있는 목표는 아니다. 더구나 가구균등화지수라는 통계적 처리를 하지 않고 계측한 문외솔 서울여대 교수에 의하면 중산층은 55.5%이고, 현대경제연구원에서 전화 조사한 중산층의 규모는 46.4%였다. 이처럼 중산층 규모는 기준에 따라, 계층 방식에 따라 큰 차이를 보이고 있다. 중요한 사실은 중산층이 계속 줄어들고 있다는 점이다.

중산층이 줄어드는 원인은 복합적이다. 국제통화기금(IMF) 경제위기 이후 비정규직의 양산으로 인한 저임금 근로자의 증가, 조기은퇴 근로자들의 영세자영업 창업과 실패, 가계부채 증가로 인한 이자 부담 등이 주요 원인이다.

어느 것 하나 해결이 쉽지 않다. 그렇다면 중산층을 어떻게 재건할 것인가. 중위소득의 50% 미만을 빈곤층으로 정의하고 복지제도를 설계하겠다는 것이 박 당선인의 생각이다. 고용과 복지의 균형을 유지하는 쌍끌이 정책으로 빈곤층을 중위소득의 50% 이상으로 끌어올려야 한다.

비정규직을 일거에 정규화 하기는 어렵기 때문에 우선 차별을 줄이는 데 역점을 두면서 점진적으로 정규화 해나가야 한다. 그리고 근로자들이 가능한 한 직장에 오래 머물 수 있도록 해 무모하게 창업에 뛰어들지 않도록 해야 한다.

이를 위해서는 연공서열형 문화를 바꾸고 근로자의 생산성 향상에 주력해야 한다. 빈곤층의 생계·의료·교육·주거·보육 비용을 낮추는 생활 복지가 잘 작동하면 가처분소득이 늘어나 중산층으로 복귀하게 될 것이다. 생활복지는 중산층이 빈곤층으로 떨어지지 않도록 지탱해주는 버팀목이기도 하다.

근로소득이 증가할수록 장려금을 더 지원하는 근로장려세제를 강화하는 것, 0~5세 무상보육, 고교무상교육과 소득이 낮은 가구에 대학등록금을 더 지원하는 것, 가계부채의 부담을 덜어주면 서민 중산층의 짐이 크게 줄어들게 된다.

빈곤층 추락의 가장 큰 원인으로 손꼽히는 중증질환 의료비에 대한 국가 책임과 의료비 부담 상한제는 가계가 과중한 의료비 부담의 질곡에서 벗어날 수 있는 탈출구가 된다. 철도 부지를 활용한 임대주택 공급, 목돈 들이지 않고 전세를 얻을 수 있는 공약들이 실천 가능한 정책으로 도입될 때 안정적인 중산층이 되는 주거안정의 기반을 마련해줄 것이다.

공약이 정책으로 현실화하는 데는 많은 난관이 있다. 무엇보다도 정보의 공유와 통합이 중요하다. 금융정보가 국세청에 제공되고, 국세청의 과세정보가 사회보험공단에 제공되고, 이들 정보가 읍·면·동에 연계돼야 한다. 국민들의 접근성이 가장 높은 읍·면·동사무소가 행정복지센터(행복센터)로 개편되고, 국민들이 전국 3500여 개의 행복센터를 방문할 때 16개 부처 293개 복지사업이 대상자에게 맞춤형 플랜으로 지원될 수 있도록 하자.

그리고 복지 재원을 조달하기 위해 국민행복시대의 구현을 위한 사회보장세 도입을 전향적으로 검토하자. 사회보장세와 사회보험료를 합산한 사회보장부담금이 총 복지 재원이 되고, 이를 복지 재정 지출에 충당하는 게 좋겠다. 그러나 인구 구조의 고령화에 따른

복지 수요의 급증을 우려해 벌써부터 복지 확충을 경계하는 목소리
가 높다.

국민행복 실현에는 때가 있다. 때를 놓치면 돌이킬 수 없는 나락
으로 빠져 현재도 미래도 없게 된다. 미래의 부담이 걱정된다면 미
래의 리스크에 연동되는 복지 시스템을 사회적 합의로 구축하자.

[서울경제, 2013. 01. 08]

퇴직연금 활성화가
필요한 이유

◈◈◈◈
100세 시대 노후 대비하려면 공적연금 외 퇴직연금 꼭 필요
가입자 늘어 기금 불어나면 금융 경쟁력 강화에도 도움
은퇴 후 생활 위해 국민연금과 퇴직연금은 반드시 보전해야

1958년생 개띠 지방공무원 김씨는 30년 공직생활을 마감하면서 연금 250만 원에 퇴직금 6000만 원을 받았다. 그러나 결혼을 앞둔 딸과 대학원에 다니는 아들, 수시로 들어가는 경조사비 때문에 한숨이 나온다. 같은 1958년생 회사원 이씨는 퇴직을 앞두고 노후 대비 수준을 체크해 봤다. 국민연금은 82만 원이었다. 그것도 5년 뒤에야 지급된다. 퇴직금도 중간 정산으로 찾아 썼기 때문에 5000만 원에 불과했다. 자녀 결혼 문제와 긴 노후를 생각하니 암담한 기분이 든다.

그나마 이씨는 행복한 편이다. 월 80만 원 이상 고액(?)의 연금을 받는 경우는 연금 수급자의 5% 미만이다. 65세 이상 노인 중에서 공무원·사학·군인 연금 수급자가 5%를 차지하고 국민연금 수급자는 25%다. 나머지 70%는 연금이 없다. 이런 사각지대는 월 10만 원의 기

초노령연금으로 메우고 있다. 그나마 10만 원을 20만 원으로 인상하려던 기초연금 공약은 재정 지속성이 우려돼 차등 지급하는 안이 유력하다.

문제는 2030년이 돼도 국민연금 수급자는 노인의 절반 정도에 불과할 것이란 점이다. 2030년에도 노인의 절반은 최대 20만 원의 기초연금에 기대서 생활을 꾸려가야 할지 모른다.

선진국은 어떤가. 기초연금제도를 운영하는 대표적인 국가인 영국과 캐나다·호주·네덜란드의 기초연금은 100만~135만 원 정도다. 근래에 기초연금의 재정 지속성이 우려돼 소득 수준에 따라 차등 지급하는 조치를 취하기는 하지만 우리에게는 여전히 부러운 수준이다. 우리의 국민연금은 40년 가입해야 매달 80만 원 정도를 받는다. 대선 공약으로 내세운 기초연금 20만 원이 합쳐져야 선진국의 기초연금과 비슷한 수준에 이른다.

중요한 사실은 이들 선진국은 기초연금 외에도 탄탄한 퇴직연금제도를 갖추고 있다는 점이다. 은퇴자는 기초연금 50%와 퇴직연금 50%로 여유로운 노후를 준비하고 있다. 탄탄한 퇴직연금제도의 장점은 넉넉한 노후생활에만 그치지 않는다. 퇴직연금이 발달한 국가들은 연기금 규모가 크고 금융시장 경쟁력도 우수하다. 영국 2400조 원, 캐나다 1200조 원, 호주 1500조 원, 네덜란드 1300조 원 등 방대한 기금 규모를 자랑한다. 이들 연기금은 국제 금융시장에서도 큰손으로 군림하고 있다.

우리나라도 안정된 노후 대비 체계를 갖추고 세계 금융시장에서 경쟁력을 키우기 위해서는 퇴직연금제도를 확충해야 한다. 그 방안은 퇴직일시금을 퇴직연금으로 전환하는 것이다. 우리도 퇴직연금제도를 2005년에 도입하기는 했지만, 퇴직연금 가입 근로자는 400만 명에 불과하다. 퇴직연금 기금 규모도 70조 원에 그친다. 이런 탓에 우리나라 금융시장 경쟁력은 세계경제포럼(WEF)이 발표한 금융시장 경쟁력 순위에서 71위라는 부끄러운 성적표를 받았다.

퇴직일시금의 퇴직연금 전환이 쉽지만은 않다. 우리나라의 경우 퇴직할 때 대개 자녀 학자금과 결혼비용, 사업 자금 등 목돈이 필요하기 때문이다. 그렇지만 100세 시대를 대비하기 위해서는 퇴직금에 손대지 않겠다는 결단을 내려야 한다. 은퇴 후의 생활을 위해 국민연금과 퇴직연금은 반드시 보전해야 한다.

국민연금은 국제 금융계에서 큰손으로 성장하고 있다. 국민연금 기금은 올해 400조 원을 돌파해 일본 공적연금(GPIF)과 노르웨이 글로벌펀드연금(GPFG)에 이어 세계 3대 연기금으로 등극했다. 앞으로 2020년 850조 원, 2030년 1730조 원, 2040년 2500조 원으로 세계 최대 연기금으로 커질 것으로 전망된다.

국민연금과 퇴직연금을 중심으로 쌓은 탄탄한 노후보장체계가 금융시장 활성화를 이끌고, 이것이 다시 노후 보장을 강화하는 선순환을 이뤄야 한다. 무엇보다 평범한 샐러리맨들이 은퇴할 때 국민연금과 퇴직연금을 합쳐서 한 달에 200만 원은 손에 쥐어야 하지 않겠는가. [서울경제, 2013. 08. 19.]

국민행복연금
덴마크를 보라

❧❧❧

기초연금, 덴마크 거주기간이 연금액 결정, 세금으로 재원 조달
수급자 소득 · 재산 많으면 연금액 삭감 , 다른 사회보장 급여와 연계
한국, 연금 수급자 지원 강화하고 퇴직금 연금화 해야

지난해 10월 호주에서 각국의 연금제도를 평가하는 보고서를 발간했다. 4년째 발간되는 보고서에 우리나라는 처음 포함됐다. 연금수준의 적정성, 제도의 지속 가능성, 관리 투명성 세 부문으로 나누어 18개국을 평가했는데 우리나라는 D등급을 받았다.

A등급을 받은 국가는 덴마크가 유일하다. 덴마크의 연금제도가 어떻기에 세계 최고의 연금으로 평가받았는가.

덴마크 연금제도는 기초연금과 적립식 국민연금 그리고 의무가입의 직장연금과 자발적 개인연금으로 구성돼 있다. 눈여겨볼 점은 기초연금이다. 덴마크 거주기간이 연금액을 결정하며, 세금으로 재원을 조달한다. 소득대체율은 40년 거주기준으로 40%(월 100만 원 수준)에 이르지만, 수급자의 소득과 재산이 많으면 연금액을 삭감

하고 다른 사회보장 급여와의 중복을 조정하는 맞춤형 기초연금제도다. 과도한 기초연금 수준이 미래에도 지속될지 우려돼 기초연금 급여수준을 낮추고 적립식 연금의 급여 수준을 높이는 계획을 추진하고 있다.

우리의 연금제도는 어떠한가.

국민연금이 늦게 도입돼 65세 이상 노인 중 연금 수급자는 현재까지도 30% 미만에 머물고 있다. 이러한 연금 사각지대를 해소하기 위해 월 10만 원의 연금을 노인의 70%에게 지급하는 기초노령연금제도를 2007년 도입했다.

근로자들은 퇴직금을 주택 구입이나 자녀 학비, 결혼비용, 퇴직 후 사업자금으로 사용해 노후준비자금으로 활용하지 못한다. 근로자들의 노후 보장을 위해 퇴직연금보험제도가 2005년 도입됐으나 가입자는 상용근로자의 37%에 불과하다. 50대 중반에 퇴직하면 생계부터 걱정이고 노후 준비는 엄두도 못내는 상황이다.

호주의 연금보고서는 한국에 대해 빈곤한 연금 수급자에 대한 지원을 강화하고 퇴직금을 연금화 할 것을 권고했다. 그리고 국민연금 보험료를 인상해 연금기금을 더 확충하고, 국민연금 수급 연령을 연장해 지속 가능성을 확보할 것을 제안했고, 퇴직연금과 개인연금에 대한 감독과 거버넌스를 개선할 것을 권고했다.

지난 대선에서 박근혜 대통령이 기초노령연금의 2배에 가까운 20만 원의 기초연금을 약속했다. 국민연금과 기초연금의 관계 설정을 어떻게 할 것인가를 두고 사회적 논란이 벌어졌다. 보험료를 내지 않아도 20만 원의 연금을 받게 되니 국민연금 지역가입자는 가입할 유인이 떨어질 것이고, 그동안 연금보험료를 성실히 납부한 사람들이 상대적으로 불이익을 받는다는 문제가 불거졌다.

또 급속한 고령화에 따른 기초연금의 재원 마련도 걱정이었다. 재정적 지속 가능성과 공평을 고려하면 약속을 일부 수정할 수밖에 없다. 약속·공평·재원 3자 간의 모순적 충돌을 해결하는 열쇠는 사회적 합의밖에 없다. 이를 위해 사회적 합의기구인 '국민행복연금위원회'가 지난 3월 20일 출범했다. 국민행복연금을 설계하는데 덴마크의 연금제도가 참고가 될지 모르겠다.

국민행복연금 설계에서 가장 중요한 점은 현 세대 노인들을 빈곤에서 구제하는 것이다. 노인들은 잘 살아보기 위해, 자식 교육과 결혼하는 자식의 살림 기반을 마련해주기 위해 모든 것을 바쳤다. 그러나 정작 자신의 노후는 챙기지 못해 가쁜 숨을 몰아쉬는 '가시고기'같이 비참한 최후를 맞이하고 있다. 세계 최고의 노인빈곤율과 노인자살률이 이를 증명하고 있지 않은가. 불행한 대한민국 노인의 행복을 위해 국민행복연금이 설계돼야 한다. 국민행복연금은 A등급의 연금제도로 다가가는 단초이기도 하다.

[파이낸셜뉴스, 2013. 04. 07]

국민연금
탈퇴하면 손해다

기초연금은 노후에 '1인 1연금'을 받도록 하자는 생각에서 출발
국민연금 탈퇴하면 더 큰 손해, 국민연금 지켜야 할 때
100세 시대 대비 국민연금 꼭 가입 … 끈 놓는 순간 미래는 없다

이 말이 옳은지, 저 말이 옳은지 헷갈릴 때 사람들은 부정적인 견해에 귀가 더 솔깃해지게 마련이다. 이럴 때는 멀리 길게 바라보는 게 성급한 오판을 줄일 수 있다.

국민연금은 1988년 서울올림픽이 열리던 해에 태어났다. 태어날 당시 국민연금의 운명이 이토록 험난할지 누가 알았으랴. 아이의 운명이 축복이 될지, 재앙이 될지는 우리 손에 달렸다. 태어날 때부터 너무 비만해서 오래 살지 못할 것이라고 우려해 격하게 다이어트를 시켰다. 국민연금이 스무 살이 되던 해인 2007년의 일이다. 연금 수준을 60%에서 40%로 깎았다. 살아 있는 세대의 위태로운 노후보다는 태어나지도 않은 미래 세대의 부담을 더 걱정했다. 부모는 늘 희생해야 하는가. 국민연금은 극심한 다이어트의 대가로 '기초노령연

금'이라는 사탕을 받았다. 국민연금에 가입할 기회가 없었던 노인 70%에게 월 10만 원의 연금을 지급했다. 월 10만 원이 적다고 생각되었는지 지난 대선 과정에서 기초노령연금의 이름을 '기초연금'으로 바꾸어 모든 노인에게 20만 원을 지급하겠다는 공약을 했다.

애초 기초연금은 국민 누구나 노후에 '1인 1연금'을 받도록 하자는 생각에서 출발했다. 연금 가입 기회가 없었던 노인이나 보험료를 낼 여력이 없었던 전업주부에게도 기초연금을 지급해 노후에 최소한의 생활을 보장하자는 취지였다. 그래서 국민연금을 둘로 나누어 기초연금과 소득비례연금으로 운영하자는 것이 골자다. 보수와 진보 모두가 기초연금에 대해 강렬한 마력과 향수를 느꼈다. 그러나 당장 거둬들여야 할 재원 때문에 번번이 무산됐다.

기초연금은 지난 대선에서 부활했지만 대선 후 현실의 벽에 다시 부닥쳤다. 재원의 조달과 미래 지속 가능성 때문이다. 우여곡절 끝에 상위 30% 노인은 지급 대상에서 제외하고, 하위 70% 노인에 대해 차등 지급하는 방안을 내놓았다. 차등 지급하는 방식을 놓고 극심한 갈등을 겪고 있다. 형평의 문제에서 발목이 걸린 것이다.

정부가 입법 예고한 기초연금안은 가입 기간이 길수록 연금액이 줄어들도록 설계돼 있다. 성실한 가입자가 손해를 보게 된다는 것이다. 누가 이익을 보고 누가 손해를 보는지를 꼼꼼히 따지는 형평의 수렁에 빠졌다. 국민 정서는 배고픔보다는 배 아픔에 더욱 신경 쓰기 때문이다. 그렇다고 국민연금에서 탈퇴하면 더 큰 손해를 보게 된다는 점은 애써 간과되고 있다.

이러한 기초연금 논란 때문에 국민연금을 탈퇴하는 우(愚)를 범해서는 안 된다. 예를 들어 평균 소득자(월 200만 원)가 20년을 가입하면 57만 원의 국민연금을 받는다. 그런데 연금에 가입하지 않으면 기초연금 20만 원을 받는다. 어떤 선택을 할 것인가? 월 100만 원 소득자가 20년 가입하면 47만 원의 연금을 받는데 가입하지 않으면 20만 원을 받는다. 어떤 선택을 할 것인가? 연금은 은퇴 후에 꼬박꼬박 들어오는 월급이다. 100세 시대를 생각하는 현명한 사람이라면 가입해야 마땅하다. 이처럼 황금알을 꼬박꼬박 낳아주는 거위를 버려서야 되겠는가. 기초연금 논쟁이 자칫 노후에 착실히 대비하려는 국민을 호도하고 가입을 탈퇴시켜서는 안 된다.

올해 내내 기초연금안이 나올 때마다 돌팔매를 맞았고 국민적 갈등은 극심했다. 국회에서의 논의 과정을 지켜봐야겠지만 기초연금 때문에 국민연금을 탈퇴해서는 안 된다. 지금은 국민연금을 지켜야 할 때다. 여·야 정치인과 정부를 한 번 믿어보자. 당신의 연금이 절대 손해나지 않도록 눈을 부릅뜨고 세심하게 계산하고 있지 않은가. 긴 안목으로 인내를 갖고 국민연금과 맺은 인연의 끈을 놓아서는 안된다. 끈을 놓는 순간 미래는 없다. [중앙일보, 2013. 11. 07]

4장

사회적 약자를 배려하는 길

우리 모두가
예비 장애인이다

ㆍ6ㆍ6ㆍ6

국내 장애인 90% 이상이 후천적 요인으로 발생
학교·직장에서는 장애인 인식 개선할 커리큘럼과 프로그램 필요
장애인에 대한 배려와 관심으로 동반자로 동행하는 여건 조성

한 인터넷 카페에 올라 있는 내용이다.

"우리 반에 15살인 데도 5살 지능에 멈춰 있는 앤데……. 애들이 막 괴롭혀서 자꾸 미안하고 어떻게 해야 할지 모르겠어……. 학년 초는 진짜 짜증이 났는데 시간이 조금 지나니까 좀 괜찮은 거야. 그래도 개는 특수학교로 가야 할 것 같아. 짜증나거든."

이 내용은 어느 중학생의 장애인에 대한 인식 정도를 보여준다. 이러한 편견은 어릴 때부터 알게 모르게 주입된 결과이고, 우리 사회의 책임일 것이다.

2011년 장애인실태조사(보건복지부)에 나타난 장애인은 268만 명이다. 2005년 똑같은 조사 때의 214만 명보다 54만 명이 늘었다. 불과 5년 사이에 포항시 인구 51만 명보다 많은 장애인이 늘어난 셈이다.

장애인 출현율을 살펴보면 2005년 전체 인구 중 4.59%였으나 2011년 5.61%로 증가했다. 장애인 출현율의 증가는 선천적 장애보다는 질병사고로 인한 후천적 장애가 늘었기 때문이다.

2005~2011년간 선천적 장애는 11.0%에서 9.5%로 줄어든 반면, 후천적 장애는 89.0%에서 90.5%로 증가했다. 장애 발생의 90% 이상이 후천적 원인임을 감안할 때 현재 대부분의 장애인은 인생의 어느 지점까지는 장애를 갖지 않고 살았던 비장애인이었다는 얘기가 된다. 그런 의미에서 비장애인은 '예비 장애인'이다. 우리 사회에 만연해 있는 장애인에 대한 차별적 인식은 어느 날 '내가 감수해야 할 차별의 문제'로 고뇌할 수 있는 것이다. 차별이란 인간으로서 마땅히 누리고 행사하는 기본적인 자유와 권리를 제한하는 행태인데, 장애인에 대한 우리 사회의 차별은 그 정도가 심하다. 장애인에 대한 차별은 장애인이 갖는 특성에서 비롯되기보다는 우리 사회가 장애인을 바라보는 편견이나 사회의 집단적인 따돌림에서 기인하는 경우가 많다.

2006년 유엔은 장애인의 존엄성과 권리, 평등이 실현되는 사회를 위해 장애인권리협약(CRPD)을 채택했다. 2008년 우리 정부도 모든 생활 영역에서 장애를 이유로 한 차별을 금지하고 장애인의 평등권 실현을 통해 인간으로서의 존엄과 가치를 구현함을 목적으로 「장애인차별금지 및 권리구제 등에 관한 법률」을 통과시켰다. 하지만 장애인차별금지법이 제정된 지 5년이 지난 지금 장애인 차별 문제는 여전히 해소된 것이 없다. 2011년 장애인실태조사에 따르면, 80.7%의 장애인이 "우리 사회에 장애에 대한 차별이 많다"고 응답하고 있다.

미국은 2010년 7월 26일 장애인법 제정 20주년을 기념해 장애인의 TV 방송과 휴대전화에서의 장애인 접근권을 보장하기 위한 「21세기방송통신접근법」을 추가로 제정했다. 이 법을 통해 휴대전화(아이폰)의 설정 기능에 '손쉬운 사용'이라는 메뉴를 만들어 방송통신 접근에 어려움을 가지고 있는 그들이 자신의 상황에 맞도록 화면 조정과 음성지원서비스를 받을 수 있게 해 TV 방송과 휴대전화에 대한 접근성을 획기적으로 향상시켰다. 장애인의 상황을 고려한 평등을 실현하는 평등의 길을 마련하고 있다.

우리 사회는 복지 후진국이라는 미국에 비해서도 장애인에 대한 배려와 관심이 한참 떨어져 있다. 어느 중학생의 인터넷 글에서 보듯 어려서부터 장애인에 대한 편견과 차별을 개선하지 않으면 안 된다. 장애인에 대한 이해도를 높이는 커리큘럼을 개발해 어려서부터 장애인에 대한 이해도가 자연스럽게 스며들 수 있도록 교육할 필요가 있다. 직장 역시 장애인 동료에 대한 인식 개선 프로그램을 만들어 그들과 늘 동반자로 동행하는 여건을 만들어야 한다. 사실 장애인 차별을 해소하는 사회의 노력이 지난하고 지루한 과정이지만 우리 사회가 장애인에 대한 벽을 허무는 것이 국민행복시대를 열어가는 길이다. [중앙일보, 2013. 04. 24]

5월
그 찬란한 슬픔의 계절

৩৩৩

5월은 자살률이 가장 높은 계절, 자살 시도자 52%는 우울증으로
여성이 남성보다 2배 발생, 남성은 40 이후 여성 자살자의 2~3배,
개개인 자존감 회복하고 우울감에 빠지지 않도록 예방해야

5월 화창한 봄날, 당신은 행복하십니까?

잔인한 잉태의 계절 4월을 거쳐 5월 따스한 햇살이 쏟아지는 계절을 만끽하면서 비로소 봄이 완연함을 실감한다. 연둣빛 새잎들이 녹색으로 변하고 온갖 꽃들이 만개하고 있다. 거리에는 사람이 넘쳐나고 모두 행복한 미소를 짓는다. 5월은 축제의 계절이다. 고을마다 철쭉제, 유채꽃축제 등 꽃 축제가 한창이다. 산나물축제에 이어 함평나비축제와 멸치·홍어 축제, 이어서 연등축제가 지역마다 벌어진다. 과연 5월은 계절의 여왕이다.

행복할 것 같은 5월은 그러나 역설적으로 일 년 중 자살률이 가장 높은 계절이다. 혹한의 겨울에 자살률이 오히려 가장 낮다. 관심을 끄는 것은 남녀노소 구분 없이 5월 자살률이 매우 높다는 점이다. 노

인의 자살률이 특히 높다. 프랑스의 사회학자 에밀 뒤르껭은 1897
년 「자살론」에서 추운 계절이 끝나고 더운 계절이 시작할 때 자살률
이 높다고 했다. 화창한 날 행복해 보이는 주변 사람들을 보면서 자
신의 처지를 비관하며, 자신의 삶이 무의미하고 공허하게 느껴질 때
남은 선택은 자살이다. 성균관대 전홍진 교수는 자살 시도자의 52%
는 우울증으로 진단되었고, 우울증에 음주가 곁들여질 때 자살 시도
율은 거의 두 배로 급증한다는 연구 결과(2012년)를 발표하였다.

1890년 미국의 의사이자 철학자인 윌리엄 제임스는 자존감(self-
esteem)의 상처가 우울증으로 이어지고 자살에 이르게 할 수 있다고
주장하였다. 자존감이란 자신이 사랑 받을 만한 가치가 있는 존재라
고 인식하는 것이다. 자신의 존재 가치를 상실할 때 자살을 선택하
게 된다. 우울증은 누구에게나 쉽게 찾아오는 마음의 '감기'라고 한
다. 누구나 잠시 우울해졌다가 즐거워졌다가 다시 평상심을 찾는 과
정을 반복하는 것이 일상적인 생활 패턴이다. 정도가 심해지면 조울
증으로 발전한다.

의학적으로 봄은 정신질환 발병률이 가장 높다고 한다. 따뜻한 봄
햇살이 계절성 우울증을 일으킨다. 건강보험 통계에 의하면, 여성의
우울증이 남성보다 2배 높게 발생한다. 하지만 여성의 경우 우울증
이 남성보다 높지만 자살률은 남자가 높다.

남성들은 자존감에 상처를 입을 때 자살에 이른다. 5월은 가정의
달이다. 어린이날, 어버이날, 스승의 날 등 즐거워야 할 기념일들이
부담스러운 날이 될 수 있다. 가장의 역할, 부모의 역할, 자식으로서
의 도리를 못하게 될 때에는 가족들로부터 소외되고, 직장과 사회에
서도 소외된다. 경제적으로 궁핍하고 가족과 사회의 일원으로서 제

역할을 찾지 못할 때 자신이 누구이고 무엇인지 고민하게 되고, 심각한 상실감을 느낄 때 자살의 유혹이 찾아온다.

남성은 40대 이후에 여성 자살자의 2~3배에 이른다. 그만큼 대한민국 남성들의 운명은 가혹해 보인다. 가장의 역할과 사회에서의 위치에 대한 중압감이 엄청난 스트레스로 작용한다.

이러한 문제를 방치해서는 안 된다. 5월이 오면 국가적 차원에서 '자살 경보'라도 울려야 할 판이다. 개개인이 자존감을 회복하고 우울감에 빠지지 않도록 예방해야 한다. 현실의 빠른 변화 속도에 전통적인 가족과 사회적 관습이 따라가지 못하고 있다. 그 속에서 개인의 부적응이 발생한다. 5월의 각종 행사들에서 상처받고 소외되는 사회적 낙오자들이 있다. 이들의 상대적인 상실감이 자살로 이어질 수 있다.

그래서 5월의 각종 기념일 축제들을 묶어 국민 모두가 참여하는 국민 대통합의 축제를 만들면 어떨까. 축제를 준비하고 참여하면서 5월의 우울함을 이겨낼 수 있다. 태양빛이 밝아질수록 그늘은 어두워지고 깊어진다. 소외된 계층, 말없는 소수들을 그냥 지나쳐서는 안 된다. 5월의 화창함 뒤에 가려진 우울함과 무기력을 우리 사회가 따뜻하게 보듬어야 한다. [한국일보, 2013. 05. 18]

빈곤정책
수요자 중심으로 개편되어야 한다

∾∾∾
빈곤정책이 성공적으로 연착륙되기 위한 조건은,
갈등 최소화하는 충분한 예산 뒷받침, 정책이 효율적·효과적으로
집행될 수 있는 제도 간 연계, 행정 시스템의 수요자 중심 개편

　　건설 현장을 전전하는 김씨는 일거리가 늘 있는 게 아니다. 홀어머니는 치매를 앓고 있고, 초등학교에 다니는 두 딸이 있다. 남편의 벌이가 일정하지 않으니 부인이 식당 일이라도 찾아보려 하지만, 시어머니와 두 딸 때문에 집을 비우기가 쉽지 않다.

　　기초보장수급자 신청을 해보았지만 대도시 다가구주택 반지하방에서 살더라도 일정 재산을 초과한다는 이유로 신청에서 탈락했다. 김씨 가정은 빈곤 사각지대의 하나의 사례에 불과하다.

　　정부는 기초생활보장제도에 의존해 왔던 빈곤정책의 틀을 크게 개편하려 한다. 빈곤의 사각지대를 해소할 수 있는 포괄적인 맞춤형 복지제도를 구축한다는 것이다.

　　현재의 기초생활보장제도 하에서는 일단 수급자로 선정되면 생

계·의료·주거·교육 급여를 한꺼번에 통합하여 제공하고 있다. 그동안 기초생활수급자는 빈곤층인지 아닌지를 구분하는 대표적인 잣대가 되었다.

수급자가 되면 기초생활보장 이외의 정부에서 제공하는 각종 복지 혜택도 받게 되는 특권(?)을 누리게 되었다. 이 때문에 빈곤층이 기초생활수급 빈곤층과 비수급 빈곤층으로 양분화 되었다.

양분화로 인해 각종 복지 혜택을 받는 수급 빈곤층의 소득이 비수급 빈곤층보다 많아지는 역전 현상도 벌어진다. 어정쩡하게 가난한 것보다는 절대적으로 가난해야 국가의 보호를 확실히 받게 된다. 그래서 절대 빈곤에서 벗어나려고 노력하기보다는 기초생활수급자의 혜택에 안주하려는 동기를 부여한다.

이번 정부의 기초생활보장제도 개편은 개별 가구의 다양한 복지 요구를 충족시켜 주는 맞춤식 급여를 제공하는 제도로 전환하는 것이 핵심이다.

특히 취업을 하고 있지만 빈곤에서 헤어나지 못하고 있는 근로 빈곤층에는 빈곤에서 벗어날 수 있도록 고용과 복지 서비스를 충실하게 연계하여 제공하는 정책을 제시하고 있다.

복지정책에서 소외되는 빈곤층 규모는 매우 크다. 국제적으로 널리 통용되는 중위소득 50% 이하를 빈곤층으로 정의하면, 2011년 현재 우리나라의 빈곤층 규모는 760만 명에 이른다. 국민 7명 중 한 명이 빈곤층인 셈이다.

외환 위기 직후였던 1999년보다 큰 규모이다. 하지만 현재의 빈곤정책은 극빈층 140만 명에 초점을 맞추고 있다. 나머지 빈곤층이 실질적인 지원을 받지 못하는 사각지대 빈곤층인 셈이다. 사각지대를 해소할 수 있는 포괄적인 사회안전망 구축이 필요한 이유이다.

취업해도 가난한 근로 빈곤층의 규모는 2011년 약 300만 명에 이른다(한국보건사회연구원의 복지실태조사). 빈곤 아동 대부분은 근로빈곤가구에 속해 있다. 이 때문에 빈곤 탈출은 현 세대만의 문제가 아니라 미래 세대의 문제인 것이다.

지금까지의 빈곤정책은 근로 빈곤층의 자립을 지원하는 데 필요한 복지 혜택과 고용 지원을 제대로 연계하지 못했다. 부처 칸막이 때문이다.

다양한 고용복지제도를 하나의 통합된 제도로 만드는 것이 이상적이다. 현재 시행하고 있는 고용복지제도들을 유기적으로 연계하는 것이 현실적인 방안이다.

제도 간 연계와 부처 간 분업 시스템으로의 개편은 사업 시행의 주체인 부처의 눈으로 바라보던 고용복지제도를 수요자인 국민의 눈으로 바라보는 것이다.

예를 들면, 읍·면·동 센터에서 빈곤 가정을 진단하고 처방을 내려 필요한 서비스를 직접 제공하거나 다른 서비스 기관을 알선하는 역할을 하는 것이다.

새로운 제도로 개편하는 과정은 쉽지 않다. 많은 장애 요인과 부작용이 나타날 수 있다. 다양한 욕구별 급여제도로 전환하게 되면 다양한 수급자가 발생하게 되어 대상자 수는 크게 증가할 것이다. 이 과정에서 기존의 혜택이 줄어드는 집단이 생겨날 수 있다. 따라서 기존의 수급자가 크게 불이익을 받지 않도록 점진적인 접근이 필요하다. 그래야 제도 개편 과정에서 발생할 수 있는 민원과 갈등을 최소화할 수 있다.

새로운 빈곤정책이 성공적으로 연착륙되기 위한 조건을 들자면, '갈등의 소지를 최소화하는 충분한 예산의 뒷받침'과 '정책이 효율적이고 효과적으로 집행될 수 있는 제도 간 연계', '행정 시스템의 수요자 중심 개편'이다. [한겨레, 2013. 05. 14]

희귀난치성질환을
아십니까

❦❦❦
희귀난치성질환은 유전적인 경우가 많아 평생 고통
유럽·캐나다는 2월 마지막 날 '희귀질환자의 날'로 정해
2009년 현재 138개 질환 선정 864억 원 의료비를 지원

희귀난치성질환은 그 이름에서 보듯이 극소수의 사람들이 앓는 병이기 때문에 대중의 관심을 받기 쉽지 않다. 이 때문에 희귀난치성질환자와 그 가족의 고통은 매우 깊다. 희귀난치성질환은 유전적인 경우가 많아 평생에 걸쳐 고통을 받게 된다. 희귀 질환은 희귀하기 때문에 그다지 종류가 많지 않을 듯 보인다. 그러나 6천 내지 8천 종이 알려져 있다.

희귀 질환 여부를 확진하는 방법과 치료 방법이 잘 개발되어 있지 않은 것도 환자들을 힘들게 한다. 희귀난치성질환에 대해 명료하게 널리 받아들여지는 정의도 아직 없다. 심지어 미국에서도 2002년 희귀질환법(Rare Disease Act)에서 1500명에 한 명이 발생하는 질환으로 정의하고 있을 뿐이다. 일본에서는 2500명에 한 명이 발생하는 질환

으로, 유럽에서는 2000명에 한 명이 발생하는 것으로 정의하고 있다.

1983년 미국에서 희귀질환전국협회(NORD:National Organization of Rare Disorders)가 발족되어 민간 차원에서 먼저 관심을 가졌다. 2002년이 되어서야 미국 국립보건원(NIH)에 희귀질환담당조직(Office of Rare Diseases)이 설립되었다. 유럽과 캐나다에서는 희귀 질환에 대한 경각심을 고취하기 위하여 2월 마지막 날을 희귀질환자의 날로 정하였고 2008년 제1회 기념식을 가졌다. 희귀 질환은 인류가 알지 못했을 뿐 꽤 오래된 질환일 터인데 사람들이 관심을 가지기 시작한 역사는 짧다.

우리나라에서도 늦게나마 민간 차원에서 2001년에 한국희귀난치성질환연합회가 발족하였고, 2004년에 질병관리본부 국립보건연구원에 희귀난치성질환센터를 설립하였다. 2009년 현재 138개 질환을 선정하여 864억 원의 의료비를 지원하고 있다. 희귀난치질환자의 등록을 받아 7월부터 건강보험의 본인 부담분을 20%에서 10%로 경감해주고 있다. 그밖에 빈곤가구에 대해서는 10%의 법정 본인부담도 면제해주고, 보장구 구입비, 호흡보조기 및 산소호흡기 대여료 그리고 간병비를 지원하고 있다.

희귀난치질환의 문제는 환자 본인과 더불어 환자를 보호하고 있는 가정의 문제이기도 하다. 고액의 치료비가 평생에 걸쳐 발생하는 문제는 물론이고, 본인과 가족의 정신적인 고통은 이루 말할 수 없다. 이러한 소수자들의 목소리는 외면되기 쉽고, 소수자들이 겪는 고통은 소외되기 마련이다. 희귀난치질환자들의 고통을 우리 사회가 어느 정도까지 나누어져야 할 것인가에 대해서는 일치된 의견이 없다. 이 극한 고통을 사회가 짊어져야 한다는 인본적인 견해가 있는 반면에 우리 사회가 가진 한정된 자원에 비추어 판단할 수밖에 없다는 현실론이 충돌한다. 사람들의 다양한 가치관을 잘 정리해주는 것이 정부의 역할이다.

우리 사회가 한정된 재원 때문에 최선의 보호를 해줄 수 없다면, 희귀질환자와 그 가족의 목소리에 귀를 기울이고 정성을 모아주어야 한다. 외국에서 추진하고 있듯이 원격진료(telemedicine)를 희귀질환자에 적용해보는 것도 방법이 아닌가 생각한다.

[HIRA(건강보험심사평가원) 정책동향 편집인 칼럼, 2009. 11월]

5장

의료 개혁의 길

의사 파업
국민이 지켜보고 있다

～6~6~6
지금이 비정상적인 의료제도를 정상적으로 바꿀 절호의 기회
국민 건강 위해 환자 안전 등 비정상적이었던 의료 정상화에 힘써야
두 차례 의-정 협의 거부하고 다시 파업에 돌입하면 국민들이 외면

사실 시민들은 뜨악했다. 의사들이 왜 파업을 하는지. 국민의 건강을 위해서라는데. 국민은 원격진료와 의료법인의 영리 자회사 허용이 자신들의 건강과 어떤 관련이 있는지 가슴에 와 닿지 않았다. 흥미롭게도 의사들이 왜 파업하려는지 노동시민단체들이 의사협회를 대신해서 친절하게 설명하려 애썼다. SNS에서 떠도는 괴담 수준의 이야기들이 의사협회의 주장을 지원하기도 했다. 급기야 의료계와 노동시민단체들이 손을 잡고 의료 영리화를 반대하는 연대를 형성했었다.

연대의 대가로 시민단체들은 의사협회의 의료수가 현실화 주장에 눈을 감기도 했다. 야당도 개원의들의 어려운 경영 상황을 이해한다면서 수가 현실화를 지지했다. 지난 세월 동안 형성되었던 의료

계와 노동시민단체들 간의 불편한 관계를 아는 사람들이 보기에는 참으로 어색한 동거로 비쳐졌다.

그런데 3월 17일 발표된 제2차 의-정 협의 결과는 새로운 양상으로 비쳤다. 이 협의에는 지난 2월 18일의 제1차 의-정 협의 결과에 비해서 의-정 간의 이견이 좁혀지면서 구체화되고 진전된 내용이 담겼다. 원격진료는 6개월간 안전성과 유효성을 검증하는 시범사업을 시행한 후 그 결과를 입법에 반영키로 했다. 선 시범사업을 주장한 의협의 주장이 수용되는 대신에 정부의 입법화는 탄력을 받게 되었다. 영리자법인 허용으로 의료법인의 진료 수익이 편법으로 자법인에게 유출되지 않는 방안을 5개 의약단체가 참여하여 논의토록 하였다. 의료 영리화를 우려해왔던 의사협회의 주장을 받아들인 대신에 자법인 설립이라는 정부의 입장도 관철되었다.

의료수가의 최종의결기구인 건강보험정책심의위원회(이하 건정심)의 공익위원을 정부가 임명해오던 것을 가입자와 의료계 동수로 추천하도록 했고, 의사협회와 건강보험공단 간 수가 협상 결렬 시 건정심 심의 이전에 가입자와 공급자가 참여하는 중립적 '조정소위원회'에서 논의토록 했다. 수가 결정구조에서 의료계는 지분을 좀 더 확보하는 성과를 거둔 대신에 정부는 여전히 의사 결정의 주도권을 놓지 않았다. 전공의들의 열악한 근로 환경 개선에 합의한 것은 의사협회가 덤으로 얻어낸 것이었다. 전공의들의 삶의 질 개선은 언젠가는 해야 할 일을 한 것이고 노동시민단체들도 적극 동의하였다.

다만, 의사협회가 내심 바랐던 의료수가 현실화는 협의에서 빠졌다. 수가 현실화를 협의문에 넣더라도 가입자의 동의 없이는 소용없다는 점을 간파한 것이다. 이렇게 보면 의협은 원하는 바를 거의 관철했고, 정부도 실리를 챙겼다고 볼 수 있다. 협상에서 당사자들이 서로 얻을 것을 쟁취하였다고 주장할 수 있으면 그 협상은 성공한 것이다.

그럼에도 불구하고 의협은 협의 결과를 전체 회원 투표에 부쳐 부결되는 경우에는 협의안을 전면 무효화한다고 한다. 전면 파업이란 초강수는 국민을 짜증나게 할 것이다. 이 지점에서 다시 의사협회의 주장을 되새겨 보자. 의협은 국민건강보험을 튼튼히 하여 민간보험으로 지출되는 보험료를 국민건강보험료로 돌려 환자와 의사 모두가 만족하는 제도를 만들자고 한다. 이것이 '비정상의 정상화'이고, 지금이 비정상적인 의료제도를 정상적으로 바꿀 절호의 기회라고 하였다. 맞는 말이다.

한편 장외에서 의-정 협의를 조심스럽게 지켜봐 왔던 노동시민단체들은 의사협회가 원격진료와 의료 영리화를 수용한 것이나 다름없다고 강하게 비판했다. 의-정 협의를 인정할 수 없다고까지 한다. 정부는 다시 후폭풍에 대비해야 하는 숙제를 안게 될지도 모른다. 어찌되었건 이번 의-정 협의는 일단락되어야겠지만, 구체적인 실행에 들어가면 많은 숙제가 기다린다. 이제부터 시작인지도 모른다.

의료 정상화를 위해, 국민의 건강을 위해 4대 중증질환의 보장성 강화, 환자 부담이 큰 비급여 문제의 해결, 등한시되어 왔던 환자 안전 등 비정상적이었던 의료의 정상화에 힘써야 한다. 전면 파업 여부는 의사협회의 투표 결과에 달렸지만, 두 차례의 의-정 협의까지 거부하고 다시 파업에 돌입한다면 국민들이 외면할 것이다. 이젠 국민 속으로 돌아와야 한다. 국민들이 지켜보고 있다.

[한국일보, 2014. 3. 20]

의료시장
진화해야 한다

◈◈◈
시장 개방·경쟁 체제로 의료 환경 급속하게 변화
공공병원은 공익적 가치와 특화된 경쟁력 갖춘 진화 모색
의료시장 열정·도전 막는 족쇄 풀어 약점 보완하고 장점은 살려야

생물체는 환경에 적응하는 과정에서 진화한다. 다른 환경에서는 다르게 진화하면서 종이 분화한다. 시장도 생물체와 유사하지만 환경 변화에 더 민감하게 적응하면서 진화한다.

의료시장도 마찬가지다. 고대 인류의 원초적인 의료시장이 근대로 넘어오면서 지역에 따라, 국가에 따라 다르게 진화했다. 수많은 보건학자들이 이상적인 의료시장을 꿈꾸고 제안하지만, 진화의 관점에서 보자면 이상적인 모델이란 것은 없다.

우리나라의 의료시장은 여러 모로 많은 보건학자들이 흠모하는 유럽의 의료시장과는 판이한 모습으로 진화했다. 공공병원이 주류인 유럽과는 달리 우리나라는 민간병원이 시장을 주도한다. 주치의로부터 3차 병원에 이르기까지 단계적으로 환자를 의뢰하는 체계

가 우리나라에서는 유명무실하다.

환자가 원하면 언제 어디서나 어떤 병원이든 자유로이 선택할 수 있고, 병원은 의료시장의 진입과 퇴출이 자유롭다. 환자와 병원 모두에게 편리한 시장으로 발전했다. 자유로운 경쟁의 결과 환자들이 대형 병원으로 쏠리고 병원이 없는 의료 사각지대가 발생했다. 치열한 경쟁으로 의료 수준이 고급화하고 수술 기법이 고도화·첨단화됐다. 동네 의원도 생존하기 위해 고급화하고 첨단기술로 무장하고 피부·비만 관리까지 영역을 넓혀갔다.

환경 변화에 따라가지 못한 공공병원이 소비자 외면으로 적자가 누적되는 상황이 이어지자 진주의료원 사태가 터졌다. 허리 역할을 하던 중소 병원의 역할이 애매해지면서 요양병원으로 전환하거나 전문병원으로 업종을 전환하기도 했다. 척추관절 전문병원들이 우후죽순처럼 생겨나 지나친 수술을 조장한다는 사례도 나왔다. 의료기관이 별 제한 없이 시장에 진입하게 되면서 시장이 포화 상태에 이르자 의료직능 간의 영역 갈등이 표출되기 시작했다. 한방은 현대의료기기 사용을 원하고, 양방은 한방 침과 유사한 시술기구 사용을 주장한다. 내과는 첨단영상장비와 최소침습기술로 외과 영역을 이미 넘보고 있다. 정부가 야심차게 추진했던 천연물 신약을 두고 양·한방 간 영역 갈등이 불거졌다.

국내 의료시장이 점차 포화 상태에 들어가자 해외 환자를 유치하기 시작했다. 성형과 건강검진에 이어 고도의 수술 분야까지 관광을 겸한 해외 환자는 급속히 증가했다. 그러나 해외 환자 유치만으로는 성이 차지 않았다. 병원들이 앞 다퉈 해외로 진출하기 시작했다. 마치 1970~1980년대의 수출입국 시대를 방불케 한다. 의료산업은 과거 정부에서는 신성장동력 산업으로, 현 정부에서는 창조경제 산업으로 거듭나고 있다.

그러나 의료시장 개방과 산업화를 향한 진화는 종종 의료 민영화의 폐해를 우려하는 이념적 프레임에 발이 묶인다. 의사의 손을 거치지 않고 진단·진료를 받을 수 있는 유헬스(U-health)는 의사 단체의 반대로, 의료정보의 융합은 개인정보 보안 때문에, 의료법인의 해외 진출은 비영리라는 족쇄 때문에, 외국 병원의 국내 진출은 의료 민영화 프레임에 갇혀 실현되지 못하고 있다. 의료시장에서 제약과 의료기기에 이어 의료 서비스도 글로벌화하고 있다. 의료 개방과 의료 쇄국 사이에서 갑론을박하는 사이 겁 없이 진화하는 중국 의료 앞에 우리가 당하지 않으리라는 보장이 없다.

어찌됐건 우리 나름의 진화 과정에서 우리 의료시장은 강점과 약점을 동시에 안게 됐다. 무릇 강점은 보이지 않고 약점만 보이게 마련이다. 약점을 보완하는 구실로 강점을 죽여서는 안 된다.

우리 의료시장 내부의 갈등과 열정을 좋은 방향의 진화로 이끌어야 한다. 이윤만을 추구하는 의료 상업화는 기형화된 의료시장을 낳기 때문에 강한 규제가 필요하고, 공공병원은 과거의 공공의료 프레임에서 벗어나 공익적 가치와 특화된 경쟁력을 갖춘 진화를 모색해야 한다. 우리 의료시장의 열정과 도전을 가로막는 족쇄는 풀어야 한다. 우리 의료시장은 부단히 진화돼야 한다. [서울경제, 2013. 09. 16]

의료 개혁 첫 걸음
'비급여 개선'

ᏋᏋᏋ
보험 적용 안 되는 비급여 가격 등 병원서 일방 결정
환자에 부담 넘기기 심각, 건보에 편입 양성화 해야
비급여 정상적 급여로 전환하는 구조 개혁이 의료 개혁의 시발점

오랫동안 간염으로 고생하던 친구의 아버님이 간암 의심 판정을 받았다. 간염이 간암으로 진행되는 과정에서 치료를 놓친 것이다. 서둘러 서울의 대형 병원 유명 의사를 수소문해서 치료를 받기 시작했다. 항암치료를 받기 위해 서울과 시골을 왕래하던 아버님은 상태가 악화돼 입원을 했다. 두 달 간의 입원 끝에 결국 호스피스 병동에서 임종을 맞았다. 1년 반에 걸친 치료와 임종의 과정에서 환자 본인은 물론이고 부인과 가족의 고생은 이만저만이 아니었다.

중한 질환으로 임종에 이르는 일련의 과정은 누구나 겪게 된다. 육체적·정신적 고통은 말할 것도 없지만 경제적 비용 부담도 크다. 큰 병원의 경력 있는 전문의를 선택해서 진료를 받으면 선택진료비를 추가 부담해야 한다. 환자가 몰리는 대형 병원의 6인실 입원은 쉽

지 않아 상급병실료도 부담해야 한다. 가족이 환자 수발에 매달리지 않으면 간병비 부담도 만만치 않다.

게다가 수많은 검사가 되풀이되고 여러 가지 주사기를 꽂고 살아야 한다. 수시로 청구되는 복잡한 계산서는 알기 어렵고 부담해야 할 총액만 눈에 들어온다. 생사를 가르는 긴장과 공포 앞에서 그저 의사의 처분만 따를 수밖에 없다.

사실 건강보험법에서 정한 암환자의 본인 부담은 5%에 불과하다. 그러나 실제 부담은 이보다 훨씬 많다. 3대 비급여라 불리는 선택진료비와 상급병실료, 간병비는 건강보험에서 보장하지 않는다. 이 밖에 보험에서 제외되는 각종 검사와 약제, 치료 소모품들을 환자가 다 부담하면 실제 들어가는 비용은 눈덩이처럼 불어난다. 이런 비보험 항목들의 가격을 환자들은 거의 알 수 없을 뿐 아니라 얼마나 제공되는지는 전적으로 의사의 판단에 달려 있다.

환자는 의사가 자신의 편에 서서 최선의 진료를 해주기를 바란다. 이러한 기대는 병원 경영의 현실 앞에서 무너지기 십상이다. 이것이 비급여의 문제를 의사 탓으로만 돌릴 수 없는 이유이기도 하다. 환자는 병원을 상대로 의료 서비스의 가격이나 양과 질을 거래할 수 없다. 이 때문에 건강보험이라는 제3자가 환자를 대신해서 가격을 협상하고 진료의 양과 질의 적정성을 심사한다.

그러나 비급여는 건강보험 밖에 있기 때문에 병원이 일방적으로 가격과 양과 질을 정하게 된다. 병원의 경영 사정에 따라 가능한 한 환자에게 떠넘기려 할 것이다. 떠넘기기에도 한계가 있으니 장례식장 운영과 같은 비의료적 수익에 눈을 돌리게 된다. 비급여는 환자를 힘들게 하지만 의사나 병원도 힘들게 한다. 그렇다면 답은 분명

하지 않은가. 이러한 비급여의 문제는 국민건강보험제도를 운영하는 국가들 중에서 한국이 유일하게 안고 있다.

2011년 기준으로 총 의료비 가운데 환자가 보험급여로 보장받는 비중은 63%이다. 나머지 37% 중에서 본인 법정 부담이 20%이고 비급여 부담이 17%이다. 그런데 비급여 부담은 2006년 4조5000억 원에서 2011년 9조7000억 원으로 늘어났다. 비급여가 차지하는 비중은 13%에서 17%로 증가했다. 건강보험제도 밖의 비급여는 갈수록 늘어나고 음성화되고 있다. 정부가 재정을 투입해 보험급여의 보장을 늘려도 병원이 비급여를 계속 늘리면 환자의 부담은 되레 늘어나게 된다.

따라서 비급여를 제도 속으로 편입해 양성화 해야 한다. 건강보험제도 밖이 아닌 안에서 환자에 대한 보장성과 병원 경영을 슬기롭게 조화시키는 해법을 찾아야 하는 것이다.

4대 중증질환의 보장은 중요한 국정 과제이기는 하나 환자에게 절박한 비급여의 부담을 해결하는 것 또한 국정의 우선순위에 있어야 한다. 비정상적인 비급여를 정상적인 급여로 전환하는 구조 개혁이 새로운 의료 개혁의 시발점이 돼야 한다. [서울경제, 2013. 07. 22]

의약 분업 사태를
지켜보면서

ᏬᏬᏬ
대화와 협상 문화 미숙… 집단의 감성적인 분위기가 사태 악화
집단 대 집단, 집단 내 소집단 간 실리 찾는 솔로몬 지혜 필요
의약 분업 국민 이해 구하고, 국민 건강 위한 좋은 정책 되어야

의약 분업을 추진하면서 벌어지는 일련의 사태를 바라보면서 답답한 마음의 벽을 실감한다. 국민소득 1만 달러 수준, 후진국을 벗어나 선진국으로 향하는 문턱에 서서 사회 각계각층의 갈등이 증폭되는 현상은 보건의료 부문도 예외가 될 수 없나 보다. 이 글에서는 의약 분업과 관련한 구체적인 이슈들에 대해서 왈가왈부할 생각은 없다. 의약 분업을 둘러싸고 벌어지는 이해집단들 간의 갈등에 대해 한마디 보태보자는 것뿐이다.

근간의 사태는 대화와 협상의 문화에 익숙하지 않고, 협상과 양보를 패배로 받아들이는 집단의 감성적인 분위기가 사태를 더욱 어렵게 만들고 있다. 집단의 논리 속에 합리적이고 논리적인 의견은 곧잘 배신으로 매도당한다. 분위기 파악도 못하는 '왕따'로 취급되는

것은 지성인들의 세계에서도 예외 없이 나타난다. 의약 분업으로 이해관계에 놓이는 모든 집단들에 예외가 없다. 집단들의 다양한 의견이 표출되는 것은 민주사회에서 바람직한 일이다. 다양한 의견이 대화의 용광로 속에서 용해되어 합의를 끌어내는 것이 참된 민주사회의 본질이 아닌가. 서로가 '거짓말을 했다', '약속을 어겼다' 등 책임을 상대방에게 전가한다. 책임 전가는 서로가 경쟁적으로 자신이 옳고 선명하다는 것을 나타내기 위한 방어적 기제가 되었다. 주요 일간지를 최대한 동원하는 홍보 전쟁이 가열차게 달아올랐다. 언론은 오늘은 이쪽 편을 거들다가 내일은 저쪽 편에 기우는 형국이다. 어느 주장이 올바른지 참으로 헷갈리기 때문이다.

이익집단 내부에서는 강경파와 온건파가 대립한다. 의료전문가 집단 내에서는 진보와 보수가 충돌한다. 공공의료를 강조하는 집단과 시장 원리를 강조하는 집단 간의 논쟁도 인터넷 사이트 곳곳에서 충돌한다. 점진적으로 접근하자는 점증적 개혁주의자와 옳은 방향이라면 일단 일을 저질러놓고 봐야 한다는 혁명주의자들이 사안마다 대립하기도 한다. 어느 쪽이 옳은지 판단하기 어렵다. 여러 주장들이 상호 모순되어 혼란을 가중시킨다. 어떤 사안은 혁명이 필요하고, 어떤 사안은 점진적 개혁이 필요하다고 한다. 논리적 정당성을 얻기 위해 학자들의 머리를 빌린다. 이럴 때 학자들은 특정 집단의 이익을 대변하는 역할에 머물 뿐이다. 슬픈 일이다. 학자들이 한 번 내뱉은 주장은 번복하기 어렵다. 학자들은 자존심과 지조를 소중히 여기기 때문이다. 이 때문에 학자의 말은 신중해야 한다. 신중하지 않게 뱉은 말이 영원한 족쇄로 작용하는 일은 허다하다.

공익을 표방하는 전문가나 단체도 예외는 아니다. 공익을 위한다는 명분 속에서 개인이나 소속 단체의 이익을 추구하고 있다. 우리를 헷갈리게 하는 것은 각자가 주장하는 공익의 내용이 다르기 때문이다. 공익들이 충돌하고 있다. 그렇다면 공익은 상황에 따라, 입장에 따라 달라지는 것인가.

의약 분업의 논의 과정에서 상호 비방과 언어의 폭력까지 합세하여, 한 번 마음의 상처를 받게 되면 철저히 반대편에 서게 된다. 피해의식에 사로잡혀 이성적인 사고는 마비되고 감정이 먼저 북받치게 된다. 자존심이 센 지식인, 전문가들의 마음은 닫히고 되돌리기가 어렵게 된다.

이해 집단들은 명분과 실리 사이에서 고민한다. 집단 대 집단이든, 집단 내 소집단 간이든 그동안 주장해 온 명분을 계속 고수하자니 실리를 잃어버릴 것 같고, 실리에 중심을 두자니 명분을 후퇴해야 한다. 경우에 따라서는 명분을 후퇴하는 것이 실리를 찾는 것보다 더 어렵기 때문에 고민할 수밖에 없다. 누군가 후퇴할 명분을 마련해주고 서로 실리를 찾아가는 솔로몬의 지혜가 아쉽다. 비록 적은 손해가 예상되더라도 한 발 양보하는 것이 후일 보다 나은 전진이 될 수 있는 긴 안목의 전략이 아쉽다. 의(醫)와 약(藥)이 분업이 되지만 길게 보면 환자 진료를 위한 양 직능의 협업이 된다. 또한 분업은 분명 시장을 확장시키고 양 직능 모두에게 이익을 안겨줄 것이다.

정부는 국민의 이익을 지키는 최후의 보루가 되어야 한다. 여기서 정부라 함은 의약 분업과 관련한 정책과 예산을 함께 생각하는 관련 부처를 포함하고, 국회와 청와대, 정당을 포함하는 포괄적인 의미에서의 정부이다. 소수의 이익집단들의 뜻이 관철되는 가운데에 희생되는 것은 다수의 대중이 되는 사례는 그동안의 수많은 정책의 형성과 집행 과정에서 드러나는 허점이었다. 국민의 이익에 대해 딱히 얘기하자면 국민들이 부담하는 돈, 그것이 보험료이든 세금이든 간에 어떻게 흘러 들어가고, 어떤 형태로 다시 돌아올 것인가에 관한 것이다. 이것을 투명하게 설명하고 국민의 이해를 구하는 것이 정치가들이 해야 할 일이다.

원칙적으로 의약 분업에 누구도 반대하지 않는다. 총론에는 동의하지만 각론에 이의가 있다. 어떤 정책에서든지 항상 각론에서 문제가 발생한다. 분업이 시행되더라도 미시적인 부분에 많은 연구와 보완이 필요하다. 의약 분업으로 파생된 모든 논쟁과 힘겨루기가 올바른 방향으로 나아갈 수 있고 긍정적인 갈등의 과정으로 승화되어야 할 것이다. 분노와 갈등 속에서 탄생하는 의약 분업이 부디 국민 건강을 위한 좋은 정책이 되기를 간곡히 바란다. [병원신문, 2000. 7. 31]

의약 분업
10년을 되돌아 본다

༺⚬⚬⚬⚬༻

의약 분업은 약물 오남용 줄이는 제도적 기틀 마련, 의료 선진화 기여
보건의료는 의료공급자-가입자-정부 간 파트너십이 중요
객관적인 건강지표 개선을 위해 제도 개선 이루어져야

우리나라 의료정책의 역사에서 가장 획기적인 사건은 의약 분업을 전격 도입한 일이 아닐까 싶다. 2000년 7월이었다. 의약 분업이란 처방은 의사에게, 조제는 약사에게 맡기는 지극히 상식적인 제도이다. 그런데 왜 획기적인가. 의약 분업 도입으로 벌어질 이해 갈등이 첨예하고 복잡하여 이해 당사자 간 합의를 도출하는 게 불가능해 보였기 때문이다. 일본과 대만은 아직까지 완전한 의약 분업을 도입하지 못하고 있다.

분업 이전에는 의사·약사 모두 약을 처방하고 조제했다. 전국의 수많은 약국들이 동네 의원과 마찬가지로 환자를 진단하고 진료하는 역할을 했다. 소위 일차의료기관의 기능을 했다. 환자들에게 언제나 가까운 약국은 편리했다. 그리고 의사보다 약사는 친근했다.

이러한 의료 이용의 관행에 국민들은 익숙해졌다. 그러나 전문가들은 의약 분업이 되지 않은 의료 이용의 위험성을 계속 지적해 왔다. 항생제내성률이 너무 높다는 것이다. 갈수록 고강도의 항생제를 써야 하고, 종국에는 쓸 만한 항생제가 없어질지도 모른다. 스테로이드 제재에 과다 노출되어 각종 부작용으로 치료가 어려워진다는 것이다. 신중하게 처방해야 할 전문약들이 무절제하게 처방되어 국민건강을 위험에 빠뜨린다는 것이다.

의사·약사 모두 약 판매로부터 이익을 취하게 되니 과다하게 많은 약을 처방·조제하게 된다는 것이다. 의약 분업은 이러한 잘못된 관행을 끊자는 취지에서 강행되었다.

우리의 의사와 약사는 환자 건강보다는 이익을 우선시했다는 것인가? 의사들이 약 판매에서 이익을 취한 이유는 낮은 수가로 인한 수입 부족분을 메꿀 수밖에 없었다고 한다. 의약 분업으로 의사는 처방만 하고 약을 판매하지 못하도록 하였고, 약사는 처방에 따라 약을 조제하되 약에서 이익을 취하지 못하도록 하였다. 이렇게 이윤의 동기를 없애면 의사와 약사는 환자에게 적절한 약을 처방·조제하게 되어 전문약의 오남용이 개선되고 약품 비용도 줄어들 것이라고 기대하였다.

의약 분업의 좋은 취지에도 불구하고 이해 당사자들의 엄청난 저항에 직면했다. 의사들은 약 판매로 생기는 이익이 사라지고, 그동안 쌓아왔던 자신만의 처방 노하우가 약사에게 공개되는 것을 반대했다. 약사들은 약 판매에서 생기는 이익이 사라질 뿐 아니라 약의 처방권을 의사에게 빼앗긴다는 상실감을 느꼈다. 병원은 의약 분업으로 약의 조제가 병원 밖으로 빠져나가는 것을 반대했다.

이들 단체들의 예상되는 손실을 보전해야 합의가 가능한 상황이었다. 손실액을 예상하는 것은 어려웠다. 협상에 의존하는 수밖에 없었다. 정부는 의사에게는 처방료를, 약사에게는 조제료를 듬뿍 쥐어줬다. 약 판매에서 얻던 이익을 처방료와 조제료 명목으로 보전했던 것이다.

의약 분업을 어떤 형태로 할 것인가에 대한 갈등도 극심했다. 의약 분업의 형태에 따라 이해 당사자들의 이익에 영향을 미쳤기 때문이다. 의약 분업을 의(의사)-약(약사) 분업이냐(소위 직능 분업), 혹은 의(의료기관)-약(약국) 분업이냐(소위 기관 분업)가 이슈였다. 환자를 진단하는 의사가 처방을 내리고 약사가 조제하는 것이 합리적이라는 관점에서는 의사-약사 간 직능 분업이 맞다.

그런데 의사가 약사를 고용하여 의료기관 내에서 조제하게 되면 약사는 의사의 지시에 종속될 수밖에 없기 때문에 기관 분업을 해야 한다는 주장이 맞섰다. 다른 하나의 이슈는 약을 성분명으로 처방하느냐, 혹은 상품명으로 처방하느냐가 이슈였다. 의사가 약의 성분으로 처방하면 약사는 같은 성분을 가진 여러 가지 약품(상품명) 중에서 하나를 골라 조제할 수 있다. 그러나 의사가 상품명으로 처방하면 약사는 약을 선택할 여지가 없게 된다. 이 때문에 의사들은 직능 분업과 상품명 처방이 유리하다고 판단했다.

약사들은 기관 분업과 성분명 처방이 유리하다고 판단했다. 시민 사회 단체들은 약사들의 입장에 동조했다. 이해 당사자들이 모인 협의체에서 많은 논란 끝에 서로의 이익을 맞교환하게 되었다. 기관 분업을 하되 상품명으로 처방하는 것이었다. 정략적인 합의의 뒤끝은 늘 씁쓸하다. 국민(환자)보다는 이익집단의 이해가 우선이 되었기 때문이다.

의약 분업이 도입된 후 평가에 대한 끊임없는 요구가 있었지만 정부는 그다지 적극성을 보이지 않았다. 의약 분업 과정에서 정부가 겪어야만 했던 깊은 상처에 대한 추억은 늘 공직자들을 움츠리게 만들었다. 2010년 7월, 이제 십 년이 지났다. 십 년이 지나면 강산도 변한다던데, 어설픈 평가라도 하고 넘어가야 하지 않겠는가. 더구나 2008년 보수 정부가 출범한 지도 2년이 지났다.

의약 분업의 도입 자체는 약물 오남용을 줄이는 제도적 기전을 마련했다는 점에서 의료 선진화에 크게 기여했다. 제도 도입 당시 의약계에서 줄기차게 요구했던 단계적인 도입을 택하였다면 완전한 의약 분업을 시행하기는 어려웠을 것이다.

문제는 준비 없이 급하게 도입한 것이다. 의약 분업을 평가하려 해도 제도 도입의 전후 비교가 어렵다. 의약 분업 이전에 얼마나 많은 항생제나 스테로이드 등 전문 약들이 처방·조제 되었는지 규모를 파악하지 못했다. 항생제내성률이 심각하게 대두되었으나 현재까지 내성률이 얼마나 개선되었는지 제대로 측정하지 않고 있다.

의료기관과 약국이 약품에서 얻던 이익이 어느 정도인지 추정만 했을 뿐 정확하지 않았다. 사라질 이익의 보전을 위해 다섯 차례에 걸쳐 급히 수가를 인상하였는데, 당시 수가인상률의 산술(算術) 합이 41.5%에 달하였다. 수가 인상 이전과 비교한 실제 인상률은 거의 50%에 달하였다. 이 정도의 비용을 치러야 했다면 의약 분업을 시작하지 않았을지도 모른다.

건강보험은 재정 위기에 빠졌다. 의약 분업을 강하게 추진한 시민 사회 세력도 이 정도로 많은 비용을 치르리라고는 예상치 못했다.

의약 분업에 들어갈 비용보다 장기적으로 나타날 편익이 크다는 주장을 줄곧 펼쳤지만, 편익을 계측하는 노력은 거의 없었다. 의약 분업 이후 항생제, 스테로이드 등 처방률이 낮아지고 주사제처방률이 낮아지는 것을 의약 분업의 효과라고 주장하기도 한다.

그러나 제도 도입의 자연스런 효과가 아닌 정부가 의료기관별 처방률을 공개함에 따라 나타난 효과로 보는 견해가 많다. 제도 도입으로 인한 금전적 비용 이외에 사회적 갈등을 극심하게 야기한 정신적 비용도 컸다. 의사 집단을 대척점으로 진보시민단체와 노조, 가입자(환자), 정부 간에 신뢰의 기반이 손상된 점이다. 보건의료는 의료공급자-가입자-정부 간 파트너십이 중요하다. 그러나 의약 분업 사태 이후로 서로 간에 의심과 갈등의 골이 더욱 깊어졌다.

'약가거품'은 제도 초기에는 상당히 사라진 듯 보였다. 그러나 시장의 이윤 동기는 꺾을 수 없었다. 제도에 서서히 적응하면서 다시 리베이트가 발생하기 시작했다. 리베이트는 약가에 반영되고 국민의 부담으로 되돌아왔다. 제도 도입 이후 장기적으로 약제비가 감소하리라 기대했지만 오히려 증가하는 양상을 보였다. 이 때문에 2005년에 대대적인 약제비 적정화 방안을 시행했지만 별 효과를 거두지 못했다.

한편 약국시장은 큰 변화를 겪어야 했다. 약사는 의사의 처방이 있어야만 조제할 수 있게 되니 의사와 약사는 갑을(甲乙) 관계에 놓이게 되었다. 병원 앞에 약국을 개업하거나 가능한 동네 의원 가까이 약국을 개업해야 했다. 혹시라도 의원이 이사를 가게 되면 약국을 접어야 했다.

의료기관과 약국 간에 세계에 유례없는 공생적 비즈니스 모델

(symbiotic business)이 생겨났다. 약국의 경영은 약사의 조제 실력보다는 어디에서 약국을 개업하느냐에 의존하게 되었다. 때로는 의료기관과 약국 간에 공모(collusion)가 이루어지는 것은 공공연한 비밀이다.

의약 분업으로 야기된 여러 가지 부작용과 왜곡 현상을 시정하기 위해 분업 형태를 재검토해야 한다는 주장이 대두되어 왔다. 병원계와 의사들은 병원 내에 외래 약국을 개설하여 환자들이 병원 내에서 조제 받을 수 있도록 선택권을 주자는 주장을 하였다.

약사들은 상품명 처방을 성분명 처방으로 전환해야 한다고 주장한다. 그러나 서로의 주장을 맞교환하는 데에는 주저한다. 의사들은 여전히 상품명 처방을 고수하려 할 것이고, 약사들은 기관 분업을 지키려 할 것이다. 따라서 어떤 의약 분업의 형태가 바람직한가에 관계없이 이해관계를 크게 손상하지 않는 범위 내에서 제도 개선을 하는 점진적인 접근이 현실적이다. 전면적인 개편을 하더라도 이해관계 집단들의 수익구조를 깨지 않는 범위 안에서 합의를 이루어내어야 성공할 것이다.

의약 분업 당시 의·약·정 합의 가운데 미이행 과제도 남아 있다. 그렇다면 제도 보완과 리셋 등 분분한 의견 속에서 어떤 방향으로 나가야 할 것인가. 점진적 개선이든 전면 개편이든 의약 분업 시행 10년의 경험으로부터 나타난 낭비를 줄이고, 시장의 왜곡된 부분을 고치고, 의약 분업이 당초 지향하던 효과를 낼 수 있는 방안을 마련하는 노력이 중요하다.

모든 정책이 어떻게 도입되었든 간에 결국은 정부가 책임지고 뒷수습을 해야 한다. 의약 분업이 당초 지향하던 목표들이 현실화되도록 부단한 노력이 필요하고, 의약 분업으로 불거진 불신과 갈등을 치유해야 한다.

특히 사회의 리더 그룹인 의·약 직능단체들이 국민건강 향상과 적절한 국민 부담의 측면에서 정부-가입자와 파트너십을 형성하여 좋은 제도로 발전시키는 지혜를 발휘하여야 한다.

의약 분업제도가 도입되어 10년이 흘렀지만, 의사의 처방과 약사의 조제가 어떤 모습과 어떤 형태가 바람직한지에 대해 진지한 논의는 아직 부족하다. 항생제처방률, 처방약 개수와 같은 투입지표들보다는 항생제내성률과 같은 건강결과(outcome) 지표들의 생산이 이루어져야 한다. 객관적인 건강지표의 개선을 위해 제도 개선이 이루어져야 한다. [데일리팜 인터뷰, 2010년 7월]

의료 개혁 10년
잃은 것과 얻은 것

∽∽∽∽

지난 10년 개혁은 의약 분업, 건보 통합, 보장성 강화 세 가지로 집약
U–Health, 스마트케어와 같은 새로운 진료 시스템 등장
현상 복잡하고 이해관계 얽힐수록 근본으로 돌아가 타협 이뤄야

10년 전인 2000년 7월, 거대한 의료 개혁이 있었다. 의약분업제도가 도입되고 의료보험조합이 통합되었다. 건보 통합으로 발족한 심사평가원은 창립 10주년 행사를 가졌고, 건보공단은 통합 10주년 행사를 거행했다. 언론과 사회단체들은 10년 전 개혁에 대한 평가를 봇물처럼 쏟아내고 있다.

돌이켜 보면, 의료 개혁은 대략 10년 주기로 이루어졌다. 1977년 건강보험제도를 도입한 후 10여 년 만인 1989년에 전 국민보험을 성취했고, 다시 10년 후인 2000년에 의약 분업과 건보 통합을 했다. 이제 또 10년이 흘렀다. 여전히 많은 문제들이 산적되어 있지만, 문제들 대부분은 난마처럼 얽혀 있어 어디부터 손을 대야 할지 모른다. 알렉산더 대왕이 고르디우스의 매듭을 풀지 않고 단칼에 끊어버리

듯이 해결해야 할 것인가. 2000년 개혁 때 불거진 아픈 기억들 때문에 선불리 개혁의 칼을 꺼내기는 쉽지 않다. 문제는 많지만 해결해야 한다는 절박한 모멘텀도 보이지 않는다.

지난 10년의 개혁은 의약 분업, 건보 통합, 보장성 강화 세 가지로 집약해 볼 수 있다. 의약 분업은 약가 거품을 걷어내고 오남용을 줄이는 효율을 강조하였고, 통합과 보장성 강화는 부담의 형평을 강조하였다.

먼저 의약 분업을 보자. 의약 분업은 일본이나 대만보다 앞서서 도입하는 성과를 자랑할 만했으나 너무 많은 비용을 치렀다는 비난을 받았다. 당시 급하게 도입하면서 기관 분업과 직능 분업, 성분명 처방과 상품명 처방 사이에서 갈등하다가 결국 기관 분업과 상품명 처방으로 귀결되었지만, 이해단체들의 저항을 뚫기 위한 정치적인 타협이었다.

직능 분업과 성분명 처방으로 합의되었다면 어떤 모습의 의약 분업이 시행되고 있을까. 의약 분업을 시행하면 의약품의 오남용이 개선되리라 생각했지만 기대에 미치지 못했다. 결국 심평원이 오남용을 모니터링하기 시작했고, 항생제 처방률을 공개하기에 이르자 항생제 처방이 줄어들기 시작했다.

최근에는 심평원에서 DUR(Drug Utilization Review) 시스템을 의욕적으로 추진하고 있다. 한국형 DUR은 처방 시점에서 그리고 조제 시점에서 실시간으로 오남용 정보를 의·약사에게 제공하는 세계 유일의 시스템이다. 제대로 작동이 된다면 의약 분업보다 더 큰 효과를 발휘할 것으로 기대된다.

건강보험 통합을 보자. 통합으로 보험료 부담의 형평이 제고된 것은 분명해 보인다. 그러나 유리알 지갑 직장인과 자영자 간의 불공평은 점점 벌어지고 있다. 통합 보험자가 공급자에 대한 협상력을 발휘하여 재정을 절감하고 보장성을 확대하려던 당초의 기대는 크게 미치지 못한 것 같다. 조합별 자치에 비해 의료비 통제기능은 약화되었다는 평가도 있다.

그래서 통합 보험에 경쟁 시스템을 도입하자는 주장이 대두되었다. 한편 통합 보험자는 공단과 심평원으로 역할이 분담되었다. 공단은 재정을 관리하고, 심평원은 의료를 관리함으로써 상호 견제와 균형이 필요하다는 것이 분담의 논리였다. 재정관리자가 진료비 심사를 맡으면 지나치게 비용 통제를 우선시하여 의료의 질이 떨어질 우려가 있다는 것이다.

그럼에도 불구하고 심평원이 관심을 두어야 할 의료의 질은 정책의 우선순위에서 그다지 높은 위치에 있지는 않다. 그나마 근래에 심평원이 OECD가 생산하는 의료의 질 지표(HCQI : Health Care Quality Index) 프로젝트에 참여하여 노력하고 있다.

금년 10월, 파리에서 개최될 OECD 보건장관 회의에서 심평원이 추진하고 있는 성과 기반 지불보상사업(P4P : Payment for Performance)이 소개된다. OECD는 의료정책의 미래 방향을 질과 효율(Quality and Efficiency) 두 단어로 요약하고 있다. 한국이 질 향상과 성과에 기반을 둔 지불제도 그리고 질 향상 중심의 거버넌스(quality-led governance)를 선도하는 국가가 되기를 바란다.

보장성 강화는 토끼와 거북이 경주를 보는 것 같다. 힘들여 보험급여를 확대해 놓으면 의료비는 저만큼 달아난다. 그래서 보험급여 나누기 의료비로 계산되는 보장률은 그다지 개선되지 않는다. 다시 땀 흘려 보험급여를 늘려놓으면 의료비는 다시 저만큼 달아난다. 보장률은 헉헉되며 턱걸이하는 수준에 머문다. 우리 능력에 비해 의료 욕구가 앞서 나가기 때문이라고도 하고, 의료 공급자들이 필요 이상으로 의료비를 계속 늘려나가기 때문이라고도 한다.

휴대폰 모바일 시장이 급성장하는 것과 유사하다. 모바일 수요가 급증하는 것인지, 모바일 수요를 조장하는 것인지? 시장의 흐름에 자연스럽게 순응해야 할지, 흐름에 휩쓸리지 말아야 할지 논란이 많다. 시장과 공공 어느 쪽을 중시하느냐에 따라 이념적인 분열마저 보인다.

분명한 것은 전통적이고 교과서적인 진료의 패러다임을 계속 지탱하기가 힘든 세상이 오리라는 것이다. U-Health, 스마트케어와 같은 새로운 진료 시스템이 등장하고 있다. 기업은 이미 막대한 투자를 시작했다. 의료 공급자는 물론 보험자에게 새롭고 큰 도전이 기다리고 있다.

한정된 자원 내에서 자원을 최대한 효율적으로 이용하고 모두가 골고루 나누어 혜택 받아 최대의 효용을 얻으려는 것은 경제학의 기초인 동시에 세상의 이치이기도 하다. 현상이 복잡하고 이해관계가 얽혀 있을수록 근본으로 다시 돌아가서(back to principle) 생각하고 지혜를 모아야 한다. 물론 현실은 협상과 타협의 연속이겠지만 말이다. [HIRA 정책동향 편집인 칼럼, 2010. 7월]

신종 플루 위기를 넘고
다시 의료 개혁으로

〜〜〜〜
약품 리베이트 문제 근절을 위한 약가제도 개선 필요
의료 서비스 질 평가해 병원에 인센티브 지급
의료 분야 규제보다 인센티브 시스템 의료 개혁에 활용해야

2010년은 60년 만에 돌아온다는 '백호의 해'라고 한다. 그냥 사람들이 붙인 이름이라 하더라도 아이가 금년에 태어나면 뭔가 위대할 것 같다는 느낌을 갖게 한다. 저출산의 늪에 빠진 한국으로서는 금년이 다산의 해가 되기를 기대한다.

2009년은 지구촌에서 신종 플루가 유행하여 우리나라를 공포와 혼란의 소용돌이 속에 몰아넣었다. 그리고 영리법인 도입과 의약품 리베이트 근절이 뜨거운 논쟁거리로 떠올랐다. 그런 가운데 조용하지만 의미 있는 개혁이 진행되고 있다. 인센티브를 통해 의도하는 정책 목표를 달성하고자 하는 것이다. 예를 들어, 의료의 질을 평가하여 우수한 병원에게 인센티브를 지급하는 것이다.

신종 인플루엔자의 세계적인 확산은 전염성질환에는 국경이 없

다는 점을 다시 한 번 인식시켰고 질병 안보의 중요성을 새삼 깨닫는 계기가 되었다. 사망자가 발생할 때마다 언론은 경쟁적으로 보도하였고, 온 나라가 신종 플루의 늪에 빠진 듯이 보였다. 1997년에 조류독감이 발생할 때와 유사한 상황을 다시 한 번 겪게 되었다. 급기야는 국가 차원의 재난대책본부가 꾸려지고 보건당국의 힘만으로는 지원할 수 없는 큰돈이 투입되었다. 워낙 위기 상황이라 평소에 잘 협조하지 않던 다른 부처들의 협조도 쉬웠다. 때맞춰 국산 백신이 생산되었다. 돈만 먹는 애물단지 취급받던 백신 공장이 졸지에 앞일을 잘 예측한 영웅으로 등장했다. 최근에는 WHO의 요청으로 국산 백신을 외국에 판매하기까지 되었다. 늘 비판만 받던 우리나라의 의료 시스템이 신종 플루 대처에 매유 유용하다는 것을 깨닫게 된 것도 큰 수확이었다.

의료전달체계가 너무 방만하고 지나치게 의료 이용의 자유가 허용된다고 비판받았으나, 신종 플루가 발발하고 나서 어떤 의료기관이든 누구나 언제든지 쉽게 접근할 수 있다는 점이 크게 혼란을 줄였다. 또 전 국민건강보험제도를 갖고 있다는 것이 누구나 쉽게 병원을 방문하는 것이 제도적으로 보장되어 있는 것이었다.

주목할 만한 점은 의사와 병원이 싫어하는 까다로운 보험급여의 기준이 있고 의료 행위나 검사, 재료를 까다롭게 심사하는 시스템을 갖추고 있어서 다른 나라에 비해 별 준비 없이도 효과적으로 대처할 수 있는 역량을 평소에 갖추고 있음이 증명되었다.

백신의 공급이 글로벌한 이슈로 등장하였는데, 때마침 우리나라는 자체 생산할 수 있는 역량을 갖추고 있었다. 우리는 북한을 비롯한 다른 국가들에게도 공급함으로써 한국이 국제적인 보건 문제에 기여할 공간이 넓어졌고, 한국의 위상이 경제적 위상 이상으로 더욱 높아지기도 했다.

신종 플루의 위기는 어느덧 해를 넘기면서 사그라지고 있다. 금년 초부터 다시금 의료 현안에 매달려야 한다. 작년에 세간을 떠들썩하게 했던 의약품 리베이트 문제를 근절하기 위한 약가제도의 개선이 큰 관심 사항이다. 저가구매 인센티브의 시행이 임박했다는 언론의 보도가 있다. 바야흐로 보건 분야에서 '인센티브'가 화두로 등장하고 있다.

의료 서비스의 질에 따라 인센티브를 지급하는 질 인센티브제도, 의사들이 약 처방을 줄인 만큼 인센티브를 지급하는 처방절감인센티브, 간호 인력을 많이 보유할수록 인센티브를 지급하는 간호인력 등급제, 장기요양시설의 질을 평가하여 인센티브를 부여하는 제도 등이 시행되거나 시행을 준비하고 있다. 인센티브가 비용도 절감하고 질을 향상하는 좋은 유인으로 작동하기를 바란다.

지난해에는 건강보험공단과 의료계 간의 수가 협상에서 병원과 의원이 약제비를 절감한다는 조건으로 수가를 가산해주기도 했다. 매년 증가하는 약제비를 어떤 방법으로 절감할 수 있을지가 초미의 관심사다. 수가 가산의 조건을 이행하기 위해 병원들 스스로 얼마나 처방을 줄이고 저렴한 약을 처방할 수 있을지 지켜봐야 한다. 개별 병원의 약제비 절감을 종용하는 일은 쉽지 않다. 의료단체의 노력을 지원하는 방안으로 처방절감인센티브제도와 DUR 시스템이 도움이 될 것으로 생각한다. DUR(Drug Utilization Review)이란 의사들이 잘못된 약 처방을 내릴 때에 경고해주는 알림 기능이다.

새로운 정책을 도입할 때마다 느끼는 것은 근거에 기반한 결정을 내리기가 어렵다는 것이다. 의약 분업이나 건강보험 통합을 시행할 때도 그랬다. 반면에 사후적으로 성과를 측정한 뒤에 보상하는 질 평가 인센티브제도는 근거에 기반한 정책이라는 점에서 많은 의미를 부여할 수 있겠다.

최근 심사평가원에서 시행한 급성심근경색과 제왕절개에 대한 질 평가에 기반한 인센티브가 대표적이다. 성과보상방식(Payment for Performance : P4P)의 단초를 마련하였다. 사람의 행태를 무리하게 규제하기보다는 인간의 본능적인 이기심을 이용하는 인센티브 시스템을 의료 개혁에 잘 활용해야 한다. 의료 분야는 고도화된 전문직들이 종사하기 때문에 규제보다는 인센티브에 더 민감하게 반응할 것이다. [HIRA 정책동향 편집인 칼럼, 2010. 1월]

의료집단 간 이해 갈등과
의료 개혁의 씨앗

⊰⊰⊰
새로운 제도 도입보다는 당초 제도 취지 살린 운용이 더 중요
제로섬 게임 아닌 시장원리 작동되도록 공정관리가 정부의 역할
의료시장 이해집단의 합의 이끌어내는 데 정책 당국자 지혜가 필요

많은 정책들이 인기영합적이고 설익은 상태로 제안된다는 비판이 일고 있다. 차분히 숙고할 시간적 여유가 없어서 그런지 모르겠다. 정책 현장도 삶의 현장만큼이나 하루하루 드라마틱하게 굴러가고 있다. 무상급식, 무상의료 그리고 반값 등록금으로 이어지는 무상·반값 시리즈가 시민들을 잠시나마 희망으로 들뜨게 한다. 어떤 무상 시리즈가 등장할지 궁금하다. 아마 무상보육, 무상연금, 반값 아파트가 기다리고 있을 거다.

보건정책 역시 한 치 앞을 내다보기 어렵다. 건보 재정 위기를 촉발한 원인으로 약제비가 지목되었고, 약제비를 관리하기 위해 작년 10월 시장형 실거래가제를 시행하였다. 쌍벌죄까지 도입하여 리베이트를 척결하고 약제비를 통제하려 했다. 동시에 전국의 의원들을

대상으로 처방인센티브제도 시행했다.

시간이 흐르면서 제도 시행 후 손해를 보는 집단은 제도의 부작용과 실효성을 끊임없이 비판한다. 그동안의 경험에 비추어보면 효과가 빨리 나타나지 않으면 조급해지고 다시 새로운 제도를 도입하는 관행이 되풀이 되었다. 전문가들은 새로운 제도를 자꾸 도입하기보다는 당초의 제도 취지대로 흔들리지 않게 집행할 것을 권고한다. 제도 자체의 설계 흠결보다는 운용의 문제가 더 컸기 때문이다.

근래에는 선택 의원제와 일반의약품의 슈퍼 판매 문제가 현안으로 불거지고 있다. 선택 의원제는 만성질환자들이 자신이 선호하는 의원을 선택하여 지속적으로 진료를 받게 하자는 좋은 취지에서 제안되었다. 그 배경에는 동네 의원을 활성화하여 대형 병원으로 몰리지 않도록 하려는 의도가 깔려 있다. 이와 함께 동네 의원에서 잘 돌볼 수 있는 51개의 역점 질환을 정하고, 이 역점 질환으로 인해 대형 병원을 방문하게 되면 환자에게 약값 부담을 많이 물리는 정책도 함께 나왔다.

이런 제도들이 시행되면 종합병원을 찾던 환자들이 이탈되어 병원 경영이 어려워질 것이라고 우려하고 제도 시행에 반발하고 있다. 의료시장 안에서 환자들의 흐름에 따라 수익의 분배가 결정되니, 수익 분배에 영향을 미치게 되는 어떤 제도의 도입도 쉽지 않다, 건보 재정을 안정화 시키고, 1차 의료를 살리면서 의료시장의 이해집단들의 합의를 이끌어내는 데 정책 당국자들의 지혜가 필요하다.

일반의약품의 슈퍼 판매 허용은 의사와 약사 간 싸움으로 비쳐졌지만 시간이 흐를수록 득실을 따지는 이해 관계자들의 범위는 넓어지고 있다. 편의점과 슈퍼 업계의 이익에 영향을 미치고, 일반의약품을 생산하는 제약업체의 수익과도 직결된다. 약국시장 내에서도 문전 약국과 동네 약국, 처방전문 약국과 매약전문 약국 간의 이익에도 간접적으로 영향을 미치게 되어 있다.

장기적으로는 슈퍼 판매 허용을 계기로 약국이 미국식 드럭스토어 형태로 진화할 가능성도 점쳐진다. 단기적으로는 슈퍼 판매가 허용되면 약국은 손실분에 대한 보상을 원할지도 모르겠다. 의약품 재분류를 통해 약국 판매분을 더 확보하기를 원할 것이다. 그렇게 되면 의약 분업 당시의 의약 갈등을 재점화 시킬 가능성도 배제할 수 없다.

그동안 의약 분업 하에서 의사와 약사 간 불안한 동거가 지속되어 왔다. 양 직능이 서로 대립하고 있으면서도, 의사와 약사가 공생하도록 만들어 놓았다. 동네 의원 가까이 동네 약국이 있어야 하고, 대형 병원 문 앞에 대형 약국이 있어야 하는 공생 비즈니스 모델(symbiotic business model)이 굳어졌다. 세계에 유례가 없는 특이한 모델이다.

의약 분업 이후 대형 병원 앞 문전 약국은 대형화되고 동네 약국은 사양화의 길을 걸었다. 일반의약품 슈퍼 판매가 허용되면 동네 의원은 더 피폐해질 것이다. 그러나 1차 의료가 살아나 동네 의원이 활성화되면 동네 약국도 다시 활기를 찾게 될 것이다.

모든 정책에는 이익집단들 간의 복잡한 이해관계가 얽히게 마련이다. 서로 한 치도 손해 보지 않으려 한다. 누군가 얻으면 누군가 잃게 되는 제로섬 게임이 벌어진다. 흥미로운 점은 어느 집단이든 공익을 위한다는 명분을 멋있게 포장하여 게임을 지배하려 든다는 것이다.

이익집단들 간의 게임을 부정적으로만 바라볼 필요는 없다. 공정한 게임의 규칙이 지켜진다면 선수들 간의 경쟁에 의해 결과가 판가름 나는 시장원리가 작동할 것이기 때문이다. 문제는 게임의 결과가 제로섬 게임이 아니라 국민들의 추가 부담으로 돌아가는 결론으로 귀결되는 것이다. 이렇게 되지 않도록 눈 부릅뜨고 게임을 공정하게 관리하는 것이 정부의 역할이 아니겠는가.

2000년 의료 개혁 이후 여러 문제들이 누적되고 있다. 과거를 되돌아 보면 의료 개혁 10년 주기설이 적용되어 왔다. 1977년 의보 도입, 1989년 전 국민보험, 2000년 의료 개혁이 10년 간격으로 이루어져 왔다. 그렇다면 다음 개혁이 태동하고 있을지 모른다. 새로운 생각이 개혁의 씨앗이다. [HIRA 정책동향 편집인 칼럼, 2011. 7월]

미리 예방하는
보건정책이 아쉽다

ᔕᔕᔕᔕ

질병 발생 후 수습보다는 사전 예방 건강보험이 경제적
건보 재정 안정화 위해 보험약품비 줄이는 정부 노력 필요
수요가 공급 부르고, 공급이 수요 창출하는 악순환 고리 끊어야

연구실 창 너머로 방배 래미안 아파트가 보인다. 이번 여름 산사태의 비극적인 현장이 바로 코앞에 있다. 뻔히 아는 실수를 되풀이하는 것이 똑똑한 인간들의 바보 같은 모습이다. 위험을 옆에 두고도 한쪽 눈을 감는 것이 인간이고, 재발을 방지하는 대책 또한 세우지 않는 것이 인간의 또 다른 모습이다.

언제 누구에게 닥칠지 모르는 위험을 보장하기 위해 보험이 탄생하였고, 누구에게나 닥치는 보편적 위험을 보장하기 위해 사회보험이 창안되었다. 예상 가능한 위험은 사전 예방이 최선이다. 질병 발생 후에 수습하는 건강보험보다는 사전에 예방하는 건강보험이 경제적이다. 이런 점에서 건강보험의 틀을 다시 생각해봐야 한다. 미리 대비해야 하는 것은 질병뿐이 아니다. 근래에 벌어지는 의약품

리베이트, OTC 의약품의 슈퍼 판매, ESD(내시경 점막하박리절제술) 가격 산정 문제도 마찬가지다.

의약품 리베이트는 의약 분업 이후 10년의 세월이 흐르는 동안 서서히 생겨났고, 이젠 더 이상 놔둘 수 없는 지경에 이르렀다고 판단하고 정부가 팔을 걷어붙였다. 의약 분업 이전에는 의료기관과 약국 모두 의약품 판매로부터 이익을 취하였다. 의약 분업을 하면서 의료기관이 취했던 이익은 처방료로, 약국이 취했던 이익은 조제료로 보전해주면서 의약품으로부터 이익은 취하지 못하도록 했다.

그러나 의약품을 공급하는 쪽(제약사와 도매상)과 의약품을 구입하는 쪽(의료기관과 약국) 간의 거래에서 상호 이익을 취하지 못하도록 한 규제는 잘 작동하지 않았다. 당연히 공급자는 많이 팔고 싶고 수요자는 싸게 사고 싶은 것이 시장의 생리다. 제도적으로 이익을 취하지 못하도록 규제를 해 놓으니, 이익은 음성화된 형태의 리베이트로 변질되었다.

리베이트의 발생은 이미 예견되었을 것이다. 의사(혹은 의료기관)가 제약사로부터 많은 리베이트를 받기 위해서는 많은 약을 처방해야 한다. 약 처방이 늘어날수록 건강보험에서 보상해야 할 보험약품비는 증가한다. 약품비가 늘어나면서 제약시장 규모가 커지면 시장에 진입하려는 공급자 또한 늘어난다. 공급자는 리베이트를 통해 매출을 늘리려 할 것이다. 이러한 과정이 되풀이되면서 보험약품비가 늘어나고 보험 재정은 악화된다.

따라서 건보 재정을 안정화시키기 위해서 약품비를 줄여야 한다. 곧 제약시장 규모가 줄어들고 제약기업의 매출이 줄게 되면 일부 제약사들이 퇴출될 것이다. 제약산업의 고용도 줄어들 것이다.

보험약품비를 줄이기 위한 정부의 노력이 그동안 없었던 것은 아니다. 2001년 5월 저가구매 인센티브제를 도입했고, 2006년 5월 약제비 적정화 종합 대책이라는 고강도 대책을 시행하였다. 그러나 큰 실효를 거두지 못했다. 다시 2010년 2월, 시장형 실거래가제도를 도입하였다. 이 대책 역시 정책 효과가 빨리 나타나기를 기대하기 어려웠는지 2011년 8월 약가를 강제로 인하하는 규제정책을 시행했다.

복잡한 대책보다는 단순하고 강력한 규제가 효과적인지 모르겠다. 의약 분업 도입 이후에 야금야금 생겨난 의약품 리베이트를 사전에 예방하지 못하고 늘 사후약방문에 매달려온 것이다. OTC 약품의 슈퍼 판매 문제도 이미 오래 전부터 사회적인 이슈였었고 언젠가 닥칠 일이었다. 의약 분업을 하면서 의약품에 대한 분류를 놓고 이해관계가 첨예하게 대립하였다.

의약품은 전문의약품, 일반의약품, OTC로 분류된다. 의약 분업으로 의사가 처방해야 할 대상은 전문의약품에 한정된다. 약사가 판매할 수 있는 것은 일반의약품이 된다. OTC의 슈퍼 판매가 허용되면 약국 밖에서 자유로이 판매되는 것은 OTC 약품이 된다. 이 때문에 서로의 영역을 많이 확보하기 위해 싸워야 했다.

정부에 중앙약사심의위원회가 있고, 동 위원회 내에 의약품분류 소위원회가 있다. 의약 분업 이후 한 번도 열린 적이 없는 위원회다. OTC 의약품 분류를 계기로 사회의 뜨거운 관심 속에 의료계와 약업계가 충돌하는 전쟁터가 되었다. 시민들이 약국 문이 닫힌 휴일이나 밤에 해열제나 진통제, 소화제 같은 OTC 의약품을 손쉽게 편의점에서 구입할 수 있어야 한다는 주장에 약사회가 대응할 논리가 궁

색했다. 휴일이나 밤에 시민들이 접근할 수 있는 약국을 열 수 있는 방안을 내놓지 못했기 때문이다. 다만, 소비자들이 의약품을 너무 쉽게 접하게 될 때 입게 될 위험을 홍보하는 데 주력하였다.

의약품 분류를 사전에 전문가들이 연구하고 차분히 합의해 왔다면 비교적 갈등이 깊지 않았을 것이다. 그러나 전문성에 기반을 둔 합의 문화가 아직 성숙되지 않았다. 전문성보다는 이해관계 갈등이 앞서 있다. 해답을 옆에 두고도 이해 관계자들의 눈치를 살피는 경우가 많아졌다.

ESD의 가격이나 CT, MRI, PET와 같은 영상진단의 가격 산정도 갈등에 휩싸였다. 법에 정해진 의사 결정 절차를 따라 이익집단들의 대표들이 참여하여 가격을 산정하게 된다. 그러나 그 결정은 이익집단 내부에서 거부되는 사례가 종종 발생한다. 의사 결정에 참여하는 해당 집단의 대표자의 대표성을 인정하지 않기 때문이다. 법치국가에서 있을 수 없는 일이다. 다른 법적 수단에 호소하여 의사 결정을 번복하거나 수정하지 않는 한 반드시 따라야 한다. 떼법이 통하지 않는 예방주사를 맞아야 한다.

근래에 임의비급여와 관련한 법적 소송이 증가하고 있다. 임의비급여란, 건강보험 급여여야 함에도 불구하고 의료기관이 환자에게 임의로 비용을 부담시키는 것을 일컫는다. 사실 법적으로는 임의비급여는 존재해서는 안 된다. 보험급여 아니면 비급여이다. 정부는 건강보험의 적용을 위한 까다롭고 복잡한 급여 기준을 운영하고 있다. 의료기술은 발전하고 진료의 자율성과 다양성에 대한 요구가 커져가고 있다. 급여 기준으로 이런 요구들을 모두 수용하기 위해서는 복잡한 급여 기준은 더 복잡해져야 하고 상황 변화에도 유연하게 대처할 수 있어야 한다. 변화하는 현실을 급여 기준이 따라잡기는 어렵다.

이 때문에 의료인의 입장에서는 급여 기준을 넘어선 진료를 행하게 되고, 그 초과 부담을 환자의 동의를 받고 환자에게 부담시키게 된다. 그러나 규정을 위반한 것이기 때문에 환자 부담을 환수 당할 뿐 아니라 상당한 벌금을 물어야 한다. 이 때문에 의료기관들은 법적 소송에 호소하게 된다. 이러한 소송은 갈수록 많아지고 있다. 최근 의료기관의 손을 들어주는 판례도 쌓이고 있다. 의료소송에 함몰되어가는 미국식 의료를 따라갈까 걱정이다. 악순환의 고리를 끊어야 한다. 의료 분쟁이 많아질수록 의료 전문 변호사는 많아지고, 변호사가 많아질수록 의료 분쟁도 많아진다. 수요가 공급을 불러들이고, 공급이 다시 수요를 창출하는 악순환이 계속될 것이다. 소송비용의 증가는 수가의 인상으로 연결된다. 결국에는 국민의 부담으로 되돌아오게 된다. 보건의료 분야는 갈수록 복잡해져서 언제 어디서 무엇이 터질지 알 수 없다. 미리 미리 대비하는 것이 최선이다. 바쁜 현실은 미리 대비할 여유가 없다. 일하는 방식을 바꿔야 하나.

[HIRA 정책동향 편집인 칼럼, 2011. 9월]

한국의 의료
어디로 가야 하나

∽∽∽
한국, 전 국민에 대한 의료정보화 인프라는 세계 선도적
의료 시스템 장점 통한 접근성, 비용, 질의 황금 균형 위한 성찰 필요
실사구시 정신에 입각해 국민과 환자의 눈높이에서 바라봐야

2012년 봄은 4·11 총선과 함께 무르익어 간다. 선거의 해인 금년은 보편복지, 무상의료가 화두이다. 무상의료가 정치적 구호를 넘어 어느덧 정책 공약으로 자리 잡았다. 무상의료의 대표 격인 영국 국영 의료서비스(NHS : National Health Service)는 과연 우리의 이상향인가?

그러나 NHS의 현실에 대한 비판적인 견해에도 귀를 기울일 필요가 있다. 거의 무상으로 의료 서비스가 제공되기는 하지만, 실제 진료를 받기까지 오래 기다려야 하기 때문에 기다리다가 병이 낫거나 오히려 병이 깊어진 뒤에야 치료가 시작되는 경우가 있다. 의사를 만나더라도 충분한 진료를 받지 못한다고도 한다.

영국 의료 시스템을 체험하고 우리나라에 온 사람들은 한국은 환자 부담이 상당하지만 쉽고 편리하게 의료기관에 접근할 수 있고,

많은 서비스를 풍족하게 누리는 느낌을 받는다고 한다. 한국 의료의 장점이 분명히 있다. 무상의료이면서 의료 접근성도 좋고 원하는 의료 서비스를 풍족하게 받을 수 있다면, 그리고 재정 부담도 크지 않다면 이상적이다. 그러나 물 좋고 정자 좋은 이상적인 의료 환경을 가진 나라를 찾아보기는 쉽지 않다.

작년에 한국 의료 시스템에 대한 진단을 OECD에 맡겼다. 연구 결과 발표회가 3월 14일 서울에서 열렸다. 과다한 병원 중심의 의료를 1차 의료로 전환해나갈 것을 권고하였다. 이를 위해서 병원에 포괄수가제(DRG)를 도입하고 1차 의료에 과감하게 투자할 것을 권고하였다. 의료의 질을 보건정책의 주요 목표로 두고 비급여를 포함한 의료의 질에 중점을 둘 것을 강조하였다.

특히 한국의 의료정보 시스템의 강점을 활용하여 건강보험 자료를 포함한 여러 의료 정보 자료를 연결하여 전자의무기록(electronic patient history)을 충분히 활용할 것을 권유하였다. 선진국 의료의 표준을 따를 것도 제안했다. 선진국 표준을 제안한 점은 과거 IMF가 한국에 대해 국제표준(global standard)을 지킬 것을 권고한 것과 유사하다. 그래서인지 'Raising standards'를 보고서의 부제로 달았다. 매우 고무적인 점은 한국의 전 국민에 대한 의료정보화 인프라는 세계를 선도할 만하며, 그 강점을 십분 활용할 것을 제안하였다.

우리나라 보건의료 전문가들의 생각을 정리해 보자. 대략의 흐름은 보험급여의 범위를 보편화해 나가자는 데 큰 반대는 없는 듯하다. 적용 인구를 보편화했듯이 의료 보장의 범위도 보편화하자는 것이 대세인 듯하다. 그러나 보장성 강화는 재원 부담이 문제다. 재원 부담을 급격히 인상하는 것이 어려우니 보장성 수준을 당분간 유지하거나 점진적으로 제고하자는 것이다. 그 실천 방안으로 보험급여의 우선순위를 조정하면서 보장성을 점차 높여나가는 방안에 많은 전문가들이 동의한다. 보장이 화급한 서비스에 대한 보장성은 강화하되 화급성이 덜한 서비스는 보장성을 다소 유예하는 것이다.

예를 들면, 비급여를 보험급여화 하되 본인 부담은 높게 유지하자는 것이다. 보장성을 강화하기는 해야 하지만, 모든 의료 서비스의 보편적 보장은 신중해야 한다는 견해도 있다. 보편적 보장 하에서는 신기술의 도입에 신중해질 수밖에 없다. 신기술이 처음 도입될 때 비급여의 형태로 들어온다면 비교적 쉽게 의료시장에 진입할 수 있다. 그러나 비급여가 매우 예외적으로 운영되고 대부분의 의료 서비스가 보편적 보장의 영역에서 제공된다면 신기술의 진입에는 상당한 제약이 따를 것이다.

한편 보편적 보장 하에서 신기술을 도입할 때 어떤 방식으로 지불보상을 하느냐에 따라 재정에 영향을 미치는 정도는 달라진다. 정부입장에서는 신기술을 도입하더라도 가급적이면 보험 재정의 총량에는 큰 영향을 미치지 않기를 바랄 것이다. 신기술이 기존의 기술을 대체하여 비용에 별다른 변화를 주지 않거나 오히려 비용을 절감할 것을 기대할 것이다.

근래에 전문가들은 지불보상제도로서 포괄수가제(DRG) 방식의 도입에 대체로 찬성하면서도 DRG 방식을 넘어 진료비 총액의 관리기전을 도입할 것을 주장하는 학자들도 있다. 즉 신기술이 포괄수가의 범위 내에 포함되거나 포괄수가 범위 밖에서 인정되더라도 보험 재정의 총액이 관리되어야 한다는 것이다. 더불어 기존의 지불제도를 보완하는 성과기반보상(P4P : Pay for Performance)에 대해서 대체로 긍정적이다. 성과기반보상제도는 의료의 질 향상이 이루어지거나 비용이 절감되면 인센티브를 부여하는 것이다. 최근에는 투입에 대해 보상하는 종별가산율이나 간호등급제와 같은 가산제도를 폐지하고, 결과(성과)에 따라 보상하는 방식으로 바꾸어나가자는 제안도 설득력을 얻고 있다.

OECD의 제안과 우리나라 학자들의 생각이 크게 괴리되고 있지는 않다. 현재의 우리나라 의료 시스템의 장점을 유지하면서 접근성, 비용, 질의 황금 균형을 이룰 수 있는 진지한 성찰이 필요하다. 유럽식 무상의료에 대한 환상을 가질 필요도 없고, 미국식 의료도 아닌 우리의 길을 찾아가야 되지 않을까. 한국형 의료를 창조해나가는 데 보수와 진보의 진솔한 대화가 필요하다. 실사구시의 정신에 입각하여 국민과 환자의 눈높이에서 바라봐야겠다.

[HIRA 정책동향 편집인 칼럼, 2012. 3월]

전국민 건강보험을 향한
미국 의료 개혁의 위대한 장정

～☞☞☜☜～

15% 보험 미가입자에게 보험 혜택 제공하여 의료 접근성 제고
민주당, 공보험 도입하여 의료 서비스 품질 유지 제안
정부, 민간건강보험 규제 강화하고 비영리보험 도입 효율성 확보

미국 오바마 정부의 의료 개혁은 이제 팔부 능선을 넘었다. 2009년 말에 의료개혁법안이 상원과 하원을 각각 통과하는 쾌거를 이루었던 것이다. 이제 금년 초에 단일 안을 만들어 상·하원을 통과하는 일만 남았다. 연초부터 마지막 능선을 넘기 위해 사력을 다하고 있다. 1965년 존슨 대통령이 노인건강보험인 메디케어를 도입한 이래로 민주당이 이끌어 간 미국 의료 개혁의 역사에 기념비적인 사건이 될 것이고 대선 공약을 실현하는 일이기 때문이다.

의료 개혁의 핵심은 인구의 15%에 달하는 보험 미가입자에게 보험 혜택을 제공하여 미가입자를 인구의 4~6%로 줄인다는 것이다. 10년에 걸쳐 1조 달러의 돈이 들어가지만 국민의 의료 접근성을 제고하면 국민들이 건강해지고, 건강한 국민은 장기적인 경제 성장에

기여할 것이라는 점을 강조하고 있다. 건강보험을 바라보는 시각은 민주당과 공화당 간에 큰 차이가 있고, 건강보험을 확대하는 방법에 있어서도 상원과 하원의 해법은 다소 다르다.

민주당은 공보험(public option)을 도입하여 사보험과 경쟁을 통해 비용을 낮추고 의료 서비스의 품질도 유지하자고 제안한다. 전통적으로 국가의 간섭을 싫어하고 자유시장을 옹호하는 공화당은 공보험 도입을 반대한다. 오바마 정부는 국민건강보험을 성취하는 것이 목적이고, 그 목적을 달성하기 위하여 공화당이 반대하는 공보험을 포기할 것을 각오하고 있다. 대신에 민간건강보험에 대한 규제를 강화하고 비영리보험을 도입하여 보험 상품들 간의 경쟁을 통해 효율성을 확보하려는 방안을 검토하고 있다.

한편 민간보험시장이 커지면 의료비가 더 늘어날 가능성이 우려되기 때문에 비용을 어떻게 통제할 것인지 고심하고 있다. 비용 통제 방법으로 논의되는 것들은 엄청난 의료관리 비용을 줄이는 것, 지불제도를 개혁하는 것, 의약품 가격을 제약사와 정부가 협상하는 것, 메디케어 지출 억제를 위한 독립위원회를 설립하는 것, 의료 공급자 감시를 통해 의료 오남용을 근절하는 것, 환자 중심의 의료정보 시스템을 구축하여 과잉 의료를 줄이는 것 등을 검토하고 있다.

23인의 대표적 경제학자들이 오바마에게 몇 가지 훈수를 하였다. 의료 개혁에 소요될 방대한 재정 소요를 우려하여 향후 10년간 정부의 재정 적자에 대해 중립을 지킬 것을 요구했다. 고가의 보험 상품에 대해서는 부가세(excise tax)를 부과할 것을 주문했다. 그리고 연방 적자의 가장 큰 적인 메디케어를 개혁하기 위한 독립위원회를 설립할 것도 주문했다.

근원적으로는 의료 서비스의 제공 시스템을 개혁할 것을 주장했다. 성공한 개혁이란 환자가 더 많은 서비스를 받기보다는 더 좋은 서비스를 받는 것이라는 점을 강조했다. 현재 수천 억 달러의 의료비가 낭비되고 있는데, 그 이유는 의료의 질보다는 양에 따라 지불 보상하는 왜곡된 인센티브 때문이라고 한다.

궁극적으로 의료 개혁은 환자를 진료하는 방식을 변화시켜야 하고, 환자에 대한 진료 부서들의 지원이 잘 조화되고, 환자의 필요를 잘 충족하는 진료에 더 많이 보상할 것을 강조했다. 특히 검사와 진료 항목들의 유효성을 평가하는 연구기금이 더 확충되어야 하고, 포괄수가(bundled payment)를 강화하고, 책임지는 진료(accountable care organization)와 같이 의료의 질에 집중하는 의사와 병원에 대해 인센티브를 제공할 것을 주문했다. 반면에 불필요한 재입원이나 병원 내 감염에 대해서는 벌칙을 가할 것을 제안했다.

경제학자들의 제안은 성탄 전야인 12월 24일에 통과한 상원 안에 상당 부분 반영되는 성과를 거두었다. 금년에 상·하원을 각각 통과한 개혁 법안이 단일화 된 법안으로 통합되고 국회를 통과하면 오바마 정부가 미국 의료 개혁의 역사상 위대한 업적을 성취하게 될 것이다. [HIRA 정책동향 편집인 칼럼, 2010. 2월]

미국 그리고 OECD의 의료 개혁
구경만 할 수 없다

⚜⚜⚜
의료 접근 형평성 제고 통한 낮은 비용의 질 높은 서비스 목표
소비자-공급자-보험자 인센티브 활용하는 방식으로 전환
의료 개혁 과정, 부문별 창안된 혁신적 정책 수단 교훈 삼아야

미국의 의료개혁법안이 통과하였다. 오바마 대통령은 4월에 만개하는 워싱턴의 벚꽃을 느긋하게 즐겼을 것 같다. 법안 통과를 전후해서 우리 정부와 언론도 많은 관심을 보였다. 미국 의료 개혁의 골자는 여느 개혁과 마찬가지로 의료 접근의 형평을 제고하면서 비용은 낮추고 질을 높이는 것이 목표였다. 목표는 이상적이었지만 현실적으로 채택되는 것은 사회적 갈등과 정략(politics)으로 점철된 타협의 산물이었다. 대단한 역사적인 업적에도 불구하고 이번 개혁안은 경로 의존성(path dependency)에서 벗어나지 못했고, 점증주의(incrementalism)에서 벗어나지 못했다는 평가도 받았다.

산적한 국정의 난제들 앞에서 의료 개혁이란 목표를 일단 마무리 짓는 것이 화급한 목표였다. 이 때문에 당초의 정부 개혁안에서 많

이 후퇴한 안에 만족할 수밖에 없었다. 대표적인 것이 공보험(public option)을 포기한 것이다. 의료 개혁의 전망에 대해서 전문가들은 다소 비관적이다. 10년에 걸친 점진적인 개혁 과정에서 법안이 어떻게 누더기로 전락할지 알 수 없기 때문이다.

개혁안에 반대하는 여러 주(states)의 저항이 만만치 않을 것이고, 민주당이 차기 대선에서 패배할 경우 어떤 변화가 있을지 알 수 없다. 기득권을 지키려는 이익집단들이 개혁에 적응하게 되면서 당초의 개혁 목표를 희석시킬 수도 있다.

우리나라의 경우 미국의 개혁을 강 건너 불구경할 처지는 아닌 것 같다. 물론 미국이 부러워하는 전 국민보험제도를 갖고 있고 뛰어난 의료 접근성을 갖고 있다. 우리 시스템의 문제를 해결하고자 2000년에 건강보험 통합과 의약 분업이라는 급진적인 개혁이 단행되었다. 2005~06년에 보장성을 대폭 강화하였다.

그러나 원하던 목적을 이루었는지에 대한 평가는 엇갈리고 있다. 개혁이 의도했던 바와 다르게 왜곡되어도 이해 관계자들의 기득권을 건드리기는 어렵다. 한편 OECD에서 오는 10월에 개최되는 보건부장관 회의를 앞두고 공동선언문(communique)의 초안을 확정하기 위한 회의가 열렸다. 선언문의 메시지는 'Value for Money'이다. 쉽게 말하자면, 가치 있는 곳에 돈을 쓰자는 것이다. 가치가 없거나 가치가 입증되지 않은 의료 서비스에 대해 돈을 쓰지 말자는 것이다. 3가지 정책 수단을 제시하였다.

첫 번째는 성과에 대해 보상하자는 것이다(P4P : Payment for Performances). 두 번째는 환자에 대한 정보 시스템을 구축하자는 것이다(ICT : Information and Communication Technology). 세 번째는 근거 기반

의료와 의료기술평가를 수행하자는 것이다(EBM & HTA : Evidence Based Medicine & Health Technology Assessment). 그리고 의료비가 계속 증가하는 상황에서 지속 가능성이 문제시 되고 있는데, 비용을 통제하는 것만이 능사가 아니라는 점도 강조하였다. 경제적 지속 가능성 개념을 도입하여 비용 투입 이상의 가치가 있다면 지속 가능하다고 보았다. 재정적 지속 가능성은 경제적으로 지속 가능하더라도 현실적으로 세금이나 보험료로 조달이 가능해야 한다는 의미이다.

이러한 관점에서 질과 효율(quality and efficiency)을 높일 수 있는 곳에 비용(cost)이 투입되면 의료 시스템은 지속 가능할 것이라고 권고한다. 비용 투입에 있어서 전통적으로 사용해왔던 총액예산제와 같은 방식의 통제를 소비자−공급자−보험자의 인센티브를 활용하는 방식으로 전환해가자는 제안도 하고 있다. 그 중심에는 지불방식의 개편이 있다. 질과 효율이 높은 곳에 보상을 하자는 것이다.

이러한 관점에서 미국의 의료개혁안에서 제안하는 'Innovation center(혁신센터)'는 우리에게도 시사성이 있다. 새롭고 혁신적인 지불보상방식에 대한 실험과 연구(pilot)를 하고, 그 결과를 현실에 적용하는 것이다.

미국 그리고 OECD의 의료 개혁 동향을 바라보면서 우리도 부단히 움직여야 할 것이다. 미국의 의료 개혁이 관철되어 나간 정치적 과정 그리고 보건의료 부문별로 창안된 혁신적인 정책 수단들의 의미를 되새기면서 향후 우리나라 개혁의 교훈으로 삼아야 할 것이다. 그리고 OECD 국가들이 장기적으로 나아갈 보건의료 시스템의 방향을 보면서 우리의 의료문화와 환경에 맞는 개혁이 부단히 이루어져야 할 것이다. [HIRA 정책동향 편집인 칼럼, 2010. 5월]

6장

의료정책, 어려운 선택

의료 민영화가
뭐길래

당초 민영화는 영리법인 허용, 당연지정제 폐지, 민간보험 활성화
금번은 법인 자회사·합병 허용, 해외 환자 유치 및 진출, 원격진료 등
정부·의료계·국민 원원하는 미래지향적 의료 발전 위해 협의 필요

의료 민영화가 뭐길래 인터넷 검색어 1위에 올랐다. 여의도에서
전국의사궐기대회를 한 직후였다. 정부는 4대 중증질환의 보장성
강화, 치매의 장기요양급여화, 국민 부담이 큰 3대 비급여(상급병실
료·선택진료료·간병비)의 제도 개선 등 의료의 공공성 강화를 위해
노력하고 있는데, 지난 13일 정부가 발표한 투자 활성화 대책을 계
기로 느닷없이 '의료 민영화'의 덫에 걸리고 말았다.

언젠부턴가 우리 사회에서 민영화(privatization)는 나쁜 용어가 되
었다. 의료 민영화는 보수와 진보를 갈라 놓는 정치적인 프레임이
되고 말았다. 이념적 프레임 앞에서 어떤 팩트(fact)와 논리도 통하
지 않는 경향이 있다. 사실 투자 활성화 대책이 국공립 병원을 민영
화하겠다는 것도 아니고, 민간 병원이 담당하는 공공의료 기능(건

강보험)을 포기하겠다는 것도 아니다. 그런데 왜 의료 민영화로 매도될까?

당초 의료 민영화는 영리법인 허용, 당연지정제 폐지, 민간보험 활성화를 의미했다. 의료 서비스가 영리를 추구하면 환자 부담이 급격히 늘어나고 의료 이용이 부자와 빈자 간에 양극화된다는 논리였다. 정부의 금번 투자 활성화 대책에는 의료법인에 자회사 허용, 의료법인 간 합병 허용, 법인 약국 설립, 해외 환자 유치와 해외 진출, 유헬스 활성화(원격진료)를 담고 있다. 어디에도 의료 민영화는 보이지 않는다.

그럼에도 의료 민영화로 비판받는 논거는 의료법인의 자회사의 수익이 의료법인으로 흘러들어 가고, 의료법인의 수익이 자법인을 통해서 유출이 가능해져, 결국 의료법인이 사실상 영리 병원화된다는 관점에서일 것이다. 의료기관이 진료보다 이윤 창출에 집중해 영리화되고 환자 부담은 늘 수밖에 없을 것이니 사실상 의료 민영화라고 한다. 의료법인이 대형화되고 법인 약국이 성행하면 동네 의원과 약국은 대형 자본에 종속될 것이라고 우려한다.

의료 민영화 논리에 대해 몇 가지 짚어봐야 한다. 현재 병원은 과연 영리를 추구하지 않는가. 전체 병원의 55%는 개인 병원이고 영리를 추구한다. 동네 의원도 매한가지다. 이들 병원들의 과잉 진료로 환자 부담이 늘어났는가. 현실은 영리를 추구했던 많은 병원들이 적자에 허덕이고 문을 닫고 있다. 병원의 15%는 학교·특수·사회복지·사단·재단법인이다. 이들에게는 자회사 설립이 허용되고 있다. 15%의 병원들이 자회사를 통해 영리를 추구했다면 영리 병원화되었음에 틀림없다. 그러나 그런 일은 발생하지 않았다. 의료법인은 병원의 30%를 차지한다. 이들 의료법인에게 그동안 자회사 설립이 금지되었다. 이번 대책은 자회사 설립을 허용하여 형평을 맞추려 하였다. 과연 의료법인 병원들이 영리화 되겠는가.

정부의 투자 활성화 대책에 대해 병원을 제외하고는 야당과 시민단체를 비롯한 의사협회, 약사회, 한의사협회가 등을 돌리고 있다. 의료계의 반대 전선이 넓은 것은 정부가 의료계에 대해 충분히 이해를 구하지 못한 탓이 크다. 의료법인이 자회사를 통해 왜곡된 영리 행위를 하지 못하도록 회계를 투명화하고 규제해야 한다. 한계에 다다른 국내 의료시장을 탈피하기 위해 의료 서비스의 해외 수출을 활성화해야 한다. 법인 약국은 갈수록 어려워지고 있는 동네 약국들에게 새로운 경영 모델로 거듭날 기회를 제공하는 계기가 되어야 한다. 원격진료는 동네 의원이 대형 병원에 대항하여 경쟁력을 가질 수 있는 미래 진료 패턴으로 발전할 수 있어야 한다.

의료 서비스 투자 활성화 대책이 의료 민영화의 덫에 걸려서는 안된다. 정부는 관련 의료단체들이 현실을 직시하도록 이해를 구하고 우려가 현실화되지 않는다는 신뢰를 주어야 한다. 정부와 의료계, 국민이 윈윈하는 미래지향적인 의료 발전을 위해 충분히 대화하고 협의해야 한다. 과거지향적인 의료 민영화 논쟁과 소모적인 갈등은 바람직하지 않다. 도대체 의료 민영화가 뭐길래?

[한국일보, 2013. 12. 28]

의사 수 적정한가

의사 인력 문제, 공급, 지역별·전문 분야별 분포, 인력의 질 고려해야
국민 의료 접근과 건강 문제, 의사 인력과 의료 수요 예측 필요
의사 인력 및 보건의료 인력 공급과 수요, 질 논의 위한 협의체 필요

의사가 귀하던 시절, 사람들은 아파도 참거나 민간의 속방에 의존하였다. 참다 참다 의사를 만나려면 문턱이 참으로 높았다. 소싯적에 의사를 처음 만나던 순간은 아직도 기억의 한구석을 차지하고 있다. 차가운 감촉의 청진기, 따뜻하고 권위 있는 문진, 공포의 대상이었던 간호사의 주사, 이 모든 것이 신비했고 두려웠다. 그러나 과거는 추억이 되어버렸다. 이제는 쇼핑하듯이 어느 병원 어느 의사가 잘하는지 찾아다니는 시대가 되었다.

의사 인력의 문제는 의사의 공급이 적정한지, 지역별로 의사가 골고루 분포되어 있는지, 전문 분야별로 의사가 골고루 분포되어 있는지 그리고 의사 인력의 질 등 여러 측면을 고려해야 한다. 하지만 의사 인력의 공급은 의대 정원 문제와 직결되어 가장 첨예하게 논란이

벌어진다.

의사는 1984년에 2만8천 명이었던 것이 2009년에 9만8천 명으로 급속히 늘어났다. 그 덕분에 의사 1인당 인구는 1440명에서 500명으로 줄어들었다. 치과의사는 1984년에 8천 명이었으나 2009년에 2만 5천 명으로 증가했고, 치과의사 1인당 인구는 5천 명에서 2천 명으로 줄었다.

한의사는 1984년에 8천 명에서 2009년에 1만8천 명으로 늘어났고, 한의사 1인당 인구는 1만1천 명에서 2600명으로 줄었다. OECD 국가들과 비교하면 한국의 의사 수는 꼴찌 수준이지만 공급 속도는 최고 수준이다. 의대 졸업생 수는 OECD 국가의 평균 수준이나 활동 의사 수 대비 졸업생 수는 매우 높은 편이다. 이러한 사실로 미루어보아 지금은 의사 수가 부족해 보이지만 향후 선진국들의 평균 수준에 도달하는 것은 시간문제다.

1980년대 이후에 의사 인력의 공급이 획기적으로 늘어난 것은 1989년 전 국민건강보험제도의 시행과 더불어 시의적절한 일이었다. 건강보험제도 도입으로 잠재되었던 의료 이용이 폭발적으로 증가하였고, 늘어난 의사 인력은 의료 수요를 충족하는 데 각별히 기여하였다. 의사 공급이 뒷받침되지 않았다면 의사 방문을 위해 대기하는 환자들이 줄을 이었을 것이다.

건강보험료는 꼬박 꼬박 내면서도 보험 혜택을 제대로 받지 못하는 사태가 발생했을 것이다. 그렇지만 의료 이용의 급증에 비해 의사 인력의 공급은 상대적으로 더디었다. 이 때문에 의료기관의 입장에서는 의사가 봐야 할 환자 수가 많아진 데다 수가는 낮았기 때문에 많은 환자를 봐야 의료기관의 경영이 가능해졌다.

의사라는 직업은 많은 환자를 진료해야 하는 고된 일상이었지만, 의사는 환자의 존경을 받았으며 의료시장은 활황이었다. 이 당시를 그리워하는 의사들이 많다.

의사 인력의 공급을 늘려야 할 것인지에 대해서는 의견들이 엇갈린다. 의료 단체들은 의사 공급을 늘리는 데 반대한다. 근래에 변호사와 회계사 인력이 양산되면서 이들 전문직들의 수입이 떨어지면서 인기가 하락하는 현상을 목도하였기 때문이다. 전문직은 그 공급이 적을수록 독점적 이익을 누릴 수 있기 때문에 가능한 늘리는 것을 꺼려한다. 국민의 의료 접근과 건강의 문제를 생각하면 의사 인력이 풍족하면 좋다.

그러나 의사 인력이 넘쳐나면 국민들이 부담해야 할 의료비용이 과다해질 우려가 있다. 문제는 '적정' 수준이다. 적정은 의료 수요를 잘 예측하는 데 있다. 의료 수요를 판단하는 요인은 여러 가지이다. 고령화에 따른 의료 수요, 국민들의 의료 이용 욕구 등 다양한 요인이 있다.

여기서 생각해봐야 할 점은 전공별 의사 공급은 전공의(專攻醫) 선택 당시의 의료시장 상황에 좌우되지만, 의료 수요는 계속 변화한다는 사실이다. 이러한 공급과 수요의 시차 때문에 전공별 의료 인력의 수급 격차가 발생하게 된다.

의사 인력의 공급은 의사뿐 아니라 치과의사, 한의사, 간호사, 그 밖에 보조 인력(physician assistant)의 역할까지 잘 생각해봐야 한다. 의료기술의 발전은 현재의 의사와 보조 인력의 역할에 변화를 가져올 것이다. 전통적으로 의사가 행해 왔던 의료 서비스의 많은 부분이 보조 인력과 기술에 의해 대체되고, 의사의 역할이 고도로 전문화된 역할로 옮겨간다면 의사 인력이 많이 필요하지는 않을 것이다. 또한 우리나라의 경우 의사와 한의사 간의 역할 정립이 인력 공급의 큰 숙제로 남아있다. 의사와 한의사는 상호 대체재인 동시에 보완재이기도 하므로 각각 독립적으로 수요와 공급을 논할 수 없다.

한국보건사회연구원의 전망에 의하면 2025년에 의사는 15만3천 명, 치과의사는 3만8천 명, 한의사는 3만2천 명에 이른다고 한다. 의사와 한의사를 합하면 OECD 국가들의 평균을 넘어서는 공급이 예상된다.

그러나 이 중 얼마나 많은 의사들이 활동할 것이냐에 따라 과부족의 문제가 발생한다. 그리고 미래에 의사에게 기대하는 역할에 달려 있기도 하다. 또 한 가지 고려할 사항은 현재 의사의 20%가 여성이나 그 비중이 점차 늘어날 것이다. OECD 국가의 경우 여성 비율은 40%다. 결국 여성 졸업생 중 얼마나 실제로 진료하는 의사가 되느냐도 공급에 영향을 미치게 될 것이다.

의사 공급만큼 중요한 것은 의사의 질적 향상이다. 의료 소비는 양에서 질로 옮겨가고 있다. 현재 필기시험 하나로 평생 면허가 유지되는 시스템은 재고될 필요가 있다.

의사면허는 운전면허보다 각별한 안전성이 요구된다. 생명을 다루는 면허이고, 새로운 의료 위험이 계속 등장하고 새로운 기술에 적응하지 않으면 안 된다. 실기시험도 필요할 것이다. 보수 교육이 자질 유지 및 향상을 위해 존재하지만 그 실효성은 떨어진다. 면허 자격 갱신과 같은 시험이 있어야 교육 참여에 긴장감이 생기고 활성화될 것이다. 인센티브 없는 제도는 무용하다. 의과대학에 대한 신임 평가도 강화되어야 한다. 궁극적으로 의사 인력을 비롯한 보건의료 인력에 대한 공급과 수요, 질을 논의하는 협의체가 필요하다. 의사 인력에 대해 교육부와 복지부의 입장이 다르다. 그러나 국민의 편에서는 부처 간 입장이 달라서는 안 된다. 이 협의체에 권한을 부여해야 한다. 의사인력정책에 정치적인 고려가 배제되어야 하기 때문이다.

[2011. 4월 일간보사 창간 21주년 및 의학신문 창간 40주년 특집 "의료격랑 40년"]

우리나라 병원의 기능 정상적인가

의료공급시장, 정부의 수가 규제 속 자유로운 경쟁 속에서 발전
정부, 의원–병원–상급병원 피라미드식 공급 시스템 디자인하고 통제
환자 최상 진료 위해 의료기관의 다양한 비즈니스 모델 허용해야

일반인에게 '병원' 하면 떠오르는 것은 대학병원, 삼성·아산과 같은 재벌 병원, 곳곳에 있는 크고 작은 병원들을 떠올린다. 일반인에게는 다소 생소하지만 법적으로는 의료기관이 종별로 구분되어 있다. 의원, 병원, 종합병원, 상급종합병원으로 구분되어 있다. 소위 대학병원은 대부분 상급종합병원이다. 병상 수를 기준으로 구분된다. 30병상 미만을 보유하면 의원이다. 30병상에서 100병상 미만까지는 병원이다. 100병상 이상이면 종합병원이고, 300병상 이상이면 상급종합병원이다. 상급 종별일수록 병원에 보상하는 수가를 가산해준다. 그리고 상급 종별일수록 환자의 부담률도 높아진다.

우리의 기업인들은 동네 구멍가게 사장에서 영세 기업일지라도 기업의 사장이 되고 싶고, 중소기업을 거쳐 대기업의 사장이나 회장

이 되고 싶어 했다. 의사의 경우도 마찬가지였다. 의원에서 출발하여 병원을 세우고, 큰 병원의 원장이 되고 싶어 했다. 의료 서비스를 민간에 맡겨둔 우리나라의 의료기관의 발전 과정은 기업의 형성과정과 유사했다. 의료인들의 기업가적 마인드로 인해 한국의 의료시스템은 유럽 국가들의 의료 시스템과는 상당히 다르다. 이러한 차이를 애써 무시하고 의료정책을 시행하게 되면 현실과 충돌하게 된다.

왜 의료기관 종별을 구분하는가? 의료전달체계 이론에 기반하고 있다. 환자가 의사를 방문할 때 일차적으로 접촉하는 곳을 게이트키퍼(gatekeeper)로서 의원이다. 의원의 의사는 전문의(specialist)일 필요가 없다. 전인적인 진료를 담당하는 일반의(generalist)이면 된다. 일반의사의 진료 능력을 벗어나면 병원의 전문의에게 의뢰한다. 매우 중증의 환자이면 상급종합병원으로 의뢰하게 된다. 전문의 진료가 종결되면 다시 의원으로 후송되어 환자의 일상적인 보호 관찰이 계속된다. 그러나 이러한 의료전달체계는 우리나라에서 거의 유명무실하다. 의료전달체계에 기반하여 의료기관들의 기능이 구분되어 있지 않기 때문이다. 다만, 수가 가산율과 환자 부담의 차등률 때문에 종별 구분이 유지되는 것 같다. 즉 가격기전 만이 작동하고 있다.

수가와 환자 부담 가격의 차이가 있긴 하지만, 종별 의료기관 간에 무한경쟁을 하고 있다. 진료 의뢰와 회송이라는 제도는 있지만 거의 작동하지 않는다. 진료의뢰서는 의학적인 관점에서 거의 유명무실해졌다. 의사가 진료 의뢰를 하는 게 아니라 환자의 요구에 의해 의사가 진료의뢰서를 써 줄 뿐이다. 왜 이런 무의미한 제도가 지속되어야 하는가? 의료는 이미 소비자가 선택하는 상품이 되고 있다.

소비자가 의료기관을 선택할 때 주변의 입소문, 인터넷상의 정보를 토대로 자신의 지식과 경험, 판단으로 의료 공급자를 선택하기 때문에 잘못된 선택을 할 수 있다. 잘못된 선택에 따른 위험도 스스로 져야 한다. 소비자가 바른 선택을 할 수 있도록 인도하는 것은 의사의 몫이 아닌가. 여기에 대해 의사들은 말이 없다.

대형 병원끼리의 경쟁은 치열하다. 빅 5 병원이 대세를 이끌어가고, 그 뒤를 사립대학병원과 국립대학병원이 줄줄이 따라간다. 전국의 환자들을 대형 병원 중심으로 빨아들이는 빨대 현상이 심화되고 있다. 중질환에 대한 보장성을 강화하는 정책이 2004년부터 추진되면서 중증환자들의 본인 부담이 뚝 떨어졌다. 이 때문에 대형 병원의 접근성이 크게 신장되었다. 이는 빨대 현상을 더욱 가속화하는 계기가 되었다. KTX에 의한 서울 접근성 향상도 빨대 현상을 가속화시켰다는 분석도 잇따랐다. 이렇게 되면 동네 개원 의원들이 위축되고 중소 병원의 경영난으로 이어지는 양극화는 심화된다.

동네에서 의원들 간의 경쟁도 치열하다. 의사들은 빠른 치료 효과에 의존하려는 진료 행태를 선호하였다. 의학적으로 바른 진료보다는 환자를 빨리 만족시키는 기술과 마케팅에 의존하게 만든다. 비싼 장비와 품격 높은 시설을 위해 값비싼 투자를 해야 한다. 경영을 위해서는 피부미용과 비만관리와 같은 비의료적인 서비스에도 매달리게 되었다. 큰 병원과의 경쟁에서 기술적 열세를 극복하고 섬세한 서비스를 통해 비교우위를 지켜나가려는 노력에서 비롯된다.

한편 의료공급시장은 정부의 수가 규제가 있지만 비교적 자유로운 경쟁 속에서 발전해왔다. 공급자들은 자유롭게 시장에 진입했다. 자유시장에 공급자가 넘쳐나면서 승자와 패자가 생길 수밖에 없다. 패자가 되면 정부의 가격 규제를 탓하게 되고, 정부가 일정한 역할을 해주기를 바란다. 그러나 패자만을 구제하기 위한 해법은 없다. 정부가 의원−병원−상급병원으로 이어지는 피라미드식 공급 시스템을 디자인하고 통제하는 것을 의료계에서 받아들이겠는가.

여러 가지 상황을 보면서 몇 가지 의문이 든다. 첫째는 1, 2, 3차 의료기관의 구분, 혹은 의원−병원−종합병원−상급종합병원의 구분이 꼭 필요한가? 둘째는 교과서적인 진료 의뢰·후송 체계는 우리나라의 의료 상황에 맞는가. 시간이 걸리더라도 유럽식 전달 시스템을 구축해나가야 하는가? 셋째는 중증은 병원, 경증은 의원이 진료하는 게 바람직하다면, 중증과 경증을 구분하는 실증적인 자료를 만들 수 있는가?

이러한 의문들에 분명히 답하지 못하고 있다. 그러면 어떻게 해야 하나? 과감한 제안을 해보자. 먼저 의료기관의 종별 구분을 없애자. 적어도 병상 수를 기준으로 한 구분을 없애자. 상급일수록 높은 수가가산율을 폐지하고 의료기관의 진료 결과를 평가하여 수가를 가산해보자. 전공의를 교육하고 수련할 수 있는 병원을 인증하여 추가적인 보상은 해야 할 것이다. 수련 병원은 하나의 상급 병원일 수도 있고, 몇 개 병원들이 연합하여 인증 받을 수 있게 하자. 진료 의뢰와 후송을 기대하지 말자. 시장에 맡겨두자. 소비자가 의료기관을 선택하는 데 필요한 정보를 제공하자. 이것이 병원과 환자 간의 정보 비대칭을 교정하는 정부의 역할이다. 이것이 대형 병원에 대한 막연한 환상을 접는 계기가 될 수 있다. 실력 있는 작은 병원과 의원이 경쟁력을 회복할 수 있는 계기가 될 수 있다. 주치의제는 의원과 병원 모두에 적용해 보자. 환자가 원하면 어디서든 자신의 의료기록에 접근할 수 있도록 하자.

이렇게 되면 불필요한 비용 낭비를 줄일 수 있지 않을까. 동네 의원에서도 종합적 정보를 토대로 정확한 진단이 가능할 것이다. 환자의 안전을 위해서도 필요하다. 의료기관들의 다양한 비즈니스 모델을 허용하자. 환자에게 최상의 진료를 할 수 있는 다양한 전공의 협진, 의료 원가를 줄일 수 있는 의료기관들의 경영 모델을 허용하자.

[HIRA 정책동향 편집인 칼럼, 2010년 2월]

동네 병원
살리기

ᦁᦁᦁᦁ

서울 빅 5 병원 55%가 지방 환자로 사회적 비용 커져 부작용
대형 병원 규제보다는 1차 의료의 동네 의원 경쟁력 키워야
그 변화는 환자의 신뢰를 얻는 것에서부터 시작

대형 병원으로 환자 쏠림 현상이 갈수록 심화되고 있다. 지역적으로는 광역도시의 대형 병원으로 쏠리고, 전국적으로는 서울 소재 빅 5 병원으로 쏠리는 현상이 발생하고 있다. 43개 상급 병원이 차지하는 진료비 비중이 2002년 13.8%에서 2012년 15.7%로 증가한 반면 의원급 비중은 31.4%에서 21.8%로 급감했다. 특히 빅 5 병원이 차지하는 건강보험 재정은 2005년 8400억 원에서 2012년 2조1000억 원으로 2.5배 불어났다. 빅 5 병원 입원환자의 55%는 지방 환자다. 놀라운 것은 외래환자의 55%도 지방 환자다. 30초 외래진료를 받기 위해 서울로 원정하는 경우가 많다.

대형 병원 쏠림이 문제시 되는 이유는 치러야 할 사회적 비용이 크기 때문이다. 과도한 의료비 외에도 지방 환자들은 숙식비와 여비

를 부담해야 한다. 환자 간병에 매달리다 보면 남은 가족들의 생활이 피폐해진다. 소중한 한 가족의 생명이 걸렸기 때문에 어쩔 수 없이 감내하고 있다. 이렇게라도 할 수 없는 빈곤층은 대형 병원 진료에서 소외되는 문제까지 겹친다.

대형 병원은 더 많은 환자를 유치하기 위해 우수한 의료진과 비싼 장비에 투자해야 한다. 투자비용을 건지기 위해 상급 병실료와 선택진료료를 받아야 하고, 비보험 수익을 개발하거나 장례식장 운영과 같은 의료 외 수익을 늘리게 된다. 수익이 나야 투자를 계속할 수 있기 때문이다.

입원을 기다리는 환자들이 늘 대기하고 있고 병상 당 추가 수익이 창출되니 병상을 계속 늘리게 된다. 또한 대형 병원은 비영리법인이라는 법적 규제에 묶여 있기 때문에 병원에만 투자할 수밖에 없어 더더욱 그러하다.

대형 병원 쏠림이 과연 나쁘기만 한 것인가. 그렇지만은 않다. 치열한 경쟁을 통해 치료기술이 발전하고, 그 기술이 중소 병원과 의원급으로 내리 확산된다. 최신 진단 장비 보급이 매우 빨리 확산되고 있다. 수도권 대형 병원을 모방하면서 지방의 대형 병원들이 발전했다. 경쟁력을 갖춘 중소 병원은 전문병원으로 경쟁에서 처지면 요양병원으로 전환하는 계기로 작용했다. 병원 첨단화는 해외 환자를 유치하기 좋은 인프라가 됐고, 병원 수출의 붐을 타는 계기가 됐다. 병원의 무한 성장을 국내시장이 수용할 수 없기 때문에 해외로 눈을 돌릴 수밖에 없었다.

대형 병원이 지속 성장하고 동네 의원이 피폐해지는 방향으로 의료시장이 형성되면 우리는 비싼 의료비를 지불하는 의료 시스템을 운영할 수밖에 없다. 이러한 방향은 바람직하지 않다. 동네 의원 살리기의 해법은 일차의료 경쟁력을 회복하는 데 있다. 환자의 대형 병원 선호를 인위적으로 규제한다고 환자들이 동네 의원을 찾게 되지는 않는다. 대형 병원을 이용할 경우 환자 부담을 높이는 가격정책도 그다지 실효성을 거두지 못했다.

일차의료의 경쟁력은 동네 의원 스스로의 변화로부터 시작돼야 한다. 그 변화는 환자의 신뢰를 얻는 것에서 찾아야 할 것이다. 고령화와 더불어 늘어나는 고혈압과 당뇨, 고지혈증 등 만성질환을 관리하고 흡연·음주·운동·스트레스와 같은 생활습관을 개선해 질환을 사전에 예방하는 일이다.

평소에 건강상담과 건강검진을 통해 지속적으로 건강을 관리해야 한다. 신뢰 회복을 위해서 지역의사회의 역할이 중요하다. 지역 내 동료 의사들 간 협력 진료를 통해 단과 전문의원이 갖는 약점을 극복하는 것도 하나의 방안이다. 대학병원 의사처럼 환자 진료 외에 질환을 연구하는 시간 투자도 필요하다.

일차의료 경쟁력 강화를 위한 의사들의 노력에 부응해 정부 지원도 뒷받침돼야 한다. 그러나 일차의료에 대한 믿음은 무엇보다도 환자에 대한 의사의 소명 의식에서 비롯된다. 동네 의원은 작지만 강한 다윗이 돼야 골리앗 대형 병원을 이길 수 있다.

[서울경제, 2013. 05. 27]

시장형 실거래가제
반시장적인가

❁❁❁
정부, 의약 분업 시행 이후 음성적 리베이트 통제 실패 전략 수정
시장형 실거래가제 성공 여부 쌍벌제 작동 여부에 달려
제약업계, 가격·품질 경쟁 위해 연구·개발 투자와 경영 효율화 필요

급증하는 건강보험 약제비를 통제하기 위해 정부가 도입하고자 하는 '시장형 실거래가제'에 대해 최근 제약협회에서는 반(反)시장형 실거래가 제도라고 맞받아치고 있다.

흥미로운 사실은 건강보험제도를 운영하고 있는 대부분의 선진국들은 반시장적(?)으로 약가를 통제하고 있다. 시장경제를 신봉하는 선진국들이 왜 반시장적인 약가제도를 운영하고 있는가? 의약품 가격을 시장에 맡겼을 때 시장의 실패를 거듭 경험했기 때문이다. 심지어는 가격 통제도 모자라 사용량까지 통제하는 더욱 반시장적인 규제를 하고 있다.

제약사들은 가격 경쟁보다는 리베이트 경쟁으로 매출을 늘리는 것으로 알려져 있다. 제약사 스스로 반시장적인 수단에 의존했던 것

이다. 작은 리베이트로 큰 이익을 취할 수 있는 유혹은 강렬하다. 이 때문에 모든 제약사들이 너도나도 리베이트 경쟁에 빠져들었다. 리베이트 금액은 갈수록 커지게 되고, 리베이트를 받는 의료기관은 더 많은 약을 사게 되는 악순환이 되풀이 되면서 약제비는 눈덩이처럼 불어나게 되었다.

2000년 7월 의약 분업 시행 이후 음성적으로 자라난 리베이트를 정부가 통제하는 데 실패한 것이다. 건강보험 진료비 가운데 약품비가 차지하는 비중은 2003년 23.5%에서 2005년 29.2%로 급증하였다. 정부는 2006년 대대적인 약제비 적정화 대책을 통해 2010년에 24% 수준으로 통제하겠다는 목표를 세웠으나 2009년에 이미 29.6%에 달하게 되어 그간의 정부 대책은 빛을 바래고 있다.

결국 정부는 기존의 규제 중심 대책만으로는 한계가 있다고 판단하고, '시장의 힘'을 이용하여 시장을 통제하는 전략으로 수정하였다. 그것이 시장형 실거래가제(소위 저가구매 인센티브제)이다.

병원이나 약국이 저가로 구매하게 되면 일정 비율(70%)을 인센티브로 지급하는 제도이다. 보험약가보다 싸게 구입하고 구입가를 신고하면 보험약가와 거래 가격 차액의 70%를 인센티브로 주는 것이다. 병원과 약국이 인센티브에 반응한다면 저가구매가 반복되고, 이것이 보험약가에 반영되면 약값은 떨어질 것이다.

시장형 실거래가제가 시행되더라도 여전히 가격 경쟁을 하지 않고 리베이트에 의존할 가능성을 우려하여 리베이트를 수수하는 양 당사자를 처벌하는 '쌍벌제'를 동시에 시행했다. 쌍벌제 역시 양 당사자에게 공평하게 '디스인센티브'를 부여하는 시장형 제도로 볼 수 있다. 따라서 시장형 실거래가제의 성공 여부는 쌍벌제가 제대로 작동하느냐에 달려 있을 수 있다.

제약사들은 새 제도가 음성적이고 불법적인 리베이트를 양성화하고 합법화해주는 것에 불과하다고 주장한다. 그렇다면 제약사 스스로 그동안 잘못된 리베이트를 통해 영업해 왔다는 것을 자인하는 셈이다. 따라서 음성적이고 불법적인 리베이트는 밝은 시장에 나와 정당하게 의약품 가격에 반영되고 소비자가 부담하는 가격에도 반영되어야 한다. 그리고 제약사들은 새 제도가 대형 병원과 대형 문전 약국에 특혜를 부여하는 반시장형 제도라고 주장한다. 그러나 리베이트 역시 대형 병원과 대형 문전 약국에 쏠려 있다는 의심에서 벗어날 수 없다.

구매자와 판매자의 협상력에 따라 가격이 결정되는 것은 시장원리의 기본이다. 보험 상한가보다 낮은 가격으로 거래하여 가격을 신고할 것인지, 아니면 상한가 그대로 신고하고 리베이트에 의존할 것인지는 약의 공급처와 수요처 간의 미묘한 계산에 의존할 것이다.

대형 병원은 불안한 리베이트보다는 인센티브에 의존할 가능성이 점쳐지고, 중·소 병원과 약국은 여전히 리베이트에 의존할 가능성이 있다. 약에 대한 선택권이 병원장에 있느냐, 혹은 의사에게 있느냐에 따라서도 인센티브 또는 리베이트를 선택할 것이다.

의약품 거래의 시장 기전은 매우 복잡하다. 병원의 규모, 병원장과 봉직 의사의 이해관계, 대형 제약사와 소형 제약사, 영세 유통업체, 외국 제약사, 신약 제조사와 제네릭 제약사 등 복잡한 거래 주체들이 얽혀 돌아가는 것이 시장의 현실이다. 거래 주체의 이해관계에 따라 시장형 실거래가제가 효과를 발휘할지 혹은 여전히 리베이트가 성행할지 여부가 판명될 것이다.

정부가 실거래가를 파악할 수 있다면 보험상한가에 실거래 가격을 수시로 반영하는 것이 이상적이다. 문제는 정부가 실거래 가격을 파악할 자신이 없다는 데 있다. 일본은 실거래 가격을 파악하여 꾸준히 보험약가에 반영하고 있는데, 우리는 안 되는 이유가 무엇인지 진지한 고민이 필요하다.

시장형 실거래가제 시행에 대한 제약업계의 우려는 이해할 수 있다. 그러나 우월적 지위에 있는 대형 병원과 대형 문전 약국의 구매력에 대항하기 위해서 중·소 규모로 난립되어 있는 제약사들도 덩치를 키우는 구조조정으로 들어가야 할 것이다. 이를 통해서 가격과 품질로 승부를 하는 시장 기능을 되살려야 한다.

가격과 품질로 경쟁하기 위해서는 리베이트에 의존하는 영업 관행에서 벗어나 연구·개발(R&D) 투자와 경영 효율에 전념하는 쪽으로 방향을 전환해야 할 것이다. 그래서 우리의 제약사들이 세계를 선도하는 전자, 자동차, 조선과 같이 세계 시장을 주도해나갈 날을 그려본다. [HIRA 정책동향 편집인 칼럼, 2010. 4월]

포괄수가제
정부-의료계 불신부터 없애야 한다

ᪧᪧ
금년 7월, 신포괄수가제 553개 질환 대상으로 시범사업 시행
성공적 도입은 의·정 간 입장 인정하는 데서 출발해야
모두가 이기는 상생 게임이 진정한 선진 의료의 미래상

의사협회가 포괄수가제의 적용을 받는 질환에 대한 수술 거부를 철회함으로써 사태는 일단락됐다. 다행스럽고 현명한 선택이다. 그러나 수술 거부 철회가 포괄수가제를 수용하겠다는 의미는 아니라고 한다. 1년 후 재평가해서 제도의 존폐를 판가름 내자고 한다. 판가름하는 의사결정 구조도 바꾸자고 한다.

병원협회는 경증질환 중심의 7개 수술에 대한 포괄수가제 적용은 조건부로 찬성했지만, 중증 및 복합질환으로 포괄수가제를 확대하는 데는 반대한다고 밝혔다. 정부는 이제 작은 산을 하나 넘은 셈이다. 앞으로 넘어야 할 크고 험준한 산이 기다리고 있다.

백내장, 편도, 맹장, 탈장, 항문, 제왕절개, 자궁적출 등 7개 질환에 대한 포괄수가제 시행은 사실상 1997년으로 거슬러 올라간다. 시범

사업을 거쳐 2002년에 제도화하려 하였으나 의료계의 반대로 원하는 의료기관만 참여하는 선택형으로 도입되었다.

의료기관 임의로 참여하는 선택형 포괄수가제는 의료제도의 한 구석에 늘 불편하게 자리 잡고 있었다. 포괄수가제를 전면 도입하든 폐기하든 언젠가는 결단을 내려야 할 제도였다. 10년이 흐른 2012년, 개원의와 중·소 병원에 한정되었지만 제도로 의무화한 데 큰 의미를 부여할 수 있다.

그러나 포괄수가제의 앞날은 편치 않다. 내년 7월에는 종합병원을 대상으로 시행한다. 시행 1년 동안 의료 현장에서 어떤 일이 벌어질지는 알 수 없다. 더구나 내년 2월에는 새 정부가 출범한다. 이미 정부와 의사협회 간에 감정의 골은 깊어져 있다. '비용의 낭비를 줄이고 의료의 질도 담보하자'는 좋은 정책적 의도로 시작한 포괄수가제가 시간이 지날수록 정치적인 세(勢) 싸움으로 변질되었고 언어폭력이 난무하는 사태에까지 이르렀다. 마음의 상처는 기억에서 지우기 어렵다. 서로 마음을 열기까지에는 많은 노력과 시간이 필요하다.

무엇보다 현재 가장 큰 문제는 정부와 의료계의 불신으로 보인다. 정부는 이미 2009년부터 포괄수가제를 보완한 신포괄수가제에 많은 공을 들여왔다. 신포괄수가제란, 정찰제에 대한 비판을 보완하기 위하여 의사의 의료 행위에 대해서는 행위별 수가를 인정하고, 장기 입원을 요하는 환자에 대해 입원일수에 비례해 보상하는 것이다. 이미 공단 일산병원과 지방공공병원을 대상으로 실험하고 있고, 금년 7월부터는 553개 질환을 대상으로 시범사업을 시행하고 있다. 그러나 의료계는 신포괄수가제에 대해서도 줄곧 반대 입장을 내고 있다.

포괄수가제를 성공적으로 도입하려면 의·정 간에 서로 입장을 인정하는 데에서 출발해야 한다. 정부는 의사의 자존심을 세워주어야 하고, 의사협회도 국민의 편에 서 있다는 신뢰를 심어주어야 한다. 또 건강보험은 세금과 다를 바 없는 보험료로 재원을 조달하는 사회보장제도임을 인정해야 한다. 따라서 건강보험 재정을 운영하는 정부의 입장을 이해해야 한다.

의사들은 포괄수가제가 싫으면 예산 제약 속에서 해볼 수 있는 다른 수가제도를 제안해야 한다. 어떤 수가제도이든 간에 궁극적으로는 비용과 질의 문제로 귀착한다. 어쩌면 새로운 대안의 제시 이전에 서로의 가슴 속에 남아있는 증오를 걷어내는 것이 더 중요할지 모른다. 누가 이기고 누가 지는 게임이 아니다. 모두가 이기는 상생의 게임이 진정한 선진 의료의 미래상이다. [동아일보, 2012. 07. 10]

신종 플루
지나친 기우도 병이다

ぺぺぺ

플루는 진화하면서 변종, 세계적으로 매년 25~50만 명 사망
백신 보급 세계적 수요 대처는 앞으로 수년 더 걸릴 것
한국, 백신 대량생산 가능·보급 준비, 방역 시스템 잘 갖춰져 있어

신종 플루가 전국을 공포로 몰아넣고 있다. 신종 플루는 세계적으로 확산되고 있기 때문에 공포심은 더하다. 사실 이상으로 과장된 공포심이 보건당국의 얼을 빼놓고 있다. 신종 플루의 원래 명칭은 '돼지독감(swine flu)'이다. 미국은 swine flu라는 명칭을 H1N1 인플루엔자라는 학술적인 이름을 붙였으나, 최근에는 swine flu를 혼용해서 쓰기도 한다.

미국의 언어학자 벤자민 워프와 에드워드 사피어는 언어가 사고를 결정한다는 가설을 주창했다. 사람들을 공포로 몰아넣는 신종 플루의 용어 선정에 신중할 필요가 있다. 공포를 과장하는 자극적인 용어는 자제해야 한다.

플루는 오랜 역사에 걸쳐 진화하면서 변종이 발생하였고 앞으로

도 변종이 발생할 것이다. 따라서 '신종'이란 용어를 계속 쓰기에는 마땅치 않고, 어떤 의미인지도 모호하다.

출·퇴근 때 혼잡한 지하철을 이용하면서 공기로 감염된다는 H1N1 인플루엔자에 바짝 긴장하게 된다. 통상 사람들은 위험의 원인을 알고 있고, 자신의 의지로 조심조심 피해나갈 수 있다면 공포를 느끼는 정도는 덜하게 된다.

그러나 원인이 잘 밝혀지지 않았고, 조심한다고 피해나갈 수 없다면 공포심을 갖게 된다. 이때 등장하는 것이 근거 없는 루머이다. 루머의 허구성과 거짓을 대중에게 설득하고 홍보하는 심리적인 대책이 의학적인 대책보다 더 효과적이라는 생각이 든다.

세계의 이목은 미국이 어떻게 대처하는지에 쏠려 있다. 과연 미국은 여전히 세계의 중심이다. 미국은 플루가 확산되는 정점(peak)이 되는 시점과 백신을 보급하는 시점 간의 시차에 대해 논란을 벌이고 있다.

역학 전문가들은 빠르면 10월에 피크가 올 것이라 예측하는데, 백신 보급은 빨라도 11월 말이니 너무 늦지 않나 우려한다. 하버드대 보건대학원 교수이자 대통령 자문역인 마크 립시치(Marc Lipsitch)는 설령 피크가 좀 더 늦게 오더라도 계절 독감이 유행하는 1, 2월과 겹치게 되면 미묘한 상황에 처하게 될 것이라 예견하고 있다.

그러나 연방정부는 10월 15일까지 5천만 도스의 백신이 정부 창고에 들어오고, 이후 매주 2천만 도스씩 들어와 1억9500만 도스가 확보하게 되니 충분히 대처 가능하다는 입장이다. 그러나 실제 시민들에게 보급되는 시점과 보급되는 계층에 대해서는 전문가들이 회의적인 시각을 갖고 있다.

미국 질병통제센타(CDC)는 현재가 이미 피크 단계로 보고 있고, 백신의 임상실험을 관장하는 국립보건원(NIH)은 백신 보급의 시기에 대해 조심스러운 입장을 견지하고 있다. 아무튼 플루의 피크와 백신의 보급 시점 그리고 치료제 등에 대해 수많은 가정(a lot of ifs)에 의존하고 있는 게 현재의 미국 상황이다.

다만, 공통적인 견해는 이번 신종 플루가 대부분 경미할 것으로 예상하고, 바이러스도 지난 봄 이후로 변종이 거의 발생하지 않아 타미플루(Tamiflu)나 다른 항생제에도 반응을 나타내므로 크게 걱정할 필요는 없다고 한다.

한편 백신 보급이 세계적인 수요에 대처하기에는 앞으로 수년이 더 걸릴 것이라는 게 세계보건기구(WHO)의 고민이다. 치료제로서 타미플루는 WHO가 500만 명 분을 비축하고 있고, 각국 정부와 기업이 비축하고 있어 부족하지 않다고 하지만, 만약 플루의 확산이 빠르게 늘어나 수요가 급속히 증가하게 되면 개발도상국가들이 먼저 타격을 입을 것이다.

우리나라는 대중의 접촉이 빈번한 혼잡한 곳에서 활동하는 시간이 많기 때문에 전염의 속도가 매우 빠를 수 있는 환경에 노출되어 있다. 그러나 외국에 비해 중앙정부가 전국적으로 일사분란하게 통제하는 방역 시스템을 갖추고 있고, 전 국민건강보험으로 누구나 쉽게 치료에 접근할 수 있기 때문에 빠르고 효과적으로 대처할 수 있는 강점을 갖고 있다.

다행이 우리나라는 자체적으로 백신을 대량 생산할 수 있고 보급할 준비도 되어 있다. 더구나 신종 플루에 대해 지나치리만큼 관심을 갖는 정서적인 조바심 그리고 열정적인 언론 보도 때문에 다른 일은 제쳐두고라도 플루 대책에 몰두하게 되어 있다.

1997년의 조류독감, 2003년의 중증급성호흡기증후군(SARS)이 발생했을 때도 마찬가지였다. 과거 두 차례의 위기는 소중한 경험이 되었고 방역 시스템도 잘 갖춰져 있다. 이미 훈련도 되어 있다.

이번 플루의 치사율은 계절독감(seasonal flu) 정도에 불과하다고 한다. 사실 늘 발생하는 독감만으로도 세계적으로 매년 25~50만 명이 사망한다. 신종 플루에 대해 안이하게 대처해서도 안 되지만 지나치게 걱정하는 것도 병이라는 생각이 든다.

[HIRA 정책동향 편집인 칼럼, 2009. 9월]

춘삼월, 아직 쌀쌀하지만
의료정책은 뜨겁게 달아오르고 있다

수요자와 공급자 간 균형점에서 사회적 합의 이루어내야
실거래가상환제 당초 설계대로 실행되도록 하는 것이 더 중요
의료기술 도입과 퇴출 관리가 의료 재정관리의 핵심

이야기 하나

3월 21일 일요일 밤, 미국의 의료개혁법안이 하원을 통과하였다. 역사적인 일요일이었다. 3월 24일에는 상원에서 일부 수정을 요구한 법안이 하원에서 다시 통과되었다. 이로써 의료 개혁의 입법 절차는 모두 완료되었다. 역대 민주당 대통령이 이룬 1935년의 사회보장법(국민연금), 1965년의 메디케어(노인건강보험)와 메디케이드(빈곤층의료보장)에 이어 오바마는 새로운 역사를 쓰는 대통령으로 남게 되었다.

미국 국민 3200만 명이 건강보험에 추가 가입되어 국민의 95%가 건강보험 혜택을 받게 된다. 1600만 명은 메디케이드 확대를 통해서, 나머지는 민간보험을 통해 가입된다. 흥미로운 점은 민간보험 가입

은 주정부가 운영하는 보험거래소(Exchange)에서 상품을 비교하여 선택하도록 하였다. 개혁이 10년에 걸쳐 길고 단계적으로 진행되는 점도 우리에게는 생소해 보인다. 그런데 정치적으로는 단기간에 국민들이 체감할 수 있는 변화가 있어야 한다. 그러한 조치들이 몇 가지 포함되었다. 실직하더라도 보험거래소에서 보험 구입이 가능하도록 했다. 통상 18~19세에 이르면 부모의 보험에서 제외되는데 26세까지 연장되도록 하였다. 보험회사가 기왕에 앓던 질병을 이유로 보험 가입을 거부하거나 높은 보험료를 징수하는 것을 금지하고, 보험사가 급격히 보험료를 인상하는 것도 제한한다.

이번 의료 개혁에서 아쉬운 점은 공화당 의원들이 모두 반대표를 던진 것이다. 양당의 지지(bipartisanship)를 얻고자 노력한 오바마의 소망은 이뤄지지 못했다. 심지어 국론 분열의 양상을 보이고 있다. 11월 중간선거에서 공화당이 압승하면 법률을 폐기하겠다고 공언하고 있다. 물론 가능성은 희박하다. 개혁의 발목을 잡는 법적 대응이 공화당이 강세인 여러 주와 보수단체들에서 봇물을 이루고 있다. 워싱턴의 당파적 대립은 근래에 올수록 극심해지고 있다. 집권 정당이 갈리게 되면 의료 개혁이 잘 추진되어 나갈지 벌써 걱정이 된다.

이야기 둘

우리나라에서는 건강보험 재정에 위기 경보가 다시 울렸다. 2월 17일, 1월 한 달 간 2268억 원의 적자가 발생했단다. 이대로 가면 금년에 2조 원의 적자가 예상된다고 한다. 다시 총액계약제를 도입하자는 주장이 탄력을 받고 있다. 적자는 수입이 적거나 지출이 많기 때문에 발생하지만 적자 발생의 원인과 해법은 복잡하다. 건보 재정을 둘러싼 이해 당사자들의 입장은 각기 다르고, 다른 입장을 조율하는 사회적 합의는 늘 갈등과 분쟁에 휩싸여왔다. 전문가들조차도 각기 다른 해법을 내놓고 있다. 크게 보면 시장의 논리와 공공의 논리가 충돌한다.

우리의 의료시장은 거의 수요자와 공급자의 자유로운 경쟁과 선택에 맡겨져 있다. 의료기관은 창업의 자유가 있고 고객을 확보하기 위해 많은 투자를 한다. 그러니 공급자 입장에서는 수입을 통제하려는 정부의 개입이 납득하기 어렵다. 반면에 가입자 입장에서는 세금과 다름없는 보험료를 무작정 댈 수는 없다. 결국 양자 간의 균형점에서 사회적 합의를 이루어내야 한다. 적절한 비용 통제도 필요하지만 경쟁을 통한 품질의 향상도 중요하다.

보장성이 강화되고 의료의 질이 향상된다면 소비자들은 더 부담해야 한다. 얼마나 더 부담해야 하나? 정보가 없는 소비자를 대신해서 보험 관리자가 의료 서비스의 가치를 평가해주어야 한다. 의료행위, 의약품, 장비, 재료 하나하나에 대해 가격과 품질을 알뜰히 따지고 진료의 성과를 평가해야 한다. 국민들의 보험료로 건강보험공단과 건강보험심사평가원의 직원들에게 월급을 주는 이유가 여기에 있다.

이야기 셋

2월 17일, 의약품 리베이트를 근절하기 위해 시장형 실거래가상환제(소위 '저가구매인센티브제')와 쌍벌제를 10월부터 도입한다고 발표하였다. 새로운 제도 도입으로 의약품 거래의 공정한 질서가 확립되고 약값이 떨어질 것을 기대하고 있다. 사실 실거래가상환제는

10년 전에 도입된 바 있다. 시장에서 실제 거래되는 가격을 신고토록 하고, 그 가격을 보험 가격으로 산정하여 병원에게 상환함으로써 의약품으로부터 이윤을 얻지 못하도록 하였다.

그러나 시간이 흐르면서 제약회사들이 병원에게 리베이트를 제공하고 병원은 실제 구입한 가격보다 높은 가격, 즉 보험약가와 거의 근접한 가격을 신고함으로써 보험약가가 떨어지지 않고 거의 그대로 유지되었다. 시장 가격을 토대로 보험약가를 정하려 했던 기대는 무너지고 오히려 시장이 왜곡되는 양상으로 바뀌었다. 실거래가제도는 유명무실해졌고 제약업체들이 음성적인 리베이트로 판매경쟁을 하도록 만들었다.

이러한 시장 왜곡을 해결하기 위해 시장 원리를 이용하려 한 것이 소위 시장형 실거래가제이다. 보험약가보다 낮은 가격에 구매하면 차액의 70%를 인센티브로 지급하겠다는 것이다. 그러면 인센티브를 받기 위해 보험약가보다 낮게 거래한 시장 가격을 신고할 것이고, 이러한 저가 구매가 반복이 되면 가격이 서서히 떨어질 것이라 기대한 것이다. 이렇게 하더라도 리베이트가 발생할 것을 우려하여 리베이트를 주는 쪽이나 받는 쪽이나 모두 처벌하는 '쌍벌제'라는 안전장치까지 마련하였다.

근래에 보건정책은 갈수록 시장원리를 적용하는 경제정책에 가까워지고 있다. 의약품 리베이트 근절을 위해 공정거래위원회, 국세청, 검찰까지 나서고 있지만 그때 그때마다 지나가는 소나기일 뿐이었다. 새로운 실거래가상환제는 논리적으로는 작동할 것처럼 보이지만 현실에서 얼마나 효과가 나타날지는 두고 봐야 한다. 늘상 정부는 제도를 만들었고 시장은 제도에 적응하면서 제도가 당초 의도

한 효과를 반감시키거나 왜곡하였다. 정부와 시장의 술래잡기는 계속된다. 제도가 아무리 멋지게 설계되더라도 당초의 설계대로 실행되도록 하는 것이 더 중요할 것이다.

이야기 넷

3월 12일, 의료기술의 보험 등재 절차에 대한 정책 포럼이 열렸다. 의료기술을 생산하는 업체, 신기술로 환자를 진료하는 의사, 의료기관 실무자들이 참석하여 성황을 이루었다. 의료 신기술이 건강보험에 등재되기 위해서는 기술이 안전해야 하고, 효과성이 있어야 하고, 보험급여에 등재될 급박성과 경제성이 있어야 한다. 현재 신기술의 안전성과 유효성은 신의료기술평가위원회가 평가한다. 동 위원회를 거치면 건강보험심사평가원에 보험 등재를 신청하게 된다. 보험 등재 여부는 심평원 내의 의료행위전문평가위원회에서 판단한다.

신기술의 평가와 등재 절차는 마련되었지만, 이미 등재된 수많은 기술들에 대한 평가에 관심을 기울여야 할 때이다. 과거에 등재된 기술, 의약품, 재료들이 정말 안전하고 효과적인지 그리고 가격도 적절한지 경제성을 평가해야 한다. 그밖에 보험제도 밖에 방치되어 있으면서 비급여로도 관리되지 않고 의학적 검증 없이 시장에서 자행되는 기술들의 실태를 파악해야 한다. 혹자는 의료기술의 평가는 의료시장에서 자연히 내려지고 부적절한 기술은 저절로 퇴출될 것이라 한다. 그러나 퇴출되기 전까지 환자의 생명과 안전이 위협받는 상황을 방치할 수 없다. 비교적 신약에 대한 평가와 기등재 약에 대한 평가는 활발히 이루어지고 있는 데 반해 장비와 재료에 대한 평가는 아직 취약하다. 갈수록 중요해지는 장비와 재료에 대해서도 바싹 고삐를 조여야 한다.

환자의 진료에 투입되는 의료 서비스는 근거에 기반하여 안전성·유효성·경제성을 평가하고 적절한 가격을 산정해야 한다. 40조 원의 건보 진료비에 비추어보면 평가를 위한 연구 투자는 너무 보잘것 없다. 의료비 증가를 규명하는 외국의 선행 연구들은 의료기술의 발전을 가장 중요한 요인으로 꼽고 있다. 의료기술의 도입과 퇴출을 잘 관리하는 것이 의료 재정관리의 핵심이다.

[HIRA 정책동향 편집인 칼럼, 2010. 3월]

어려워져 가는
의료시장과 정부의 싸움

～～～
의료자원 공급 유지가 건강보험의 재원 조달 압박
의료자원 방만한 공급 방치한 채 재정 안정 위한 제도적 개선 한계
소비자가 모든 비용 부담하면 의료시장 연관 산업이 위축될 것

흔히 현상을 바라볼 때 겉으로 나타난 모습만 바라볼 뿐 그 속의 원인을 간과하는 경우가 많다. 보건의료정책을 바라볼 때도 재정적인 문제에 주로 관심을 둘 뿐 의료 재정에 근원적으로 영향을 미치는 의료자원의 공급에는 소홀한 경향이 있다.

1989년 전 국민 건강보험을 시행하면서 국민들의 의료 수요가 폭발적으로 증가할 것으로 예상되면서 수요를 충족할 수 있는 공급이 충분할지 걱정하였다. 이 때문에 의료기관의 신설이나 병상 증설 등 의료자원의 공급에 대한 규제가 느슨해졌다. 이어 의과대학의 신설도 활발히 이루어졌다.

1990년대 초 세계화 바람을 타고 규제 개혁이 시대적 화두가 되었고, 의료 부문에 대한 규제도 느슨해져 갔다. 의료기관의 설립이나

병상 증설은 자유롭고 의료 장비의 급속한 도입에도 별다른 규제가 없어졌다. 이렇게 늘어난 의료자원의 공급을 유지하기 위해서는 많은 돈이 필요해졌다. 곧 건강보험의 재원 조달을 압박하게 되었다. 의료 인력, 병상, 장비, 의약품, 재료 등 모든 부문에서 시장은 끊임없이 확장되어 왔고, 공급자들은 이익이 될 만한 곳을 찾아 나서게 되었다. 그러다보니 불필요한 거품이 끼게 마련이었다.

건강보험 재정이 급속히 증가하였는데, 그 원인에는 방만하게 풀어놨던 의료 공급이 있었다. 궁극적으로 재정 안정을 위해서는 의료 공급의 질서를 바로잡지 않으면 안 된다. 의료자원의 방만한 공급을 방치한 채 재정 안정을 위한 제도적 개선은 한계적일 수밖에 없다.

그렇다면 의료 부문에 대한 규제를 강화해야 할 것인가. 규제의 비용과 편익을 생각해봐야 한다. 시장에 대한 규제는 비효율을 낳는다는 것이 일반론이다. 규제로부터 얻는 편익이 규제로부터 발생하는 비용에 못 미친다는 것이다.

그런데 국민건강보험제도는 이미 강한 공적 규제를 받고 있다. 모든 국민은 누구나 건강보험에 가입되어야 하고, 모든 의료기관은 건강보험제도의 규제를 받아야 한다. 소비자들이 직접 의료 제공자에게 비용을 치루고 서비스를 사는 것이 아니라 건강보험공단이라는 제3자(보험자)를 통해서 거래해야 한다.

공급자들은 건강보험심사평가원(심평원)이란 곳에 비용을 청구하고, 심평원이 청구의 적절성을 심사한 뒤에 공단이 공급자에게 지불 보상을 하게 된다. 공급자들은 심평원과 건보공단의 눈치를 봐야 한다.

만약 건강보험이라는 중개자가 사라지고 소비자와 공급자가 직접 거래한다면 현재의 공급시장에 큰 변화가 올 수밖에 없다. 소비자가 모든 비용을 부담하게 되면 의료 이용을 자제하게 될 것이다. 의료시장의 규모는 위축될 것이고, 경쟁력 없는 의료기관들은 문을 닫아야 할지 모른다.

이에 따라 의료기관에 장비, 의약품, 재료 등을 공급하는 연관 산업이 위축될 것이다. 건강보험을 시작할 때는 의료 공급시장이 보험을 떠받쳤으나 이젠 보험이 시장을 떠받치고 있다.

이미 커져버린 시장은 시장 스스로의 논리에 의해 더 큰 시장을 향해 질주하는 본능을 발휘한다. 정부는 커져만 가는 보험 재정을 통제하기 위해 칼을 빼들었다. 그러나 그 칼이 시장을 죽이고 의료산업을 망하게 할 것이라는 엄포를 늘 들어왔다. 또 그 칼의 합법성에 대한 도전은 격렬하다. 칼을 막기 위해 정치의 힘을 빌리고 법을 끌어댄다.

근래에 모든 의료 현안들이 정치적인 갈등에 휩싸이거나 법에 의해 처리되려는 경향이 두드러지고 있다. 법적 소송에서 정부의 패소가 거듭될수록 의료단체들의 법무법인을 통한 대리전쟁은 더욱 가속화될 것이다. 의료시장이 커지면서 의료법률시장이라는 '혹'까지 커져간다. 시장과 싸워서 정부가 원하는 정책 목표를 얻기가 갈수록 어려워지고 있다. [HIRA 정책동향 편집인 칼럼, 2011. 11월]

집권 마지막 해
선제적인 의료정책 추진하다

❦❦❦❦

잘못 인정하는 정직함, 상대 마음 움직이는 소통과 지혜 필요
약가 인하, 가정상비약 편의점 판매 법안, 포괄수가제 전면 확대 등
시장질서 예의 주시해 선택과 집중 통한 지혜로운 방식을 선택해야

집권 정부의 마지막 해 5월, 지나온 날들의 성과를 정리하고 새 정부의 청사진을 그려보는 일로 시간을 보낼 법한 데 의료정책은 확연히 다른 길을 걷고 있다. 집권 초기인 것처럼 선제적으로 의료계를 리드해 나가고 있다.

정부와 의료계 간의 전선은 어느 때보다 팽팽한 긴장감이 감돈다. 마치 사자 무리가 물소 떼와 대치하고 있는 형국이다. 그동안 서서히 잠식되어 왔던 정부의 힘을 다시 회복하려는 듯하다. 그러나 힘의 균형을 되찾는 데는 용기와 불굴의 투지만으로는 부족하다. 잘못된 것을 잘못됐다 할 수 있는 정직함, 상대의 마음을 움직이는 소통 그리고 지혜가 필요하다.

금년 4월 의약 분업 이래로 가장 큰 폭의 약가 인하가 단행되었다.

제약업계가 법적 쟁송의 일전을 불사하면서 시간만 끌지 않을까 회의적이었지만 약가를 일괄 인하하는 데 성공했다. 잇따라 약가제도의 근원적인 개편을 추진하는 등 고삐를 늦추지 않고 있다.

오랜 시간을 끌어왔던 가정상비약의 편의점 판매 법안은 국회 상임위원회에서 반대가 찬성보다 많아 통과하기 어려워 보였다. 그러나 끝내 합의를 이끌어내어 법안을 통과시켰다. 이와 같이 어렵게 보였던 숙제들이 하나하나 매듭지어 나가고 있다. 저항에 부닥쳐도 계속 밀어붙인 뚝심과 열정의 결과다.

영상장비 수가 인하에 대한 소송에서도 절차적 하자 때문에 정부는 두 차례 패소하였지만, 절차적 하자를 개선하여 다시 수가 인하를 추진하고 있다. 7월쯤에 수가 인하에 성공하리라는 전망이 우세하다.

만성질환관리제 역시 명칭을 여러 차례 바꾸어가며 협의를 진행시켰고, 의료계의 거센 반대에 부닥치고 있지만 정부는 쉽게 물러나지 않고 있다. 내과와 가정의학과 등 의료계 일각에서는 만성질환관리제에 찬성함에 따라 의료계 내부가 일치된 단결력을 보이지 않고 있다.

한편 1997년부터 추진되었던 해묵은 숙제인 포괄수가제를 전면 확대하기 위해 정부가 팔을 걷어붙였다. 7개 질병군에 대한 포괄수가제는 7월부터 모든 병의원으로 전면 확대하는 일정은 이미 예정되어 있다. 이어 신포괄수가제의 지방 의료원 적용에 이어 민간 병원으로 확대하는 로드맵도 공개하였다. 병원계에서 어떻게 대응할지 귀추가 주목된다. 의료시장에서 그 덩치를 계속 키우고 있는 의료 장비와 치료 재료의 관리를 현안 테이블에 올려다 놓았다. 의약품 관리와 마찬가지로 관련 업계와 또 한 번의 큰 싸움이 예고되고 있다.

정부와 의료계 간의 싸움 전선은 계속 확장되고 있다. 그동안 잠복하고 있던 해묵은 숙제들이 대기하고 있다. 언제 어디서 어떻게 이슈화되고 정책의 대상이 될지 알 수 없다.

모든 정책 이슈들을 한꺼번에 다루기는 힘들다. 정부가 끊임없이 공세를 취하기에도 힘에 부칠 것이다. 지혜로운 방식을 선택할 수밖에 없다. 선택과 집중을 해야 할까. 전쟁은 오래 지속되지 못한다. 평화는 힘의 균형 속에서 온다. 힘의 균형이 새지 않도록 늘 준비하고 긴장해야 한다. 해이해질 때 늘 문제가 곪게 되고 언젠가는 터진다.

정부는 시장의 질서를 예의 주시해야 한다. 정부와 의료계가 합의한 법과 제도는 지켜져야 한다. 이것을 지키지 못하면 신뢰가 무너지고 평화는 깨어진다. [HIRA 정책동향 편집인 칼럼, 2012. 5월]

7장

건강보험을 어찌할꼬

건강보험 통합
10년을 되돌아 본다

ⰥⰥⰥ

건강보험조합 간 격차 해결 위해 통합, 보험료 형평 획기적으로 개선
조합별 책임관리 비해 도덕적 해이, 소득단일기준 보험료 부과 숙제
공단이 구매 독점자로서의 협상력 발휘할 제도적 장치 결여

2000년 7월, 건강보험은 통합되었다. 1977년 의료보험이 도입된
후 근로자는 자신이 소속된 직장조합에 가입하였고, 농어민, 지역
주민과 자영자는 자신이 살고 있는 지역의 조합에 가입하였다. 조합
방식으로 운영되었다. 각 조합은 스스로 재정을 운영해야 했다. 그
러다보니 농어촌조합은 만성적인 적자에 시달렸고, 대기업조합은
흑자로 운영되었다. 조합 간의 격차를 조정하기 위해 공동기금을 조
성하여 적자 조합을 지원하는 제도를 운영하였다.

이러한 재정조정사업은 정부의 운영 능력 부족으로 성공하지 못
했다. 조합 간의 격차를 해결하는 가장 확실한 방법은 전국에 단 하
나의 조합을 만드는 것이었다. 통합 방식이다. 통합 방식은 독점의
폐해가 나타나리라 비판받았다. 조합과 통합, 어떤 방식을 지지하느

냐에 따라 조합주의자와 통합주의자로 분열되는 이념 논쟁으로 비화되었다. 급기야는 보수와 진보의 프레임으로 굳어졌다. 초기에 약간의 생각 차이가 시간이 가면서 큰 생각의 차이로 벌어졌다. 사소한 말다툼이 시간이 가면서 서로 쳐다보지도 못할 정도의 큰 다툼으로 변질되는 것처럼.

1997년 말 대선 정국에서 여·야당 정치인들은 통합의 편에 섰다. 국민들에게는 통합의 논리가 더 귀에 솔깃했기 때문이다. 통합 법안도 통과되었다. 마침 진보 성향의 김대중 정부가 1998년에 출범하였고 통합은 확실한 탄력을 받게 되었다. 통합을 주창한 학자들과 시민사회단체들이 김대중 정부를 지지했었고 집권 세력으로 활동했었기 때문이다. 20년 간 운영되어 오던 조합들은 해산되고 통합 공단으로 넘어갔다.

이제 통합이 된 지 10년이 흘렀고, 보수 정부인 이명박 정부가 2008년에 집권한 지 2년이 넘게 흘렀다. 보수 진영은 조합 방식으로 되돌려 놓기를 희망했겠지만 현실적으로는 어려웠다. 이미 엎질러진 물이었고 세월이 흘러 다시 주워담기도 어려웠다. 통합 방식을 개혁할 열정이나 동력도 부족해 보였다.

그렇다면 통합에 대한 평가는 하고 넘어가야 할 것이다. 통합의 평가는 통합이 당초 지향한 목적에 비추어 평가해야 한다. 통합의 일차적 목적은 '형평'에 있었다. 형평의 문제는 조합의 재정 형편에 따라 달랐던 보험료가 형평해졌느냐 혹은 의료 서비스 접근이 형평해졌느냐를 따지는 것이다. 보험료의 형평이 획기적으로 개선된 것은 이론(異論)의 여지가 없었다. 누구나 부담 능력이 같으면 보험료는 동일하게 부담하게 되었기 때문이다. 문제는 근로자와 자영자 간의 형평을 맞추는 데는 실패했다. 근로자의 봉급은 투명한데 자영자의 소득은 파악할 수 없었기 때문이다. 통합의 조건으로 내걸었던 소득단일기준 보험료 부과는 계속 숙제로 남았다. 의료 접근의 형평은 통합 전 4조 원에 달했던 조합들의 적립금을 활용하여 의료 서비스의 보장성을 강화하는 것이었다. 그러나 1998년에 막상 통합이 추진되기 시작하자 조합들이 갖고 있던 적립금은 슬금슬금 줄어들기 시작했고, 2000년 7월 직장조합을 통합할 즈음에는 적립금이 거의 남아있지 않을 정도였다. 4조 원의 적립금을 사용하여 의료 접근성을 향상한다는 계획은 정치적 구호에 그쳤다.

통합의 두 번째 목적은 조합들을 통합하여 하나의 조합으로 관리하면 규모의 경제로 인해 관리비용이 절감된다는 것이었다. 그리고 직장과 지역의 경계를 넘어 전국 어디에서나 자격을 관리할 수 있다는 것이었다. 효율적이라는 것이다. 확실히 관리 인력은 줄어들었다. 때마침 1999년 전 국민연금제도를 도입하면서 연금공단으로 인력을 전출시킬 수 있었던 것이 행운이었다. 그렇지 않았다면 노조의 반발 때문에 많은 인력을 안고 가야할 운명이었을지 모른다. 전국적 자격관리시스템은 분명 효율적이었다. 반면에 관리의 책임은 전국적으로 분산되어 조합별 책임관리 방식에 비해 도덕적 해이는 커졌다. 과거의 조합은 자체적으로 수입과 지출을 맞추려는 노력을 했다. 그러나 건강보험공단의 지사는 재정을 책임 있게 관리할 동기가 사라졌다. 체납자의 관리도 해이해져 체납자 수는 증가하였다.

통합의 세 번째 목적은 통합 보험이 구매 독점자로서 공급자에 대한 협상력 우위를 이용하여 보험 재정을 건전하게 운영할 수 있다는 것이었다. 공단이 구매 독점자로서 의료 서비스를 싸게 구입할 수 있는 이점을 기대했지만, 구매 독점자로서의 협상력을 발휘할만한 제도적 장치는 결여되었다. 물론 건보공단에게 모든 보험 재정의 책임을 맡기는 것은 현실적으로도 가능하지 않았다. 또 한 가지 안타까운 일은 1977년 이후 각 조합들이 보유하고 있던 국민들의 소중한 진료 정보가 다 사라진 점이다. 조합들이 갖고 있던 전산기록들은 다 어디로 사라져버렸을까? 건강보험 33년의 역사가 부끄럽다.

어떤 면에서는 통합 방식이나 조합 방식이나 큰 차이가 없다. 조합이 단지 지사로 전환되었을 뿐이고, 정부가 여전히 실질적인 관리 책임과 보험자 역할을 하고 있다. 조합 방식이나 통합 방식이나 모두 진료비 심사는 통합되어 있었다. 보험료를 거두고 자격을 관리하는 방식이 조합별로 하느냐, 통합해서 하느냐의 차이일 뿐이었다. 사실 조합 방식 하에서 조합별 자치를 했다 하나, 실질적으로 정부가 모든 조합을 관리한 것이나 다름없다. 조합 방식을 유지했더라도 조합 간 격차는 재정조정사업을 통하여 완화해 나갈 수밖에 없었을 것이다.

그리고 조합별로 분리된 전산관리는 조합 전산망의 연결로 전국적인 관리는 기술적으로 가능했을 것이다. 통합 이후에 건강보험정책심의위원회(건정심)와 같은 중앙 의결기구가 설립되었다. 이 기구는 가입자–공급자–정부의 3자 협의체를 통한 의사결정 시스템이다. 그러나 조합 방식 하에서도 정부에 의료보험심의위원회가 있었다. 동 위원회는 앞서 건정심과 유사한 형태로 변모되었을 것이다. 결국 20년 간 지루하게 전개된 소모적인 이념적 갈등에 비하면 실질적인 운영의 측면에서는 별 차이가 없을 수 있다. 이게 나만의 착각인가. [데일리팜, 2010년 7월]

건강보험 재정의
안정화 방안

ᐱᐱᐱ

건보 재정 급증 원인은 수요자·공급자·제도의 세 가지 요인 탓
현 시스템 의료 접근성, 자유로운 의료시장, 의료기술 첨단화 등 장점
건강보험 재정 안정화 위해 재정 줄이고, 재원 지혜롭게 조달해야

건강보험 재정 위기의 근원

최근 건강보험 재정의 위기를 우려하고 있다. 금년 말에 2조 원의 적자가 발생하고 기금이 다 소진된다고 한다. 그러나 건보 재정의 위기는 새삼스러운 일은 아니다. 의약 분업 시행으로 촉발된 2001년 의 유례없는 재정 위기는 엄청난 보험료 인상과 국고 투입으로 막았 다. 보장성 강화로 재정이 확장할 때마다 보험료 인상으로 해결했 다. 재정난이 발생할 때마다 지출을 억제하기 위한 다양한 정책 수 단들이 동원되었으나 크게 효과를 거두지 못해 정부의 고민이 크다.

지난 30년을 거슬러보면 건보 재정의 증가율은 국민소득의 증가 율을 늘 앞질러 갔다. 그러다보니 보험료와 국고 지원은 계속 증가 할 수밖에 없어 국민 부담은 늘어만 갔다. 건보 재정의 증가는 국민

의료비의 증가를 견인하였고, 국민 의료비는 GDP 대비로 1990년 4.3%였던 것이 2007년에 6.3%로 상승하였다. 금년에는 7%를 넘어설 것이다. 이 추세대로라면 2015년쯤에 OECD 국가의 평균치인 9%에 도달할 것이다. 여전히 의료 욕구에 목마른 소비자와 아직까지 낮은 고령화 수준에 비추어보면 9%에서 멈추지 않을 것이다. 어디까지 갈 것인지 가늠하기 어렵다. 미국을 보면 1960년에 5.2%였던 것이 10년 만인 1970년에 7.2%로 뛰어올랐고, 20년 뒤인 1990년에 12.3%, 다시 20년 뒤인 2009년에 17.6%로 뛰었다. 이대로 가면 우리는 미국이 갔던 길을 따라갈 것이다.

건보 재정이 이다지 급증하는 원인은 어디에 있을까? 흔히들 노인의료비 증가와 약제비 증가를 탓하고, 행위수가제에 원인을 돌리기도 한다. 눈에 보이는 현상이니 틀리지 않을 것이다.

원인을 수요자^공급자^제도 세 가지로 접근해 볼 수 있다.

먼저 수요자 요인을 보면, 보험료를 의료 서비스에 대한 '이용료'로 여기는 사람들이 늘어가고 있다. 의사 보기를 겁내거나 병원 문턱을 넘기 어려워하던 예전의 생각은 점차 사라지고 있다. 눈에 띄는 곳마다 널린 병원을 습관적으로 찾는다. 조금만 아프거나 불편해도 병원을 이용하려 한다. 참지 못하는 국민성이 의료비 증가에 일조한다. 외래방문일수는 세계 최고 수준이다. 내 가족만은 최고의 의료 기술에 최고의 의사에게 진료를 받아야 직성이 풀리고, 생명 연장을 위해서 돈을 아끼지 않는 가족애 앞에서 의료비는 천정부지로 뛰게 된다. 소위 빅 5 병원에 환자들이 쏠리자, 뒤따르는 병원들은 빅 5 병원의 경영 행태를 답습한다.

공급자 요인을 보면, 의료 공급에 정부가 거의 개입하지 않으니 쏟아지는 의사들은 개원을 하고, 병상을 늘리고, 고가 장비를 도입하는 데 경쟁적이다. 늘어가는 공급은 이윤을 추구할 수밖에 없다. 원가를 절감하기보다는 매출을 늘리려 한다. 병원들은 경쟁 속에서 성장한 역사를 갖고 있다. 비영리법인이지만 운영 행태는 기업화되어 있다. 신기술과 쾌적한 환경, 우수한 의료진으로 경쟁하려 하니 비용은 증가하게 되어 있다. 이 가운데 약대 정원을 늘렸고 의대 정원도 들썩거리고 있다. 통상 시장은 소비자가 갑의 위치에 있고 생산자는 을이 된다. 그러나 의료시장은 의사가 갑이고 환자는 을이다. 의사가 비용 창출을 주도하게 된다. 그러니 유럽 선진국에서는 공급에 대해 규제를 하는 동시에 진료비 총액에 상한을 두는 예산제를 운영한다.

제도적 요인을 보면, 일단 행위별수가제는 누이 좋고 매부 좋은 시스템이다. 환자는 가능한 많은 서비스를 받고 싶어 하고, 의사 역시 많은 서비스를 제공할수록 이익이 되기 때문이다. 의료 이용에 제한 없고, 의료 공급에 제한 없는 상황에서 행위수가제는 의료비를 무한히 늘릴 수 있는 기전을 제공하는 셈이다. 행위, 약제, 재료 등 진료에 투입되는 항목들의 가격만 통제하지 수량을 통제할 기전은 약하다. 신기술의 도입에 관대한 것도 비용 증가에 일조한다. 식약청의 허가만 받으면 시장에 바로 들여놓게 되고, 비급여로 대기하고 있다가 보험급여로 등재된다.

이 때문에 최근에는 신의료기술평가위원회에서 기술의 안전성과 효과성이 검증되어야 신기술로 인정되는 제도를 도입하였다. 그러나 의약품, 의료기기, 재료 등의 안전성을 검사하는 식약청이나 새로운 의료 행위의 안정성과 효과성을 검증하는 신기술평가위원회는 보험 재정이나 의료비 증가에는 별 관심이 없다. 식약청은 오히려 보건산업을 육성하는 방향으로 심의 절차를 간편화하는 데 노력하고 있다.

심평원이 신기술의 보험 등재 여부를 심사하는 실질적인 최후의 보루가 된다. 행위·약제·재료 3개 전문위원회를 통해 심사하지만, 의료시장에서 이미 확산되고 보편화된 신기술의 등재를 거부하기는 어렵다. 신기술은 중증질환과 관련된 서비스가 대부분이다. 중증질환에 대한 보장성을 강화하면서 건보 재정은 당초 기대 이상으로 빠르게 증가하고 있다. 특히 중질환의 환자 부담이 줄어들면서 중질환 입원 수요는 크게 신장하였고 대형 병원으로의 쏠림은 가속화되었다.

건강보험 재정을 안정화 하려면?

건보 재정은 공금(public money)이다. 공금은 곧 나라 살림이고, 나라 살림은 예측 가능해야 한다. 해법은 간단해 보인다. 부담할 능력을 넘어서는 재정은 줄이고 재원을 잘 조달하면 된다. 그러나 속을 들여다보면 간단치 않다.

첫 번째는 행위수가제의 장점을 살리면서 총액을 통제하는 기전을 만들어야 한다. 재정 안정을 한답시고 진료비 예산 총액을 통제한다면 환자 진료에 소홀해질 수 있다. 행위수가제 하에서는 환자 진료에 필요한 서비스들이 투입되어야 지불 보상이 이루어지는 장점이 있다. 좋은 음식이란 재료가 풍성하고 좋아야 하듯이. 따라서 행위수가제를 유지하면서 진료비의 총액을 적절히 통제할 수 있다면 바람직할 것이다. 더불어 진료의 결과(의료의 질)를 평가하여 지불 보상에 인센티브를 부여하는 방안을 보완적으로 사용해 볼 수 있다. 그러나 총액 통제의 기전은 간단치 않다. 총액통제기전에 합의하는 정치적 과정이 더 험난할지도 모른다. 재정 파탄이 난 뒤에 총액을 통제하는 기전을 급하게 만들게 되면 예상치 못한 부작용을 겪을 것이다.

두 번째는 의료기관에서 제공하는 대부분의 서비스는 보험제도 안에서 운영되는 게 좋겠다. 보험제도 밖에 있는 광범위한 비보험을 인정하는 것은 보험의 원리에 맞지 않다. 그동안의 경험에 의하면 정부가 보험급여의 범위를 넓혀갈수록 비보험 영역도 늘어나 보장성은 개선되지 않았다. 그리고 늘어난 비보험이 보험제도로 들어와 보험 재정이 증가하게 되는 악순환에 빠지게 되었다. 따라서 비보험을 포함한 모든 서비스를 보험제도 안에서 운영하되, 서비스에 따라 환자의 부담률을 적절히 조정해 나가는 방안을 검토해야 한다. 환자에게 필수적이고 긴박한 서비스는 환자 부담을 낮게, 필수적이지 않거나 도덕적 해이가 우려되는 서비스는 환자 부담을 높게 한다. 40조 원에 달하는 진료비를 쓰면서 의료 서비스의 보험급여 여부와 필수성을 평가하는 연구에는 매우 인색하다.

세 번째는 의료기술의 도입에 대해 적절한 규제가 필요하다. 의료기술의 시장 진입 단계에서부터 규제가 필요할지 모른다. 의료시장의 문을 쉽게 열어놓으면 검증되지 않은 기술들이 시장에서 보편화되면 보험 등재 단계에서 규제하기가 쉽지 않다. 더구나 안전성이 입증되지 않은 기술이 시장에 범람하는 것은 보험 재정과는 무관하게 규제해야 한다. 대부분의 연구들은 의료비 증가의 원인으로 고령화보다는 사망 직전에 의료비용(cost of dying)이 급증하는 현상에 주목하고 있다. 사망 전 과다한 의료비는 효과 없는 고가의 의료기술을 사용하는 경향에서 비롯되기도 한다.

네 번째는 의료 공급에 대한 적절한 개입이 필요할 것이다. 보험 재정의 상당 부분은 가격보다는 공급량의 증가에서 비롯된다. 유럽 선진국의 경험에 따르면 공급에 대한 적절한 규제 없이 총액예산제 운영은 어렵다는 것을 보여주었다. 만약 의료 인력과 병상, 장비 모두를 시장에 맡겨버리면 공급자는 환자에게 가능한 많이 투입하여 진료하고 싶어 할 것이고, 소비자는 많고 다양한 진료를 받게 되니 좋아할 것이다. 그러나 곧 부담할 수 없는 상황에 부닥치게 될 것이다. 자유로운 시장에서 공급자 간의 경쟁으로 양극화는 심화되고 문을 닫는 병원이 속출할 것이다. 공급자는 목표 수입을 채우기 위해 의료 서비스를 늘려나갈 때 환자는 거부하기 어렵다. 부당한 진료 제공을 억제하는 것은 보험자의 역할이다. 보험자가 정보를 갖고 있기 때문이다.

다섯 번째는 환자의 진료 정보가 집적되어, 근거에 기반하여 환자 진료의 경제성을 높여야 한다. 의원이 문지기(gate-keeper)의 역할을 훌륭하게 해내려면 환자에 대한 정보 접근이 가능해야 한다. 여러 의료기관을 다니면서 축적된 정보를 바탕으로 진단하고 처방을 해야 효과적이고 비용도 절감될 것이다. 병원에서는 중복되는 검사와 처방을 줄일 수 있을 것이다. 최근에 DUR(drug utilization review; 환자에 대한 약의 누적된 처방 정보를 의사와 약사에게 실시간으로 제공하는 서비스) 서비스를 전국적으로 확대하려는 것도 같은 맥락이다. 환자 중심의 정보를 집적하기 위해서는 공단과 심평원을 비롯한 공공 조직들 간의 정보가 공유되어야 한다.

여섯 번째, 지출 억제에 못지않게 재원 조달이 중요하다. 재원 조달 방식은 30년이 지나도록 기본적인 틀은 그대로다. 직장인은 임금에 보험료를 부과하지만, 지역가입자에 대해 소득, 부동산, 자동차, 가구원 수에 보험료를 부과하고, 부족분은 국고로 보충하는 방식이다. 현재의 부과 방식은 곧 한계에 부닥칠 것이다. 재원 조달 방식의 틀을 바꿀 때다. 연금을 포함한 모든 소득에 보험료를 부과해야 한다. 금융소득이나 부동산소득 등 비정기적인 소득, 건강 위해 소비 품인 담배, 주류, 화석 연료에 대해서도 보험료 혹은 건강세를 부과하여 재원을 넓혀나가야 할 것이다. 보장성 확대를 위해서는 재원을 늘려나가야 하는데, 재원의 조달은 부담의 공평성이 전제되어야 한다. 공평하지 않으면 과세에 저항하게 되고 제도조차도 부정하게 된다. 소득 파악에 자신이 없어지고 부과체계 개편도 어렵게 되면 건강보험세 방식으로 떼밀려 갈 수 있다.

지금까지 보험 재정 안정화를 위한 몇 가지 제언을 했다. 그러나 보험 재정 안정만을 목적으로 할 때 간과하기 쉬운 것이 있다. 현재의 시스템 장점을 보지 못하는 것이다. 현 시스템은 비용증가형이지만 우리의 의료 환경에 잘 적응해오면서 뛰어난 의료 접근성, 자유로운 의료시장, 의료기술의 첨단화 등 많은 장점을 갖고 있다. 현상을 바라볼 때는 장점보다 단점을 더 많이 본다. 그러나 지속 가능할 것 같지 않은 비용을 부담하더라도 현 시스템을 지켜갈 만한 가치가 있는지 고민해야 한다. 아니라면 지금부터 배의 방향을 돌리는 개혁을 시작해야 한다. 배가 가라앉기 전에 말이다.

[일간보사, 2010. 3. 9]

민영의료보험의
활성화

◈◈◈◈◈

비급여 본인부담 법정본인부담으로 전환 후 민간보험 역할 정립 필요
보건 당국, 의료계 및 소비자단체, 보건정책 전문가 참여 바람직
국민 공보험 틀 바탕으로 의료 소외 계층 의료 안전망 구축해야

민간의료보험은 보험료 수입 규모로 볼 때 2001년 4조 원에서 2005년 8조5천억 원으로 2배 이상 성장했다. 각종 광고를 통해 지금도 꾸준히 성장하고 있다. 중증의 질환과 장애의 위험에 국민건강보험이 제대로 대처하지 못하기 때문에 민간보험이 성장한다. 문제는 민간보험이 다소 왜곡된 모습으로 성장하고 있는 것이다. 왜곡된 성장은 오래가지 못한다. 소비자의 신뢰를 잃어버릴 것이고 공보험을 보충하는 건전한 기능을 상실할 우려도 있다.

왜 왜곡된다고 보는가? 소비자는 보험 상품을 비교하여 선택하기 어려울 정도로 혼란스럽다. 상품의 광고는 소비자를 현혹하는 제한된 정보만 제공하고 있다. 소비자가 잘못된 정보를 믿고 상품에 가입했다가 종종 낭패를 당하는 있다.

보험회사는 극히 제한된 정보 속에서 보험료를 산정할 수밖에 없다. 소비자는 가입한 상품의 보험료 수준이 적당한지 알 수 없다. 보험회사는 진료 정보의 부족으로 리스크를 예측하지 못해 손실을 떠안는 경우가 발생한다. 소비자는 자신의 질병 위험을 감추어 고위험 환자가 보험에 가입하려는 '역선택(adverse selection)'이 발생하고, 보험자는 가입자의 위험을 선별하여 건강한 자만을 받아들이려는 자기선택(self-selection)의 문제를 구조적으로 가지고 있다.

실손보험의 경우에는 의료 공급자가 임의로 청구하는 치료비용을 보험회사가 부담할 수밖에 없다. 정액보험의 경우에는 실제 발생한 손실이 보험금보다 적은 과소 보험이 되거나 보험금보다 많은 과다 보험의 문제가 발생한다.

통상 실손형은 손해보험사, 정액형은 생명보험사로 양분되던 시장 구도가 2005년부터 생보사도 실손형을 판매할 수 있도록 허용되었다. 그러나 2005년 기준으로 정액형 상품이 85%를 차지하였다. 앞으로 소비자들의 보험에 대한 인식(불입 보험료의 원금 전액 혹은 일부분이라도 보장받고 싶어함)에 변화가 생기고 보험사들의 실손 리스크의 관리 시스템이 구축되어야 실손형 상품이 꾸준히 성장할 것이다. 현재로서는 손보사의 상품도 대부분 장기 상해보험의 의료 특약으로 판매하는 실정이다.

민간의료보험의 바람직한 역할을 설정하기 위해 2006년 10월 24일, 의료산업선진화위원회에서 마련한 추진 방안은 다음과 같다.

민간보험의 보장 범위는 비급여 중심으로 하되 건보 법정 본인부담금은 제외한다. 고급 의료 서비스의 시장 진입을 활성화하기 위해 신의료기술평가 체계를 구축한다. 표준약관심의위원회를 운영하며 약관 제·개정은 금감위원장과 복지부장관이 협의하여 마련한다. 실손형 상품의 표준화를 추진하며, 보험 상품의 비교 공시를 강화한다. 보험 상품의 허위·과장 광고에 대해 금지하며 제재를 법규화 한다. 공사보험 간 정보 공유를 강화한다. 보험사와 의료기관 간에 비급여의 가격 계약을 체결한다. 진료비 심사를 심사평가원에 위탁한다.

이러한 방안을 추진하고 점검하기 위하여 관계 부처 실무협의체를 구성하여 운영하기로 하였으나 추진 상황은 답보 상태에 있다. 특히 법정 본인부담을 민간보험의 보장 대상에서 제외하는 방안에 대해 보험업계는 다른 의견을 제시하였다. 법정 본인부담금을 포함하되 도덕적 해이로 인한 의료 이용량을 억제하기 위해 본인 일부부담(co-payment나 deductible)과 같은 장치를 마련하고, 3~4년 단위의 평가 기간을 설정하여 국민건강보험 재정에 미치는 영향을 분석한 후에 추가적인 조치를 취할 것을 건의하였다.

민간보험이 해야 할 바람직한 역할에 대해 생각해 보자. 가장 큰 쟁점은 민간보험의 보장 범위를 법정 본인부담을 제외한 비급여에 한정할 것인지에 있다. 의료산업선진화위원회는 법정 본인부담이 의료 이용의 도덕적 해이를 통제하는 마지막 보루이며, 법정 본인부담까지 민간보험이 보장하게 되면 도덕적 해이는 심화될 것이고 의료비는 급증할 것이라고 우려하였다.

그런데 생각해봐야 할 점은 보충적인 사보험이 의료비를 증가시킬 유인을 제공하는 것과 마찬가지로 공보험의 보장성 확대 역시 의료 이용을 증가시키는 현상을 우리는 경험한다. 그렇다면 사보험과 공보험 중 어느 쪽이 더 강한 의료비 증가 유인을 가질 것인가?

이에 대한 답은 의료 서비스의 공급과 수요를 통제하고 의료자원을 낭비 없이 효율적으로 사용할 수 있는 장치를 어느 쪽이 더 잘 운용하느냐에 달려 있다. 공보험에서 법정 본인부담을 높게 유지할 수밖에 없는 현 상황에서 법정 본인부담에 대한 사보험의 보장을 완전히 제한하는 것은 다소 현실적이지 않다.

다시 말하면 현재의 법정 본인부담을 도덕적 해이를 제어하는 최소한의 장치라고 보기는 어렵다. 대안은 비급여 본인부담을 법정 본인부담으로 전환하고 난 후에 높은 법정 본인부담에 대해 민간보험의 적절한 보충적인 역할을 정립하는 것이다.

두 번째로 소비자 보호를 위해서는 상품의 약관 제·개정이나 상품의 표준화 작업에 보건 당국, 의료계 및 소비자단체, 보건정책의 전문가 등이 참여하는 것이 바람직하다. 특히 보험 상품의 비교 공시는 소비자의 이익을 대표하는 기관이나 단체에 맡겨두는 게 좋겠다.

세 번째로 민간의료보험의 진료비 심사는 심사평가원에 위탁하는 것이 비용을 절감하는 방안이지만, 심사의 기준이 다를 경우에는 민간보험협회에서 자체 심사원을 운영하는 방안도 검토해 볼 수 있다. 민간보험과 의료기관, 가입자 3자 간 계약에 의해 공보험이 보장하지 않는 서비스 영역에서 발생하는 비용을 심사하고, 계약을 통하여 인두 당 혹은 총액으로 진료비용을 협의할 수 있다. 다만 공보험의 영역에 속하는 의료 서비스로서 산재보험과 자동차보험에서 발생하는 의료비용은 심사평가원의 심사를 받는 것이 타당할 것이다.

기본적으로 민간의료보험의 발전은 공보험의 역할을 정립하는 것과 함께 이루어져야 한다. 가격이 비탄력적이고 서민중산층의 의료 접근성을 제한하는 중증질환에 대해서는 공보험의 역할이 필수적이다. 공보험의 보장 영역이 확고해야 민간보험의 역할이 보다 분명해진다.

민간보험의 역할에 대한 대안으로 비보험 영역(신기술이나 비의료적 서비스 등) 이외에 경질환(minor risk) 영역에서 소비자의 공보험과 사보험 간 선택을 허용하는 방안을 제안한다. 소비자에게 공사보험 간 경쟁을 허용하면 보장의 범위와 지불보상 방식, 관리 방식이 다양한 형태의 계약제로 운영될 것이다. 고객 확보를 위하여 건강보험공단과 민간보험사 간에 좋은 의료기관을 계약기관으로 확보하기 위해 경쟁하게 될 것이다. 의료기관들 간에도 서비스와 비용의 경쟁이 일어날 것이다. 이에 따라 의료 서비스의 수준이 향상되고 의료비 절감을 기대할 수 있다. 그동안 독점적 지위를 누렸던 건강보험공단은 경쟁력을 갖추기 위해 변모해야 할 것이다.

새로운 시스템이 성공하기 위해서는 공사보험 간 혹은 사보험 간에 공정한 경쟁이 이루어지기 위한 조건들이 마련되어야 한다. 민간보험은 국민 건강의 위험을 담보하는 공익적인 역할을 수행하게 되므로 상당한 정도의 사회적 책임과 규제를 받아야 할 것이다. 궁극적으로 공사보험의 보장성이 90%를 확보할 수 있는 성공적인 공사혼합모형이 되기를 기대한다.

우리나라가 전 국민 공보험의 틀을 바탕으로 민간보험의 보완적인 역할을 잘 활용하고, 의료 소외의 위험이 큰 계층에 대해 의료 안전망을 잘 구축한다면 세계의 모범적인 건강보험으로 발전할 수 있을 것이다.

[2008. 4. 3. 일간보사 창간 18주년 기념 '의료산업 선진화 전략과 과제' 특집 기고]

건강보험심사평가원을 아십니까?
─국정감사가 끝나고

✽✽✽✽

국감 결과 예산 반영되어야 생산적, 현실은 국감 따로 예산 따로
심평원, 의료행위 심사, 의약품, 재료의 가격과 품질관리
관리 시스템 재평가, 인력과 예산 투입 적절 여부 다시 검토 필요

2010년 국정감사가 끝났다. 이제 새해 예산을 심의하는 막바지 시즌에 접어들었다. 국감은 의례히 치르는 행사가 됐고, 그때그때 곤욕을 치루지 않고 잘 넘기면 되는 것으로 여긴다. 국감에 이어 예산 심의가 이루어지는데, 국감의 결과가 예산에 반영되어야 좀 더 생산적인 국감이 되지 않을까 생각해본다. 현실은 국감 따로, 예산 따로인 것 같아 아쉬움이 남는다. 국감 현장을 여러 번 지켜보면서 드는 생각이다.

심평원에 근무하면서 두 번째 국감을 지켜보았다. 수비하는 입장에서는 어떻게든 무난하게 넘기기 위해 많은 직원들이 밤을 새하얗게 밝힌다. 국감을 그럭저럭 잘 넘기면 몇몇 고생한 직원들의 공은 커 보인다. 그러나 국감 지적사항에 대하여 서면 답변으로 마무리하

는 것으로 끝나서는 안 된다. 보건의료 시스템에서 심평원이 차지하는 위상을 다시 생각하고 정립해나가는 데 전체 구성원들이 뜻을 모으고 동참하도록 해야 한다.

심평원은 2009년에 44조 원이나 되는 진료비 청구서를 심사하였고, 심사건수도 13억 건에 이르렀다. 1700여 명 남짓한 인력으로 이처럼 엄청난 일을 하고 있다는 자부심이 있다. 그러나 주변에서는 진료비를 제대로 심사하고 있는지 의심하는 따가운 시선도 받고 있다. 반면에 의료계로부터는 심평원이 지나치게 까다롭게 군다는 항의를 받기도 한다. 심평원은 심사하고 평가하는 기관으로 막연히 알려져 있을 뿐, 어떤 일을 하는지 전문가들조차도 잘 모른다. 심평원 스스로도 얼마나 중요한 일을 하는지 잘 인식하지 못한다.

심평원이 하는 일을 쉽게 얘기하자면, 소비자를 대신해서 가격과 질을 따지고 과잉과 허위를 가려내는 일을 한다. 6천 종의 의료 행위, 1만5천 종의 의약품, 1만2천 종의 재료 가격과 품질을 따져야 하니 엄두가 안 나는 일이다. 해야 할 일을 눈앞에 두고도 엄두를 못 내는 상황이 계속되고 있다. 재정을 아끼는 한편 의료의 질을 향상시키는 것이 심평원의 사명이다.

심평원은 6천 여 개의 의료 행위, 1만5천 여 개의 의약품, 1만2천 여 개의 재료에 달하는 방대한 항목들에 대한 보험 등재 여부를 결정하고 가격을 관리한다. 관리하고자 마음만 먹으면 많은 비용을 아낄 수 있다. 그러나 3만3천 여 항목의 가격을 관리하는 인력은 소수에 불과하다. 물 반 고기 반인데, 빤히 보이는 낭비를 그냥 바라만 보고 있는지 모르겠다. 비교적 많은 인력이 투입되는 심사에서 재정을 절감하리라 기대를 하지만 삭감률이 낮은 것에 실망한다. 그러나 심사와 현장 실사는 경찰 기능으로 보아야 한다. 올바른 진료 행태를 유도하여 적절하게 청구하도록 하고, 심사에서 삭감되지 않고 실사에서 적발되지 않도록 하는 것이 상호 신뢰를 높이는 길이다.

환자 안전을 도모하고 의료의 질을 향상시키는 것은 당장 눈앞에 보이는 재정을 절감하지는 않지만, 장기적으로 재정을 절감하고 국민 건강을 향상시키는 중차대한 일이다. 심평원도 의료의 질 평가를 강화하고 평가 결과를 공개하고 결과에 따라 차등 보상하는 소위 P4P(Pay for Performance) 시스템을 도입하고 있다. 이제 시작에 불과하고 방대한 시스템을 어떻게 끌고 갈지 고심하고 있다. 그러나 경영 '선진화'라는 미명 하에 사람을 계속 줄여야 한단다. 이렇게 가다 보면 비용은 증가하는데 질은 떨어지는 건강보험의 '후진화'가 될 것이다.

건강보험을 어떻게 관리해 나갈지 원점에서 다시 검토할 필요가 있다. 제도 설계에는 많은 고민과 토론을 하지만, 관리에 대해서는 어떻게든 굴러가겠지 하는 무관심에 젖어 있지나 않은지? 관리비용과 효과를 따져야 한다. 관리 시스템을 다시 평가하고, 어떤 기능에 인력과 예산을 얼마나 투입하는 것이 적절할지 다시 검토할 필요가 있다. [HIRA 정책동향 편집인 칼럼, 2010. 11월]

건강보험 재정
하루 1000억 원 나간다, 해법은?

법정 본인부담 구조 개혁 통한 절감, 건보 재정의 뜨거운 이슈
중증질환은 병원 중심, 경증·만성질환 보장성은 의원 중심으로 강화
빅 5 포함 대형 병원 성장하면서 의료시장 양극화 문제 해소가 해법

신묘년, 토끼의 해가 밝았다. 토끼는 빨리 뛰면서도 큰 귀로 잘 듣고 신중하게 사리 판단하는 동물이다. 신년 벽두의 화두는 단연 건강보험 재정인데, 토끼처럼 신중하면서도 과단성 있게 보험 재정을 운영해야겠다. 지난해 1조3천억 원의 당기적자를 보았고 남은 적립금도 1조 원도 채 안 된다고 한다.

재정당국은 근래에 복지 재정 지출이 급증하고 정당들 간의 경쟁적인 복지 공약들이 난무할 조짐을 보이자 '재정위험관리위원회'를 구성하기로 했고, 대표적인 위험 요인으로 건강보험을 지목하였다. 지난해 건보 재정 지출은 35조 원으로 복지부 총예산 31조 원을 능가하였다. 매월 3조 원 꼴로 지출되어 하루에 1천억 원 가까운 돈이 빠져나간 셈이다. 2011년 복지부의 대통령 업무보고 때 토론 주제를

건보 재정으로 잡기도 했다.

의사가 환자를 진료하고 청구하는 진료비는 크게 두 가지로 구분된다. 건보공단에 청구하는 진료비와 환자에게 직접 청구하는 진료비이다. 환자에게 청구하는 진료비는 다시 건강보험이 적용되는 진료비이지만, 환자가 일부 부담해야 하는 진료비(법정 본인부담)와 건강보험이 적용되지 않는 진료비(소위 비급여)로 나뉜다. 건보공단에 청구하는 진료비가 소위 건보 재정으로 산입된다. 평균적으로 보면, 법정 본인부담을 인상하면 건보 재정은 줄어든다.

최근 건보 재정과 관련한 뜨거운 이슈는 법정 본인부담의 구조를 바꿈으로서 환자의 행태를 바꾸어 보험 재정을 절감하는 방법이 대안으로 제기된다. 환자는 의료기관을 방문할 때의 본인부담(가격)에 반응하지만, 의사(병원)는 환자를 진료할 때 보상받는 수가에 반응할 것이다. 이러한 환자와 의사의 행태를 바꿈으로서 건보 재정을 절감할 수 있는 방안을 찾아내는 것이 정부의 역할이다.

현재 논의되고 있는 정책 수단은 환자가 경증·만성 질환으로 대형 병원을 방문하면 환자 부담을 높이고 병원에게 보상하는 수가는 낮춘다는 것이다. 그동안 가벼운 질환과 만성질환인데도 대형병원으로 쏠리는 현상이 심화되어 왔는데, 환자 부담과 수가의 조정으로 환자들이 동네 의원으로 이동하게 되면 보험 재정이 절감될 것이다. 대형 병원 방문 시에 부담하던 높은 환자 부담이 줄어들 뿐 아니라 높은 수가를 보상하지 않아도 되니 보험 재정이 절감될 것이라는 것이다. 또한 그동안 위축되어 왔던 1차 의료가 살아날 것으로 기대한다.

다른 한 가지의 정책 수단으로는 경증질환으로 대형 병원에서 의약품을 처방받게 되면 의약품의 본인부담을 인상할 것을 검토하였다. 역시 대형 병원 이용을 억제하는 방편이다. 궁극적으로 중증질환의 보장성은 병원 중심으로 강화하고 경증·만성 질환의 보장성은 의원 중심으로 강화하는 것이다. 시나리오대로만 되면 일석삼조, 즉 의원과 병원 간의 역할을 정상화하는 의료전달체계를 확립하면서 보장성도 강화하고 보험 재정도 절감될 것이다. 그러나 이런 시나리오에서 손해를 보는 집단들이 반대하고 나서고 있고, 다른 한편에서는 시나리오대로 환자와 공급자가 움직이지 않을 것이라는 전망도 나온다.

환자 부담이나 수가를 조정하는 것은 가격기전을 이용하는 것이다. 정부는 보험 재정에 대한 직접적인 규제보다는 가격기전을 이용하여 수요와 공급을 조절하는 방안을 선택하고 있다. 이 밖에도 의약품을 싸게 구입할 때 인센티브를 주는 것(의약품저가구매 인센티브제도), 외래 처방량을 줄이면 인센티브를 주는 것(외래처방절감 인센티브제도), 의료기관의 치료 성과가 좋으면 많은 지불 보상을 하는 것(가감지급사업)들이 가격 인센티브를 이용한 재정 절감 방안이다.

한편 가격과 인센티브로 재정을 관리하기에는 한계가 있다고 보고 재정총량을 규제해 보자는 주장도 만만치 않다. 대표적인 것이 총액계약제다. 그러나 재정총량 통제로 정책을 전환하는 경우에 예상되는 장애 요인과 부작용에 대해 깊이 숙고해야 한다. 재정총량 통제로 의료시장의 성장이 멈추고 보건산업이 위축되지나 않을까 우려하기도 한다.

다른 한편에서는 병상과 시설, 장비들이 계속 투입되는 한 재정을 잡기가 어렵다는 의견이 많다. 투입이 계속되는 이유는 시장에 이윤이 존재하기 때문이다. 의료 수요가 있기 때문에 투입이 늘어나기도 하고, 투입된 자원을 계속 가동하기 위해서 환자에게 과잉 진료를 하기도 한다. 어느 것이 원인인지 파악하기 어렵다. 최고의 두뇌들이 의과대학에 지원하는 것 역시 큰 보상을 기대하기 때문이다.

문제는 빅 5를 비롯한 대형 병원이 성장하면서 의료시장이 양극화되는 것이다. 밀려나는 주변부 병원들의 몰락을 시장의 자연스런 현상으로 받아들여야 할 것인지, 정부의 인위적 개입이 필요한 것인지 의견이 분분하다. 물론 이런 시장 상황이 지속될 것이라 보지는 않는다. 시장의 법칙으로 보면 언젠가는 몰락하는 의료 공급자들의 반격이 시작될 것이고, 대형 병원에 지친 소비자들이 다시 동네 병의원을 찾아 나서면서 의료 공급시장이 다시 재편될 수 있다. 그러나 시장이 반응할 때까지 마냥 기다리는 인내는 정치적으로 허용되지 않을 것이다.

이 때문에 의료자원 총량을 규제하자는 주장들이 전문가들 사이에 나오고 있다. 의료자원 총량 규제 역시 재정 총량 규제와 마찬가지로 어떤 부작용이 나타날지, 어떠한 시장의 왜곡을 가져올지 신중하게 따져봐야 한다. 아마 의료자원 총량 규제와 재정 총량 규제는 함께 가야 하는 쌍둥이일지 모른다. 이러한 쌍둥이 규제가 실행될 때 소비자들이 어떻게 반응할지, 공급자들은 또 어떻게 반응하느냐에 따라 의도하던 목적이 달성될 수도 있고 실패할 수도 있다.

과거를 돌이켜 보면, 주요한 보건의료제도들의 도입이 당초 기대한 효과를 낳지 못하고 왜곡되거나 부작용을 일으킨 경험을 갖고 있다. 제도의 설계와 현실 간에는 괴리가 있기 때문이다. 이럴 때면 늘

상호 비난의 게임이 벌어진다. 근래에 올수록 제도 설계 단계부터 잠재적 손실을 직감하는 단체들의 비판에 부닥치는 예가 허다하다. 어느덧 보건의료정책은 정치의 영역에 깊숙이 들어와버렸다. 이래 저래 정책 당국자의 고민은 깊어간다.

[HIRA 정책동향 편집인 칼럼, 2011. 1월]

건강보험 재정
어떻게 관리할 것인가

⛛⛛⛛

1인당 보험료 매년 10.2%씩 증가, 고령화와 보장성 확대가 일조
공급자 의료행위 규제 비난, 건보공단 진료비 비판
보험 재정, 국민 편익, 보건산업의 균형적인 발전 시각에서 접근해야

건강보험은 바야흐로 한국 정치 논쟁의 화두로 등장했다. 무상복지 논쟁의 중심을 차지하고 있다. 한편에서는 건보 재정 위기를 외치고, 다른 한편에서는 무상의료를 외친다. 양치기 소년의 우화를 떠올리게 한다. 건보 재정 위기는 늘 늑대였고 그때마다 사람들은 화들짝 놀랐다. 그리고 그때마다 위기는 극복되었다.

이젠 재정 위기가 닥쳐도 무감각해진다. 그럼에도 불구하고 '위기'라는 단어가 지니는 마력은 대단하다. 위기 경보가 내려지면 언론은 그때마다 보도에 열을 올린다. 전문가들은 한 목소리로 총액을 통제하자는 단순 명료한(?) 해법을 내놓게 되고, 한껏 고민하는 사람들을 맥빠지게 한다.

소비자의 의료 욕구는 다른 욕구보다 크다. 그래서 의료비는 소득

보다 빠르게 증가한다. 보험료는 당연히 오르게 되어 있다. 2005~ 2009년 동안 국내총생산(GDP)은 매년 5.3%씩 증가했으나 진료비는 12.3%씩 두 배 이상의 속도로 증가했다. 같은 기간 중에 1인당 보험료는 연간 43만2천 원에서 연간 63만7천 원으로 증가하여 매년 10.2%씩 증가했다. 물론 진료비 증가에 고령화와 보장성 확대가 일조하였다. 보장성이 확대되면서 소비자가 부담하는 가격은 낮아지니 의료 이용을 더 많이 하게 되었다.

문제는 가격이 낮아진만큼 의료 이용을 많이 하는 게 아니라 기대를 초과해서 이용을 많이 하게 된다. 소위 '가격 탄력성'의 문제다. 무상의료를 시행하면 소비자 부담이 없어지니 소비자는 의료 이용을 무한정하게 되어 보험 재정을 감당할 수 없을 것이라는 비판이다. 이 때문에 무상의료를 주장하는 측은 보험 재정의 총액을 정해놓고, 그 한도 내에서 의료 공급과 소비가 이루어지도록 하자고 주장한다.

공급자들은 진료량을 늘려 이윤을 창출하려 한다. 의료기관들은 자선사업가가 아니기 때문이다. 진료량을 늘릴수록 병원의 수익은 많아지고, 소비자에게는 많은 서비스를 제공할 수 있다. 물론 많은 의료 서비스가 최선의 진료는 아니지만, 공급자와 소비자의 이해타산이 맞아떨어지는 이 지점이 바로 건강보험이 갖는 약점이다.

우리나라 의료기관의 대다수는 스스로 자본을 투자하여 설립하게 되니 어떤 방법을 써서라도 투자금을 회수하려 할 것이다. 공급자들은 보험 재정이라는 공동기금으로부터 누가 많이 가져가느냐는 게임에 몰두하게 된다. 많이 가져가기 위해서는 많은 고객을 유인해야 하고, 환자 유치를 위해 고급 장비, 좋은 시설, 우수한 인력에 막대한 투자를 하게 된다. 한편 우리나라 의료시장은 의료기관의 신설과 병상의 증설에 제한이 없고, 신약과 고가 장비의 도입에도 별 제한이 없다. 자유로운 의료시장에서 공급이 계속 증가한다는 것은 그만큼 수익을 낼 수 있다는 신호로 볼 수 있다.

몇 가지 예를 들면, 2005~2009년 사이 요양병원은 203개에서 1262 개로 급증했고, 경영이 어렵다던 중소 병원은 909개에서 1262개로 증가했다. 동 기간 중에 MRI는 584대에서 924대로 증가했고, CT는 1557대에서 1810대로 늘어났다. 특수 장비 촬영비용이 4천억 원에서 1조2천억 원을 넘어섰다. 이학요법료(물리치료)는 4천억 원에서 7천 억 원으로 급증했다.

보험 재정의 증가는 제도적 요인에서도 찾아볼 수 있다. 공급자들 은 3만3천 여 개의 항목(행위 6천, 의약품 1만5천, 재료 1만2천)별로 비용을 청구한다. 건강보험심사평가원이 규정해 놓은 진료 적정성 기준에 위반하지 않는 한 비용 청구에 제한이 없다. 진료 적정성의 기준(요양급여 기준)에 따라 청구하도록 제한하고 있지만, 공급자 와 건강보험공단으로부터 불만을 사고 있다. 공급자들은 의료 행위 를 지나치게 규제한다고 비난하고, 건보공단은 요양급여 기준이 진 료비를 통제하지 못한다고 비판한다.

어떻게 해야 하나? 별 고민 없이 내놓을 수 있는 단순한 방법은 예 산제이다. 예산 규모를 제한하는 것에 공급자는 당연히 반대할 것이 다. 그 대안으로 진료비 총액을 보험자와 공급자가 계약하도록 하는 것이다. 그래도 공급자는 계약에 쉽게 응하려 하지 않을 것이다. 현 재의 행위별수가제를 예산제로 획기적으로 전환할 수 없다면 행위 별로 세심한 관리가 현실적인 방안이 될 것이다. 세심한 관리를 통 하여 불필요하거나 과도한 비용을 찾아내는 것이고, 의료기관의 진료 성과에 따라 지불보상액을 가감하는 제도를 실행하는 것이다. 이와 함께 의료자원의 공급에 대한 적절한 관리가 병행되어야 한다.

의료기관 설립이나 병상 증설, 고가 장비 도입에 허가제(CON) 도입을 검토해 볼 수 있다. CON(Certificate Of Need)이란 수요를 능가하는 공급을 억제하기 위한 것으로 의료 수요의 필요성을 입증해야 공급을 허용하는 제도이다. 다만, 무작정 규제하기보다는 보험 재정, 국민 편익, 보건산업의 균형적인 발전 시각에서 접근해야 한다.

그동안 소홀했던 소비자의 의료 수요도 관리해야 한다. 의료 이용의 도덕적 해이를 억제하는 기전을 도입해야 한다. 건강보험 신용카드의 발급이 하나의 방안이 된다. 사진이 들어간 카드를 제시해야 의료기관 방문이 가능하도록 하고 의료 이용 실적을 소비자에게 정기적으로 통보해야 한다. 이용 실적(크레딧)을 보고 건강관리를 잘하는 가입자에게는 연말에 보험료를 환급해주는 정산제도를 도입해 볼 수 있다. 전자 매체를 통하여 소비자에게 자신의 건강정보와 공급자에 대한 정보를 제공하여 올바른 선택을 하도록 돕는 것도 현명한 재정관리 방안이 될 것이다. [HIRA 정책동향 편집인 칼럼, 2011. 3월]

건강보험 재정관리와
경제 성장

경제성장률 범위 내 건보 재정 관리하게 된다면 성공적
2011년, 경제성장률과 건보재정증가율이 거의 일치된 획기적인 해
총액예산제 같은 장치 없는 한 긴장의 끈 놓지 않고 관리해야

2012년은 임진년이다. 60년 만에 돌아온다는 '흑룡의 해'라고 한다. 흑룡 마케팅이 뜨겁게 달아오르고 있다. 시간은 무심하게 흘러가는데, 정작 사람들은 시간에 의미를 부여하고 스스로 그 의미에 속박되고자 한다. 떨어진 출산율이 회복되는 계기가 되었으면 좋겠다.

2011년은 의료정책들이 소용돌이에 휩싸인 한 해였다. 2011년 벽두는 건보 재정의 위기감 속에서 시작하였다. 의료비 억제를 위한 많은 정책들이 쏟아졌다. 대형 병원 환자 쏠림을 완화하기 위해 1차 의료 활성화를 추진하였다. 대형 병원에서 약을 처방받으면 환자의 본인부담을 인상하였다. 약값 부담 때문에 대형 병원 방문을 자제할 것이라고 기대했다.

동네 의원 활성화를 위해서는 선택의원제를 추진하였다. 환자가

동네 의원을 선택하여 지속적으로 이용하면 환자의 부담을 줄여주고 의사에게는 보상도 많이 하는 제도이다. 큰 병원 이용을 줄이고 동네 의원을 이용하면 보험 재정이 줄어들 것이고 환자 부담도 줄 것이라고 판단했다. 한편 약값이 재정 증가의 큰 원인이라 보고 리베이트를 척결하는 강한 조치들을 잇단 발표했고, 저가구매인센티브제와 처방총액인센티브제와 같은 언뜻 듣기에 복잡해 보이는 제도들을 시행했다. 이것만으로는 안 되겠다고 판단했는지 약값을 강제로 일괄 인하하는 소위 '일괄 인하'정책을 발표하기에 이르렀다. 과다한 영상장비 수가를 영상의학과의 반대를 무릅쓰고 인하했다. 방만했던 재료대를 정리해 나갔다. 포괄수가제의 확대 적용도 의욕적으로 추진했다. OTC 약의 슈퍼 판매도 보험 재정 절감에 한몫 기여했을 거라고 한다.

이런 각종의 정책 수단들이 어우러져 효과를 발휘한 탓인지 2011년의 건보 재정의 성적표는 흑자였다. 재정 지출 둔화와 더불어 수입이 기대 이상으로 증가했던 데도 원인이 있다. 정부의 노력보다는 경기 둔화로 환자들의 의료기관 방문이 뜸해졌고 입원이 줄었던 것이 보험 재정을 안정화 시켰다는 분석이 설득력을 얻고 있기도 하다. 그렇다면 그동안 경기 변동과 건보 재정 간의 관계를 살펴보자. 경제성장률(명목)과 건보재정증가율의 추이를 관찰해 보자. 건보 재정이 31% 급등한 2001년의 건보 재정 위기를 제외하자. 2002~04년 3개년 간 경제성장률은 각각 10.6%, 6.5%, 7.8%였는데 건보 재정 증가율은 4.9%, 7.9%, 8.5%로써 상당히 견실하게 관리되었다.

그러나 2005~06년간 경제성장률은 각각 4.6%, 5.0%였으나 건보 재정증가율은 15.3%, 14.2%로 급증하였다. 이는 불황에도 불구하고 정부가 보장성을 대폭 강화했고, 이에 따라 의료 이용이 증가했기 때문이다. 보장성 강화의 여파는 꽤 오래 지속되었다. 2007~09년 3개년 간 경제성장률은 7.4%, 5.2%, 3.8%였으나 건보 재정증가율은 13.4%, 9.2%, 10.3%로 뛰어 다시 한 번 건보 재정을 위기 속으로 몰아넣었다. 위기 후 다시 고삐를 바짝 조여 2010~11년간 경제성장률은 10.1%, 7.6%(잠정)였으나 건보 재정증가율은 12.0%, 7.6%(잠정) 정도로 잘 관리되어 흑자로 전환하였다.

꾸준한 고령화로 노인 의료비가 늘어날 것을 감안하면 보험진료비는 경제성장률 이상으로 증가하는 것이 정상적이다. 따라서 경제성장률 범위 내에서 건보 재정을 관리하게 된다면 매우 성공적이다. 이런 점에서 2011년은 경제성장률과 건보 재정증가율이 거의 일치하는 획기적인 해였다. 그러나 앞서 보았듯이 건보 재정은 2~3년 잘 관리되고 나면 다시 해이해지고, 적자 위기에 빠지면 다시 고삐를 조이는 일이 반복되었다. 총액예산제와 같은 장치가 없는 한 긴장의 끈을 놓지 않고 섬세하게 잘 관리해야 한다. 그렇게 잘 관리해도 보장성을 확대하면 건보 재정은 확대될 수밖에 없다.

2012년에는 4월 총선과 12월 대선이 있다. 어느 해보다 선거 과정에서 보장성의 획기적 강화, 나아가 무상의료가 핵심적인 공약으로 떠오를 것이다. 금년에 노인 틀니, 내년에 초음파의 보험급여가 이미 예정되어 있다. 한편 보험 재정을 바짝 관리하기 위한 정책들이 의료계와 보건산업계의 지지를 얻기 위해 수정되거나 중단되거나 폐기될 수도 있다. 이 때문에 2012~13년의 보험 재정이 우려된다. 결국은 누가 부담할 것인가로 귀결될 것이다. 또 한 번의 보험료의 대폭 인상이 예고된다. [HIRA 정책동향 편집인 칼럼, 2012. 1월]

8장

연론과 소통하다

생활 습관 고치면
건강 신체나이 젊어진다

───

한국의 평균수명은 막대한 의료비를 지출해서 끌어올린 결과
국내 대형 병원 건강수명 연장 활동보다는 수명 연장에만 주력
한국 2050년 100세 시대, 건강수명 늘리는데 역량 쏟아야

"건강수명이 평균수명을 따라가지 못하면 국민의 말년이 불행해
집니다."

국내 건강수명 연구를 주도하고 있는 최병호 한국보건사회연구
원 원장은 23일 서울 은평구 보사연 원장실에서 이뤄진 인터뷰에서
건강수명의 중요성을 거듭 강조했다. 그는 "보건정책의 궁극적인
목표는 건강하게 오래 사는 것인데, 한국은 그저 오래 사는 데만 관
심이 많다. 국내 학계도 그 중요성에 비해 연구가 미진한 상황"이라
고 지적했다.

최 원장은 건강수명과 평균수명의 격차가 커지면 국가적인 어려
움이 발생한다고 경고했다. 가장 큰 걱정은 의료비 낭비다. 그는 "한
국의 평균수명은 막대한 의료비를 지출해서 끌어올린 결과"라며

"건강하지 못한 상태에서 수명만 늘리는 데 돈을 쓰는 때가 많다"고 말했다. 이어 "국내 대형 병원들은 건강수명을 늘리기 위한 활동보다는 수명만 연장하는 데 주력하고 있다"고 꼬집었다.

질병과 장애에 시달리며 말년을 보내는 사람이 늘면서 장기요양 비용이 급증하는 것도 문제점으로 지적됐다. 최 원장은 "요양비용은 초고령사회로 접어들면서 의료비 급증만큼이나 국가 재정을 위협할 것"이라고 경고했다.

최 원장은 건강수명의 발목을 잡는 복병으로 스트레스를 꼽기도 했다. 우리의 사회구조가 연령대별로 스트레스를 양산하는 구조이기 때문이다. 그는 "학업 경쟁이 과도한 청소년, 수직적인 직장문화로 병드는 직장인, 노후 빈곤에 시달리는 노인까지 한국은 다른 나라에 비해 세대 단계별로 스트레스가 지나치게 많다"며 "건강수명은 단순히 보건정책으로 다룰 것이 아니라 사회문화적 접근이 필요하다"고 지적했다.

한편 최 원장은 한국이 향후 건강수명 연구를 주도할 수 있는 역량을 갖추고 있다고 자부했다. "한국은 1970년대부터 약 2년마다 평균수명을 1세가량 늘려 이 추세대로 가면 2050년에 100세가 된다"며 "세계에서 유례를 찾아보기 어려운 신화적인 결과"라고 자평했다. 이어 최 원장은 "이제 건강수명을 늘리는 데 그 역량을 쏟아야 한다"고 강조했다. [동아일보, 2013. 10. 28. 유근형 기자 noel@donga.com]

공무원·교사 등 사회 지도층이
기득권 내려놔야 연금 개혁 가능

ᘐᘐᘐ

복지제도 직접적 혜택 받는 국민은 10% 안팎
노인들 한국 경제 발전 일궈낸 숨은 공로자, 현 세대가 부담 져줘야
기초생활보장제도 혜택 전체 인구의 3%, 한국 복지 기반 취약

"공무원연금, 사학연금 등도 국민연금과 하나로 통합해야 합니다."

최병호 보건사회연구원 원장은 한국경제신문과의 인터뷰에서 "국민연금 등 각종 연금이 고갈될 것에 대비해 국민 전체가 책임을 분담해야 한다"며 이렇게 말했다. 국책연구원장이 이례적으로 연금 통합을 강조하고 나선 것은 그만큼 향후 재정 부족 문제가 심각하게 대두될 것이라는 판단에서다.

Q 내년에는 새 정부가 출범하면 복지정책의 틀이 크게 변할 가능성이 높다. 연금 개혁은 어떤 방향으로 가야 하나?

A 각종 연기금 고갈을 막기 위해 공무원연금, 사학연금, 국민연

금을 모두 통합해야 한다. 공무원이나 선생님들도 일반 근로자와 동일한 연금제도의 적용을 받는 것이 바람직하다. 미국이나 일본도 이런 방향으로 연금제도를 개혁했다. 그렇다 하더라도 국민연금을 더 내는 것은 불가피하다.

Q 공무원이나 교사 등의 반발이 클 텐데?

A 후세대를 위해 양보해야 한다. 사회 지도층인 이들이 나서지 않으면 연금 고갈 문제는 해결하기 힘들다.

Q 복지 지출이 100조 원이라는데 국민들은 혜택을 잘 못 느끼는 것 같다.

A 100조원이라고 하지만 자세히 봐야 한다. 주택 관련 예산이 큰데 이것은 복지보다 투자에 가깝다. 기초생활보장, 기초노령연금, 연금, 보육, 장애인 등 복지부에서 실질적으로 복지에 투입하는 예산을 다 모아 봐야 40조 원이 채 안 된다. 그마저 안정적이고 소득이 많은 사람들이 혜택을 보는 구조다. 실제 복지제도의 직접적인 혜택을 받는 국민은 10% 안팎이 아닐까 추정하고 있다.

Q 잘못 배분되고 있다는 말인가?

A 한국의 복지제도는 4대 보험을 중심으로 설계됐다. 사회보험은 원래 노동자 보호를 위한 제도로 시작됐다. 그 결과 안정적이고 상대적으로 소득이 높은 근로자들이 많은 혜택을 보게 된 것이다.

Q 노인빈곤율이 45%에 이르는데?

A 연금을 낸 사람이 타가는 것이 이론적으로는 타당하다. 하지만 한국의 노인 문제에 대해서는 다른 철학이 필요하다. 빈곤에 시달리는 노인들은 오늘날 한국 경제 발전을 일궈낸 숨은 공로자다. 공헌에 대한 보상 차원에서라도 더 많은 지원을 해줘야 한다. 현재 세대가 부담을 져줘야 한다.

Q 세금 많이 걷고, 복지를 늘리면 근로 의욕을 떨어뜨린다는 지적도 있다.

A 한국 사람은 다르다고 본다. 한국 사람들은 소득에서 50%를 세금으로 떼어 가면 복지에 의존해 일을 안 하는 게 아니라 더 하려고 할 것이다. 떼인 것만큼 더 벌려고 할 것이란 얘기다. 그게 한국 사람의 유전자다.

Q 사회간접자본(SOC)에 더 투자해야 한다는 의견도 있다.

A 한국의 SOC 투자는 충분하다. 반면 복지는 선진국에 걸맞은 수준에 전혀 도달하지 못했다. 기초생활보장제도의 혜택을 보는 사람은 전체 인구의 3%도 안 된다. 선진국이라고 말하기 힘들 정도로 한국의 복지 기반은 취약하다.

[한국경제, 2012. 12. 04. 김용준 기자 junyk@hankyung.com]

경제수명 80세 시대
일자리 창출이 4苦 해소 열쇠

헤럴드경제 연중기획
더불어 잘사는 '행복경제' ④ 노후 없는 나라 만들기-좌담회

대한민국이 늙어가고 있다. 고령화의 급속한 진행으로 노인빈곤율과 자살률도 덩달아 치솟았다. 전문가들은 평균수명 80세에 맞춰진 과거의 사회 시스템을 빠르게 재설계 할 것을 요구하고 있다. 평균수명이 증가한 만큼 과거보다 건강해진 노인들에게 근로 기회를 제공해 소득 증대를 꾀하고, 노령층의 당당한 자립을 돕는 한편 취약계층의 복지를 두텁게 해 노후 걱정 없는 나라를 만들어가야 한다. 헤럴드경제와 현대경제연구원이 '더불어 잘사는 행복경제'를 주제로 개최한 좌담회에서 전문가들이 노인복지 대책을 논의했다.

헤럴드경제와 현대경제연구원이 '노후 없는 나라 만들기' 주제로 개최한 좌담회에서 전문가들은 노후 소득 제고 방안을 중심으로 한 노인복지 대책에 대해 논의했다. 왼쪽부터 김원식 건국대 교수, 이영찬 보건복지부 차관, 최병호 한국보건사회연구원장, 김주현 현대경제연구원장.
[박해묵 기자/mook@heraldcorp.com]

●사회(김주현 현대경제연구원장)= 모두 고령화 사회에 대한 문제 의식을 절감하지만 재정을 비롯해 그 해법의 제안이 어렵습니다. 정부에서 우리 국민소득과 비례해 기초노령연금 및 노인복지를 증대시키는 장기적인 플랜과 목표치를 국민에게 제시할 필요가 있다고 봅니다. 1인당 국민소득 3만 달러 시대가 왔을 때도 기초노령연금을 20만 원만 지원할 수는 없지 않겠습니까.

▶이영찬 보건복지부 차관= 아직 확정된 금액은 아닙니다만 새정부가 제안한 기초연금 '20만 원'은 국민연금 전체 가입자의 3년간 평균소득 약 200만 원의 10%를 근거로 산정된 금액입니다. 현재 1인 절대 빈곤 가구의 주거비를 포함한 한 달 생계비가 57만 원임을 감안하면 1인당 20만 원, 부부 합산 30만 원 이상(미확정)의 금액이 그렇게 적은 수준은 아닐 겁니다. 단 상대빈곤율은 소득의 분배나 상대적인 불평등과 관련한 개념이라 다르게 받아들여질 수는 있습니다.

●사회= 소득이 같더라도 주거 지역에 따라 빈곤율이 크게 달라질 수 있습니다. 같은 금액이라면 도시보다는 시골에 사는 노인들의 삶이 더 나을 겁니다. 도시 빈민, 노인 문제 해결을 위해 주거 바우처를 제공하는 등의 방안을 고려해 볼 수 있지 않을까요.

▶김원식 건국대 교수= 같은 금액을 주더라도 빈곤층의 경우에는 바우처가 훨씬 만족도가 높을 수 있습니다. 형편에 따라 현금을 차등 지급한다면 우선 형평성이 문제가 됩니다. 노인들은 활동성이 떨어지기 때문에 취할 수 있는 정보가 부족해 젊은 층보다 현금 활용도가 떨어지는 경향이 있는 데다 복지 수요가 증가하고

정부의 지원이 늘어나면서 관련 서비스 가격은 점점 증가할 수밖에 없습니다. 젊은 층이나 넉넉한 계층은 현금 지급을 선호하지만 노인의 욕구는 다를 수 있다는 점을 유념해야 합니다. 각자가 처한 상황에 맞춰 서비스 중심의 복지를 선택적으로 제공해야 합니다.

●사회=선진국에서는 노인들을 위한 케어 및 집단거주시설이 활성화돼 있습니다. 미국의 선시티(아리조나 주 피닉스 근교의 55세 이상 은퇴자들을 위한 노인 촌락. 노인 4만 명 수용 가능한 주거 홈 형성)가 대표적이죠. 인구가 빠르게 고령화되고 있는데 정부에서 노인들의 케어 시설을 확충할 계획은 없습니까?

▶이 차관=현재 운영되는 양로시설들의 수가 적은 편은 아닌 데다 이미 사설업체 위주의 시장이 형성돼 국공립 전환은 어렵습니다. 아직 자가 거주를 선호하는 우리나라 국민의 성향도 무시할 수 없고, 양로시설로 거주 형태를 전환할 때 주거비용이 높아지는 문제도 있습니다. 단 국가는 관련 시설의 질이 제고될 수 있도록 규제와 통제를 해나갈 수 있다고 봅니다. 돌보미 서비스 등을 제공해 가급적 본인의 집에서 편리한 생활을 영위할 수 있도록 돕겠습니다.

▶김 교수=우리 국민성을 고려하는 것도 좋지만 장기적으로 봤을 때 거주 패턴을 바꿔줄 필요가 있다고 봅니다. 노년층은 부동산의 자산비율이 굉장히 높습니다. 우리나라 저축률은 계속 떨어지고 있고 연금의존율은 높아지는 추세입니다. 제대로 된 노인 시설이 있으면 집을 줄이고 부동산을 연금화시켜 시설에 입소하고자 하

는 수요가 생겨날 것이라고 봅니다. 미국의 경우 노인생활시설에 들어가 노인들이 버스로 대절해 놀러 다니는 프로그램이 생활화 돼 있습니다.

> 노년층 부동산 자산비율 굉장히 높아
> 집 규모 줄이고 부동산을 연금화시켜야

▶최병호 보건사회연구원장＝노인 거주시설을 확충하는 데 공공이 어디까지 개입할 것이냐의 문제는 있습니다. 가난한 계층은 정부가 지원해주는 양로원에서 생활하고, 그 이상의 시설은 시장에 맡겨야 할 것입니다. 단 시장 작동을 위해 정부에서 인센티브를 제공해야 관련 인프라가 구축될 것입니다. 미국을 봐도 지자체에서 보조를 해주면서 선시티가 생겼고, 이후 유사한 형태의 시설이 활성화·보편화되기 시작했습니다. 노인들의 커뮤니티가 만들어지면 그 안에서 또 노인들을 위한 산업이 생겨나기 때문에 괜찮은 주거 모델이라고 봅니다.

▶김 교수＝노인 문제를 돈으로 해결하기보다는 노인 관련한 산업과 일자리가 계속 생기도록 만들어줘야 합니다. 노인복지 수요가 증가하면 비용이 증가하고, 대상자들의 만족도가 떨어지기 때문에 노인 문제는 돈만으로 해결할 수 없습니다. 어떤 서비스를 제공할 것인지에 대해 깊은 관심을 가져야 합니다. IT도 하나의 대안이 될 수 있습니다. 한 예로 거동이 불편한 노인들을 돕거나 청소를 대신해주는 로봇이 개발된다면 어떨까요? 정교한 기술을 갖춘 제품이 생산된다면 노인가구와 양로시설에서 수요가 급증할 수

있습니다. 이 같은 기술 발전을 위해 처음에는 정부의 지원이 필요할 겁니다.

▶이 차관＝출산율이 떨어지고 평균수명이 늘어나는 환경에서 정부가 노인들에게 소득을 지원해주는 것에 한계가 있다는 데 동의합니다. 앞으로 80세까지도 일할 수 있는 사회가 올 것이고, 사회적으로 고용 수요도 증가할 것입니다. 우리 사회가 관련 서비스를 제공해주는 방향으로 움직이면서 노인의 고용 문제를 해결해야 할 것입니다. 사회적 기업이나 협동조합 등을 통해 서비스를 제공하고 일자리를 창출한다면 노인들의 소득 문제도 해결될 것이라 봅니다. 노인 분들도 앞으로 적극적으로 사회를 움직여 가져야 할 겁니다.

> 66
>
> ### 사회적 기업·협동조합 등 일자리 창출
> ### 노인 소득·복지 문제 자연히 해결될 것
>
> 99

▶최 원장＝노인 중에서도 독거노인 등 취약한 타깃에 정책의 우선순위를 둬야 합니다. 그리고 국민연금제도가 선진국의 기초연금 역할을 할 수 있도록 훼손되지 않고 장기적으로 지켜갈 수 있게끔 해야 할 겁니다. 앞으로 베이비붐 세대가 노령층으로 들어오게 될 텐데 정부에서 우선으로 재정 지원을 통한 일자리 창출에 힘을 쏟아야 할 것입니다.

[헤럴드경제, 2013. 07. 25. 정리=이자영 기자/nointerest@heraldcorp.com]

"국민연금 신뢰도 높이고…주거 대책 등 기초생활비 낮춰야"

최병호 보건사회연구원장

노인복지는 소득 증대뿐 아니라 종합적인 삶의 질을 제고할 수 있도록 '맞춤형복지'의 시각에서 접근해야 한다. 보건사회연구원의 노인생활실태조사 결과에 따르면, 노인가구의 소비 지출 중 주거비가 43%, 의료비가 23%, 식비 23% 순이다. 노인들의 소득 보장에만 총력을 기울이지 않더라도 주거와 의료 보장 대책이 충실해지면 안정된 노후생활이 가능해질 것이다.

우리나라 노인들의 상대빈곤율은 45.1%로 OECD 평균 13.5%를 상회한다. 기본적으로 노후 빈곤이 발생하는 원인은 조기 퇴직과 미성숙한 국민연금제도 때문이다. 스웨덴의 기초연금(최저 보증연금)은 40년 거주를 조건으로 1인당 월 100만 원가량을 수령하는 것으로, 우리나라는 국민연금이 이에 준하는 제도로 볼 수 있다.

현재 우리나라의 연금 사각지대는 넓은 편으로 2030년께에도 절반의 노인이 연금을 수령하지 못할 것으로 예측된다. 국민연금제도의 안정성과 신뢰도를 제고하는 동시에 연금의 사각지대 문제를 해결해야 한다. 정부가 대선 공약으로 내건 기초연금은 국민연금의 보완적인 역할을 맡아야 할 것이다.

덧붙여 다양한 형태의 연금제도를 정부가 지원해줄 필요가 있다. 자영업자 등 개인에 대해 정부가 감독하고 보증하는 개인연금 가입을 지원하거나 주택이나 농지를 담보로 한 주택연금·농지연금 활성화를 통해 노후소득보장제도의 외연을 넓혀가야 한다.

은퇴 중·고령자에 탄탄한 복지…
기업 고용 유연성에도 도움

헤럴드경제 연중기획
〈2020 新복지국가〉 ⑧ 노후소득 안정 대책–좌담회

1955년부터 1963년 사이에 태어난 이른바 '베이비부머'가 대거 은퇴하면서 고령자의 소득 안정을 위한 노인 일자리 창출이 시급한 문제로 떠오르고 있다. 하지만 고용 없는 성장이 고착화한 가운데 노인 일자리 마련은 결코 쉽지 않은 문제다. 기업도 정년 연장 등에 대해 난색을 표하고 있다. 결국 은퇴자가 창업으로 몰리지만 성공 확률은 극히 낮다. 이들이 수입원을 찾지 못해 빈곤층으로 전락하게 될 경우 심각한 사회 문제로 대두될 가능성이 높다.

헤럴드경제와 현대경제연구원의 연중기획 '신복지 국가의 비전과 전략' 세미나에 참석한 전문가들은 노후 소득 안정 대책에 대한 의견을 나눴다. 이들은 50대 이후 퇴직 연령에 놓인 이들의 활용 방안을 찾아야 한다고 강조했다. 노동자의 고령화 속에 경쟁력을 유지하는 방안도 모색해야 한다는 데 의견을 모았다. 궁극적으로는 체계적인 복지 시스템 구현이 우선이라는 데 뜻을 같이 했다.

헤럴드경제와 현대경제연구원이 공동 기획한 연중 시리즈 '신복지 국가의 전략과 과제' 좌담회에 참석한 전문가들은 8월 주제인 '노후 소득 안정 대책'에 대해 열띤 토론을 펼쳤다. 진영(왼쪽부터) 사회복지정책학회장(서강대 교수), 방하남 한국연금학회장(노동연구원 선임연구위원), 최병호 한국보건사회연구원장, 김주현 현대경제연구원장.

● 사회(김주현 현대경제연구원장) = 정년 연장이 필요하지만 기업 입장에서는 비용 문제 등으로 정년을 연장하기 쉽지 않다.

▶ 최병호 한국보건사회연구원장(이하 최 원장) = 고령자를 내보내고 젊은 사람을 고용하면 기업 경쟁력이 높아진다고 하지만, 유럽이나 미국 등은 우리보다 더 고령의 근로자가 일을 한다. 물론 중국·인도 등 신흥국가에 비해 연령이 높기는 하지만, 우리 경제가 선진국에 근접한 것을 감안하면 근로자 연령이 높지 않다. 업종에 따라 상황도 다르다. 고령자의 임금 수준이 부담스럽다면 임금을 다소 낮추는 등의 방안을 마련할 수 있다.

▶ 방하남 한국연금학회장(이하 방 학회장) = 기업 입장에서는 정년 연장이 한가한 얘기로 들릴 수 있지만, 노동생산성을 높이기 위해 50대 이상의 근로자를 희생시키는 것은 옳지 않다. 연령과 관계없이 생산성을 유지하는 것이 중요하다.

"

은퇴자 빈곤층 전락 사회 문제로…연령 관계없이 생산성 유지 중요

"

● 사회 = 우리나라는 은퇴하는 순간 빈곤층으로 전락할 가능성이 크다. 이에 대한 해결책은 무엇인가?

▶ 문진영 사회복지정책학회장(이하 문 학회장) = 우리보다 앞서 고령화와 성장의 한계를 경험한 서구의 경험을 반면교사로 삼을 필요가 있다. 고령화와 성장의 한계에도 불구하고 높은 수준의 삶의 질을 유지하는 것은 여전히 복지국가다. 스웨덴 같은 경우 1차적 분배는 시장에 맡기지만 2차적으로 삶의 질을 보장해준다. 그

렇기 때문에 한계 기업에 대한 구조조정이 가능했다. 그리스 등이 복지 때문에 경제가 어려웠다는 주장은 다소 과장됐다고 본다. 우리 경제와 상황도 다르다.

▶방 학회장＝남부 유럽의 복지는 불평등이 심하다. 예를 들어 공무원에 대한 복지 수준은 과도하게 높은 반면 자영업자는 사각지대가 많다. 반면 스웨덴·노르웨이 등 정돈된 복지국가는 경제 시스템도 좋다. 또 이들 국가는 노동자와 경영진의 관계가 합리적이다. 반면 우리는 노사 간 타협점을 찾는 부분이 굉장히 취약하다.

●사회＝북유럽식 복지를 하려면 결국 재정을 투입해야 하는데 한계가 있다.

▶문 학회장＝유럽도 트릴레마를 겪었다. 일정 수준 고용을 유지하면서 형평성과 재정 건전성도 갖춰야 한다. 이를 일거에 해결할 수는 없지만 여전히 유효한 전략은 사회적 일자리다. 노인뿐 아니라 퇴출 직전 자영업자 및 신용불량자를 대상으로 할 수 있다.

▶최 원장＝복지 투자를 늘리고 고령자 고용을 늘린다고 했을 때 결국 다시 경쟁력 문제가 불거진다. 스웨덴이나 덴마크처럼 임금의 절반을 세금으로 냈을 때 근로자가 창의력 있는 생산성을 유지하며 글로벌 경쟁에서 이길 수 있느냐가 문제다.

▶문 학회장＝스웨덴의 경우 경쟁력 있는 대학생은 세금 회피를 위해 미국으로 가기도 한다. 하지만 육아를 위해 다시 귀국한다. 사회보험은 어떻게 보면 공동구매와 비슷하다. 개별구매보다 양

질의 제품을 싸게 살 수 있다는 생각을 해야 한다. 하지만 우리나라에서는 세금이 자신에게 되돌아온다고 생각하지 않는다.

●사회＝노후소득 증대를 위해 정부는 어떤 역할을 해야 하나?

▶최 원장＝국민적 합의가 제일 중요하다. 기업과의 대화도 필요하다. 과거 노사정기구가 활발하게 사회적 합의를 진행했지만, 고령자 채용 등에 대한 부분은 심각하게 다루지 않은 듯하다. 우리 사회의 왜곡된 시각을 바로잡기 위해 정확한 실태를 알리는 작업이 필요하다. 대한민국에 맞는 시스템이 어떤 것이냐에 대한 진단도 필요하다. 결국 '고부담·고복지'의 방향으로 가야 한다. 사회보장이 튼튼해야 기업이 과감하게 고용 유연성을 높일 수 있다. 이런 부분에 대한 사회적 합의를 이뤄야 한다. 적어도 방향성이라도 합의를 해야 한다.

66

"내가 낸 세금 내게 돌아온다"
복지는 일종의 공동구매 개념, 고부담·고복지 방향 설정해야

99

▶방 학회장＝개발연대 이후 그간 여러 복지 프로그램을 도입해 왔다. 세계 경제에서 제한된 자원을 갖고 경쟁해야 하는 상황에서 복지에 대한 우선순위를 정하는 것이 가장 중요하다. 현재 우리의 복지 지출을 분석해 봤을 때 어디가 가장 골이 깊고 사각지대가 어디인지를 살펴야 하는데, 현재 이 부분에 대한 정책 차원에서 큰 그림이 없다. 정치권과 행정부가 경쟁을 하고 행정부 내혹은 여·야 모두 이를 두고 경쟁한다. 공급자 위주의 복지 혹은

정치에 의한 복지가 아닌 시스템적 복지가 필요하다. 연금으로 해결이 안 된다면, 예를 들어 일본의 노인 공동주택과 같은 주거비 절약 방안 등을 고려해야 한다. 연금만 문제시하지 말고 주거 정책과 같이 가야 한다.

▶문 학회장 = 고령화 자체보다도 중산층이 무너지고 있는 가운데 중산층을 어떻게 복원하고 유지·발전시킬 수 있는지에 대한 측면에서 고령화를 봐야 한다. 일단 기초생활보장은 확실해야 한다. 우리나라처럼 기초생활보장을 전적으로 개인에게 맡기면 곤란하다. 그리고 우리 사회 시스템 안에서 녹여갈 수 있는 사회적 성격의 일자리 창출이 중요하다.

66

노인 대상 사회적 일자리 필요
공급자 위주·정치적 복지 아닌 대화·합의 따른 시스템 구축해야

99

[헤럴드경제, 2012. 12. 04]

"기초노령연금 용돈 수준…노후생활엔 턱없이 부족"

 ▶최병호 한국보건사회연구원장

　월 소득 300만 이상인 노인가구는 상위 17%로, 근로소득이 소득의 50%를 차지한다. 하위 10%는 월 소득이 50만 원 미만이다. 이 중 이전소득이 소득의 85%를 차지한다. 빈곤 노인을 위한 정부의 소득보장제도는 여전히 은퇴 후 노인의 주된 소득원이 되지 못한다는 것을 보여주고 있다. 노인가구의 지출을 보면 주거비가 43%, 의료비 23%, 식비 12% 순이다. 주거대책과 의료보장제도가 충실히 시행되면 노인의 삶은 지금보다 훨씬 공고해질 수 있다. 그러나 국가의 역할이 미미하다. 기초노령연금은 용돈 수준에 불과하다. 은퇴 후 안정적 노후생활을 하기에는 부족하다. 국민연금의 예상 연금은 월 평균 64만 원이다. 민간연금에 가입할 수 있는 대상은 소수의 안정된 직장 근로자 뿐이다. 국민연금의 안정성 및 신뢰도 제고와 함께 퇴직연금과 개인연금 등에 대한 보완 대책이 필요하다. 또 국민연금과 기초노령연금이 충돌하는 문제도 조정해야 한다. 국민연금 급여 수준이 낮기 때문에 추가로 보험료를 내도록 해 적립식 부가연금을 받을 수 있는 제도도 검토해 보자.

노인생활 실태와
노후 소득 안정 대책

ᏂᏂᏂ

국민연금 노후보장 수단으로서의 안정성과 신뢰도 제고 대책 긴요
국민연금 불입자에게 많은 연금 수준 보장되는 방향으로 개선
퇴직연령 연장 + 성과연봉제' 도입, 퇴직 연령 연장 방안 검토해야

65세 이상 노인가구의 하위 10%는 월 소득이 50만 원 미만이다. 월 300만 원 이상인 노인가구는 상위 17%로서 노인가구 간 소득의 격차가 양극화가 진행된 양상을 보이고 있다. 하위 40%에 월 소득 100만 원 미만 가구들이 쏠려 있는 양상을 보이고 있다(2010년 기준).

월 소득 300만 원 이상 고소득 노인가구의 소득원은 주로 근로소득이 50%를 차지한다. 즉 고소득 노인가구 중 상당수는 여전히 근로 활동을 활발히 한다는 의미이다. 다음으로 사업 소득이 17%를 차지하여 자영사업으로부터 얻는 소득이 주요한 부분을 차지한다.

월 소득 50만 원 미만의 저소득 노인가구의 소득원은 주로 이전 소득에 의존한다. 이전 소득이 소득의 85%를 차지한다. 공적 이전이나 사적 이전이나 각각 43%를 차지하고 있어, 정부의 빈곤 노인을

위한 소득보장제도는 여전히 은퇴 후 노인들의 주된 소득원이 되지는 못하고 있다.

노인가구의 소비 지출을 보면, 주거비가 43%, 의료비가 23%, 식비 12% 순이다. 노인가구에 대한 주거 대책과 의료보장제도가 충실히 시행되면 노인들의 삶의 안정이 훨씬 공고해질 수 있음을 시사한다. 노인의 생활비 부담은 주로 가족(39.5%)에 의존하거나 본인 스스로(34.7%) 해결하고 있다. 한국의 은퇴 노인의 삶은 서구와는 달리 국가의 역할이 미약하다. 가족에 의한 부양을 기대하기 어려워질 가능성이 커지므로 대책이 필요하다.

기초노령연금 등 정부의 지원은 용돈 수준에 머물러 있는 양상이다. (용돈 조달은 자녀 34.2%, 스스로 31.6%, 정부 등 27.6%)

노인 개인별로 접근할 때, 소득원은 95%가 사적 이전 소득에 의존하고 있다. 기초노령연금 수급이 64%여서 정부가 지원하는 가장 큰 프로그램이다. 그러나 그 금액은 9만 원 정도이다. 부부가 함께 받아도 14만 원 수준이다. 공적연금 수급은 25%에 머물러 있다.

* 사적 이전 소득의 평균은 18만 원이고, 공적연금의 평균은 47만 원이다. 공무원·교직원·군인 연금 수급자를 제외하면 은퇴 후 소득은 안정된 노후생활을 하기에는 부족하다. 특히 1인 노인가구의 경우 극히 열악하다.

주택연금이나 농지연금을 활용한 노후 대책에 대해서 자녀 상속을 위해 활용할 뜻이 없는 노인이 많다. 그나마 활용하고 싶어도 주택이나 농지의 가치가 크지 않기 때문에 별 도움이 안 되는 경우가 많다. 활용할 의사를 가진 노인은 6% 정도에 불과하다.

노인의 삶의 만족도를 보면, 자녀와의 관계 73.5%, 배우자와의 관계 68.3%로서 아직까지는 가족적인 끈끈한 연대가 이루어지고 있다. 이것이 한국 노인을 지탱시키는 힘이다. 가족연대가 서서히 무너질 환경적 변화에 대응해야 하고, 가족연대가 지속될 수 있는 지원 대책을 생각해야 한다.

노인의 삶의 만족도에서 건강은 34%, 경제 상태는 18%이다. 경제적 빈곤을 완화하기 위한 대책은 절실해 보인다. 현재의 기초노령연금 수준으로는 어렵다는 얘기이다.

30~60세 사이의 노후 준비 수단은 국민연금이 42%로써 가장 주요한 수단이다. 그러나 35%가 여전히 저축에 의존하고 있어 국민연금에 대해 크게 기대하지는 않는다. 민간연금은 11% 정도로써 아직 노후 수단으로 크게 활용되지는 않는다. 다만, 젊은 계층일수록 민간연금을 대안으로 선택하는 비중이 높아지지만, 부동산 및 주식 투자도 민간연금 못지않게 대안으로 생각한다. 30~60세 국민들은 자녀 부양에 의존하겠다는 의사는 1.5%에 불과하여 가족연대에 의한 노후 보장은 기대하지 않는다. 국민연금의 노후보장 수단으로서의 안정성과 신뢰도를 제고하기 위한 대책이 긴요하다.

국민연금의 예상 연금은 평균 64만 원으로서, 국민연금에 의존한 노후 대책은 어렵다. 기업 퇴직연금이나 개인연금 등 보완 대책이 필요하다. 그러나 민간연금에 가입할 수 있는 대상은 소수의 안정된 직장 근로자에 한정된다.

국민연금이 노후 대책으로 미흡한 수준임에도 불구하고, 연금에 가입하지 않은 사각지대가 30%에 달하고 있다. 주로 일용직 근로자들이다(80%가 보험료를 납부하지 않음). 임시직도 46%가 사각지대이다. 사각지대 해소를 위한 대책이 있어야 한다.

금년 7월부터 사각지대 해소를 위해 10인 이하 사업장 근로자에게 보험료를 지원하는 사업(두루누리사회보험 지원사업)이 시행되고 있다. 연금보험료가 부담스러운 영세사업장과 영세자영자에 대해 정부가 보험료 일부를 매칭 부담하는 정책을 적극 추진해야 한다.

국민연금의 안정성과 신뢰도 제고와 더불어 퇴직연금보험과 개인연금도 고객의 신뢰를 얻기 위한 제도적 장치가 마련되어야 한다. 일례로 개인연금 가입이 만료된 가입 경험자들은 개인연금의 수익성이 너무 낮은 데 실망한다. 퇴직연금보험도 이와 유사할 사례가 나타나게 되면 퇴직금으로 다시 유턴할 가능성도 배제할 수 없다.

국민연금 수급과 기초노령연금 수급이 충돌하는 문제를 조정해야 한다. 기초노령연금의 수준이 낮기는 하지만, 국민연금에 가입하지 않고 기초연금만을 받으려는 도덕적 해이를 방지해야 한다. 은퇴 후에 기초노령연금에만 의존하는 노인에 비해 국민연금보험료를 불입한 가입자에게 더 많은 연금 수준이 보장되는 방향으로 개선되어야 할 것이다.

2012년 OECD의 권고는 노인의 상대빈곤율이 높다는 점을 강조하면서 저소득 노인을 중심으로 기초연금 수급 대상을 축소하고 기초연금 수준을 높이는 방안을 제시했다. 만약 수급비율(70%) 축소가 정치적으로 어렵다면 저소득 노인에게 더 많은 기초연금을 부여하는 방안을 제시했다.

단기적으로는 현재의 기초노령연금제도를 유지하되 노인가구의 소득 수준에 따라 차등화 된 기초연금 수준을 조정하고, 장기적으로는 공공부조 성격의 제도로 개편해나가는 것을 검토하자. 현재 저소득층에 대한 기초생활보장제도의 개편과 더불어 기초연금을 통합하여 개편한다. 따라서 궁극적으로는 노인가구의 생활 형편에 따라 부족한 부분을 보충하는 개별급여방식으로 전환할 가능성이 크다.

근로자의 은퇴 연령은 국민연금의 수급 연령에 맞추어 나갈 것을 제안한다. 즉 퇴직 연령을 연장해야 한다. 퇴직 연령을 연장하기 위해서는 임금피크제를 도입하거나 연공서열형 보수제도를 폐지하는 대신에 '퇴직연령 연장 + 성과연봉제'를 도입하는 방안을 검토해 보자. 퇴직을 늦추게 되면 연금 가입기간이 길어지기 때문에 연금 급여수준도 비교적 안정화된다.

국민연금의 급여 수준이 낮아 노후의 안정적 소득원이 되지 못하기 때문에, 가입자가 추가적인 보험료를 불입하여 적립식 부가연금을 받을 수 있는 제도 도입도 검토해 보자. 공적 부가연금은 정부가 보증하는 공신력이 있다는 점에서 안정적인 수단이 된다. 퇴직연금 보험에 가입할 수 없는 계층이나, 민간연금에 대해 신뢰하지 않는 계층이 선택할 수 있는 대안이 될 수 있다.

첨언하자면, 근로자들은 공무원·교직원·군인 연금을 부러워한다. 많은 보험료가 부담스럽지만 안정된 노후가 보장되는 연금의 매력은 크다. 바로 여기에 사회보장의 본질이 숨어 있다. 고부담을 하더라도 고보장을 누리고 싶어 하는 전형적인 사례가 공적직역연금이다. 그러나 직역연금의 파탄은 예견되었고 이미 엄청난 세금이 투입되고 있다. 직역연금의 솔선적인 개혁이 뒷받침되지 않으면서 국민연금과 기초노령연금의 재정을 논의하기는 어렵다.

[제5차 헤럴드경제 紙上좌담회 발제 자료(2012. 8. 30)]

한국형
복지 모델의 방향

"국민이 만드는 복지국가, 대한민국 복지의 길을 묻다"

지난 3월 1일 박근혜 대통령은 복지에 사각지대가 많아 노후가 불안하고 기초적인 삶조차 불안을 느끼는 국민들이 많다며 맞춤형복지 서비스를 통해 국민행복시대를 열겠다고 밝혔습니다. '맞춤형 고용·복지'는 박근혜 정부의 5대 국정 목표 중 하나이다. 그렇다면 지금 대한민국 복지의 현주소는 어떠할까? 많은 분들이 궁금해 하는 대한민국 복지의 현주소를 알고, 국민들이 가장 관심 있어 하는 개선 방향과 복지 재원의 조달에 대해 한국보건사회연구원 최병호 원장과 함께 이야기 나눠본다.

● 최수호 = 안녕하세요? 오늘 자리해 주셔서 감사합니다. 한국보건사회연구원은 그동안 복지정책을 선도해온 대표적인 국책연구기관이라고 알고 있습니다만 일반 국민들에게는 다소 생소할 것으로 생각됩니다. 기관 소개와 복지정책에 기여한 대표적인 사례들을 우선 소개해 주시겠습니까?

▶ 최병호 원장 = 국책연구기관의 역할은 거의 동일합니다. 중장기적으로 새로운 복지정책을 개발하고, 단기적으로는 기존 복지정책과 제도를 평가하고, 제도 개선 방안을 도출하는 연구를 수행하고 있습니다. 사회보장 장기발전 방향, 장애인정책 종합계획 수립 방안, 장기요양 기본계획 수립 방안, 지자체 복지정책 평가 등의 연구를 통해 복지정책의 입안과 집행, 평가에 기여하

고 있습니다. 구체적으로는 기초생활보장, 국민연금, 건강보험, 장기요양보험, 저출산 고령화를 포함한 인구 전략, 사회 서비스, 식품 및 의약품 안전 등 국민의 삶과 관련된 거의 모든 영역에 걸쳐 연구를 수행하고 있습니다.

● 최수호 = 최근 복지에 대한 관심이 증가하면서 선진국에 비해 우리나라의 복지예산이 매우 적다는 이야기를 자주 듣게 됩니다. 이에 비해서 우리나라의 복지 수준에 대한 지적은 적은 것 같습니다. 우리나라 복지 현황 어떠한가요?

▶ 최병호 원장 = 실제로 우리나라의 복지 지출은 OECD 국가 중에서 가장 낮은 수준입니다. 이는 과거 개발 중심의 국가 운영 기조에 따라 복지라는 제도 자체에 대한 관심이 부족했던 것에서 야기하는데요, 2000년대 이후 국민기초생활보장제도 도입, 4대 보험의 성숙, 저출산 고령화에 따른 사회 서비스의 증가로 인해 선진국과 견주어도 부족함이 없다고 이야기할 수 있습니다. 그러나 여전히 국민행복지수나 삶의 질 지표에서 제시하는 우리나라 국민의 복지 체감도는 낮은 편입니다. 즉 우리나라는 선진국에 비해서 복지제도의 형성이 상당히 늦게 시작되었음에도 불구하고 외형적인 제도의 형성이 다 갖추어진 반면, 질적으로는 여전히 노력해야 할 부분이 있다고 할 수 있습니다.

● 최수호 = 2013년 복지예산이 100조 원에 이른다는 기사를 봤습니다. 굉장히 큰 금액입니다. 이에 반해서 국민들은 혜택을 잘 못 느끼는 것 같습니다. 왜 그런 걸까요?

(단위 : GOD 대비 %)

	2000	2005	2009
한국	4.8	6.5	9.6
호주	17.3	16.5	17.8
캐나다	16.5	16.9	19.2
미국	14.5	16	19.2
OECD 평균	18.9	19.7	22.1
일본	16.3	18.5	22.4
네덜란드	19.8	20.7	23.2
그리스	19.3	21.1	23.9
영국	18.9	20.5	24.1
포르투갈	18.9	23.0	25.6
스페인	20.2	21.1	26.0
독일	26.6	27.3	27.8
이탈리아	23.1	24.9	27.8
스웨덴	28.4	29.1	29.8
덴마크	26.4	27.7	30.2
프랑스	28.6	30.1	32.1

※ 자료 : OECD. Stat.

▶최병호 원장 = 정부의 '복지예산 100조 원'을 심층적으로 살펴볼 필요가 있습니다. 먼저 '복지예산 100조 원'에는 일반회계와 특별회계 외에 기금이 포함되어 있고, 기금을 제외할 경우 32.1조 원에 불과합니다. 다음으로 '복지예산 100조 원'에는 보건·복지 부문과 노동 부문, (저소득층에 대한) 임대주택지원사업 등 광범위한 복지사업이 포함되어 있습니다. 즉 실제로 우리가 생각하는 '전통적인 의미의 복지예산'은 26.1조 원에 불과합니다. 전통적

인 복지 부문에서는 기초생활보장 건강보험 지원이 각각 8조5천억 원과 5조4천억 원으로 가장 높게 나타납니다. 그럼에도 불구하고 국민 체감도가 낮은 것은 우선, 고령층을 대상으로 하는 소득 보장 지출의 비중이 상당히 큰 데 연금급여 지출과 보건 지출의 연령별 차이가 매우 두드러지게 나타납니다. 또한 소득을 기준으로 한정된 대상자에게 급여를 제공하기 때문에 가구 소득이 조금이라도 증가하면 지원 대상에서 탈락하여 어떠한 급여도 받을 수 없기 때문입니다. 이와 함께 보편적인 가족이나 일반 근로자에게 제공되는 복지 급여나 서비스의 공급이 부족하기 때문에 평범한 일반 사람들이 복지 혜택을 받고 있다고 체감하기 어려운 구조를 갖고 있습니다. 마지막으로 현행 우리나라의 복지 제도는 가구의 구성이나 형태, 개인의 연령, 환경 등에 따른 욕구에 대응하는 급여 및 서비스가 설계되지 못한 관계로 공급자 중심의 복지제도로 운영되었다고 말씀드릴 수 있습니다. 즉 맞벌이 가족에게 필요한 보육 서비스와 한부모가족에게 필요한 가족 복지 서비스, 노인가구에 필요한 돌봄 서비스 등이 가구 소득을 기준으로 정해진 복지 서비스만 제공할 것이 아니라 가구의 욕구에 따른 급여와 서비스를 설계할 필요가 있는 것입니다. 새 정부의 맞춤형복지와 일자리 확충을 위한 정책이 제대로 작동한다면, 국민들의 정책 체감도가 훨씬 높아질 것이라고 기대하고 있습니다.

● 최수호 = 부끄럽게도 대한민국의 노인빈곤율이 OECD 회원국 가운데 가장 높은 것으로 조사됐습니다. 또한 경제 규모에 비해

노인복지에 쓰는 비용은 OECD 회원국 가운데 두 번째로 적었습니다. 한국의 노인 문제에 대해 대책이 필요하지 않을까요?

▶최병호 원장＝말씀하신 것처럼 우리나라의 노인빈곤율이 45.1%로 OECD에서 가장 높을 뿐만 아니라 노인자살율도 노인 10만 명 당 79.7명으로 OECD 회원국 중 가장 높은 수준을 나타내고 있습니다. 그러나 노인 중 7.2%만이 국민기초생활보장에 의하여 보호받고 있으며, 전체 노인인구의 5.7%만이 노인장기요양보험의 등급 인정자이고, 독거노인의 12%에게만 노인돌봄기본 서비스가 제공되고 있는 등 제도의 포괄성이 낮은 상황입니다. 이러한 상황에서 노인들이 적절한 삶의 질을 유지하기 위해서는 안정적인 소득이 보장될 수 있고 제도의 지속 가능성이 담보되는 노후소득보장체계의 구축, 기능 장애를 갖고 있는 노인에 대한 연속적인 보호체계 구축 및 장기요양보험 서비스 질 제고 방안의 모색, 독거노인을 비롯하여 일반노인이 안전하게 생활할 수 있는 지역사회 서비스 제공 체계의 구축, 평생교육의 활성화를 통한 지속적인 자기 개발 기회 및 사회적 환원 기회 제공, 노인이 안전하고 편안하게 생활할 수 있는 주거 및 교통 서비스 체계 구축 등이 요구된다고 하겠습니다.

●최수호＝그렇다면 다른 외국의 경우는 어떠한가요? 한국의 복지 기반은 다른 선진국과 비교해 주신다면요?

▶최병호 원장＝국가마다 복지국가를 형성하게 된 원인이나 발달 과정에는 차이가 있습니다. 아시다시피 스웨덴은 국가복지의 영향이 매우 큰 국가로 일반 조세를 통해 복지 지출의 재원을 조달

하였습니다. 또한 복지국가의 형성과 발달, 조정 국면에서 노·사·정 합의체에 기반을 둔 소통을 강조해왔습니다. 특이한 것은 1990년대 경제 위기를 거치면서 복지 개혁을 꾸준히 실행한 결과 2008년 미국발 금융 위기로 모든 국가들이 복지 지출을 감소시켰을 때조차 이에 영향을 받지 않았습니다. 이 때문에 한동안 우리나라 외에도 많은 국가에서 스웨덴 열풍이 일었습니다. 또 다른 예로는 프랑스를 들 수 있을 것 같습니다. 프랑스는 사회보험을 중심으로 복지제도가 운영되는 관계로 일반 조세보다는 사회보험료를 통한 재원 조달의 비중이 상대적으로 높은 국가입니다. 그러나 일반 조세를 통해 보편적인 아동 수당과 보육 서비스를 발달시켜 여성고용율이 상당히 높은 국가로 자리매김할 수 있었죠. 각국의 처해진 상황에 따라 다르겠지만 우리나라는 고령화율이 높고 급격히 증가하기 때문에 이를 고려하여 지출 수준을 관리할 필요가 있습니다. 이러한 이유로 새 정부의 복지 패러다임이 매우 중요한 시점입니다.

●최수호 = 복지는 돈이 필요하고 물론 우리의 세금으로 이뤄질 수밖에 없습니다. 외국의 경우 세금의 비중이 크고, 우리 역시 흔히 복지를 늘리기 위해선 세금을 많이 걷어야 한다고 합니다. 그러나 증세만큼 정치인들이 부담스러워하는 것도 없는 것 같은데, 복지 재원의 조달에 대한 대안이 있을까요?

▶최병호 원장 = 2009년 기준 우리나라의 복지 지출은 9.6%, 국민부담률은 25.5%로 OECD 국가 중에서 복지 지출과 국민부담률 모두 상당히 낮은 편에 속합니다. 특히 국민부담률을 조세부담

단위 : GOD 대비 %)

	국민부담률	국가부채 비중
호주	25.6	11.0
한국	25.9	31.9
캐나다	31	36.1
스웨덴	44.5	33.8
독일	37.1	44.4
스페인	31.6	51.7
미국	25.1	61.3
덴마크	48.1	39.6
네덜란드	36.7	51.8
OECD 평균	33.8	69.48
프랑스	44.2	67.4
포르투갈	31.3	88
영국	35.5	85.5
이탈리아	42.9	109
그리스	31.2	147.8
일본	27.6	183

＊ 자료 : OECD. tax revenue statistics.

률과 사회보장기여금으로 구분해서 살펴보면, 2009년 기준 사회보험기여율은 5.8%, 조세부담률은 19.7%로 사회보험료를 통한 재원 조달이 상대적으로 낮다는 것을 알 수 있습니다. 또한 1990년부터 2009년까지 조세부담률은 2.2%P 오른데 반해 사회보험기여율은 3.8%P 올랐습니다. 한편 지난 2010년 한국보건사회연구원이 전국 1,220명을 대상으로 복지 재원과 복지 수준에 대한 조사를 실시한 바에 따르면, 과반수가 넘는 52.9%가 증세를 통해 복지 수준을 향상시켜야 한다고 응답을 했습니다. 그러나 고용보험료 인상과 건강보험료 인상을 동반하는 보장성 강화에는 응답자의 63.6%와 67.4%가 각각 반대하였습니다. 이와 유사하게 2013년 보사연이 전국 1,000명을 대상으로 실시한 조사 결과에서도 건강 보장 수준은 확대하되 보험료 인상은 원하지 않는 응답자가 46.1%를 차지했습니다. 이상에서 보는 바와 같이 우리나라 국민들이 사회보험료를 확대하는 방안보다는 일반 조세를 확대하는 방안을 보다 선호한다는 것을 알 수 있습니다.

● 최수호 = 박근혜 대통령은 국민 맞춤형복지를 이루겠다고 밝혔습니다. 복지정책의 틀이 크게 변할 가능성이 높습니다. 복지 수준을 높이는 것은 시대적 추세이므로 복지를 적절한 수준으로 확대하는 것은 맞지만, 국가 재정 형편을 고려하면서 단계적으로 확대할 필요가 있지 않을까요?

▶ 최병호 원장 = 우리나라의 사회복지지출(SOCX)을 장기적으로 전망해본 결과 2050년에는 GDP 대비 25.9%로 확대될 것으로 예상됩니다. 특히 2050년에는 국민연금·건강보험·장기요양보험의 지출 비중이 전체 지출의 59.1%로 확대될 것으로 전망됩니다. 이러한 지출의 증가에 가장 많은 영향을 미치는 것이 고령화율입니다. 그러나 고령화율은 정부에서 통제할 수 없는 변수입니다. 선진국에서는 고령화와 재원 조달 방안을 염두에 두고 이미 복지 개혁을 단행하였습니다. 우리나라는 촘촘한 사회 안전망과 사회보험의 성숙, 사회 서비스의 확대 등 복지제도가 이제 막 발달 단계를 넘어가는 시기입니다.

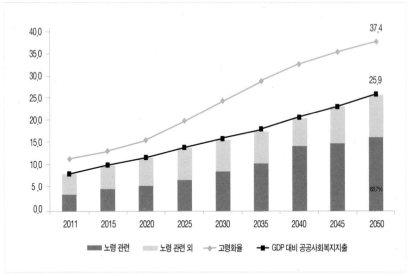

* 자료 : 원종옥 외(2011), 사회복지 재정추계 모형개발 연구
* 자료 : OECD.Stat

이미 많은 학자들이 새 정부 취임 첫 해와 집권 후반 정책들을 구분하여 제시하고 있습니다. 이에 더하여 저는 새 정부가 우리나라의 중장기 복지정책 비전을 제시하고 중장기 복지 패러다임을 정립하며, 복지정책의 효율적 운영과 사각지대 해소를 위한 의사결정 구조를 다져놓는 작업이 필요하다고 말씀드리고 싶습니다. 어떤 정책은 보다 구체화될 필요가 있고, 어떤 정책들은 정책의 설계에 있어 타깃팅과 재원 조달을 다듬어야 할 필요가 있습니다. 또한 고령화율 같은 사회 환경 변수들을 고려하여 정책의 설계와 재원 조달 방안을 검토하고, 우선순위를 조정할 필요가 있습니다.

● 최수호 = 최근 복지 지출이 급격하게 증가하고 있는데, 특히 지방정부의 부담이 커지는 것 같습니다. 작년에도 지자체에서 무상보육을 보이콧 하는 등 지방정부의 복지 재원에 대한 논란이 큰 것으로 아는데요, 지방정부의 복지 재정과 재원 조달에 대한 원장님의 의견은 어떠신지요?

▶ 최병호 원장 = 지난 2005년 이후 국가 사무의 지방 이양과 국고 보조사업의 확대로 지방정부의 복지 재정이 급격히 증가했습니다. 이에 비해 지방정부의 세입은 대부분 국고 보조금 등 의존 재원이며, 자체 재원은 부동산 경기에 민감한 취득세와 재산세 수입에 불과합니다. 문제는 중앙정부가 지방정부의 복지 지출 증가만큼 의존 재원을 확대하지 못하는 점과, 최근 심각한 부동산 침체와 취득세 감면 등의 감세 조치로 인하여 지방정부의 자체 재원이 줄어든다는 것입니다. 이를 해결하기 위해서는,

첫째, 지방행정체제의 개편과 관련 법령의 정비를 통해 몇몇 지자체에서 문제가 되고 있는 호화 청사 건립이나 과잉 개발투자 사업 등 방만한 재정 운영을 감시·감독 하는 기능이 필요합니다.

둘째, 지방간, 정부·민간 지원금 배분, 급여의 제공과 관련하여 재정 누수를 방지하고 재정 효율성을 제고할 필요가 있습니다.

셋째, 지방정부의 지방세 정책 권한을 확대하여 지방정부 스스로가 자체 재원을 확충할 수 있도록 유도할 필요가 있습니다. 다음으로 의존 재원이든 자체 세원이든 지방정부의 세입은 기본적으로 내국세와 깊이 연동되어 있습니다. 따라서 현 정부가 의욕적으로 추진하고자 하는 지하경제 양성화에 따른 소득세, 법인세, 부가가치세 등 내국세 수입 증가는 곧 지방 재정 확충으로 이

어질 것입니다. 국세와 지방세 부과 및 징수 업무의 통합을 통해 감춰진 세원을 발굴하고 과세 행정의 효율성을 높이는 방안으로 (가칭)조세청의 신설을 고려해볼 만합니다.

마지막으로 세원을 확충할 수 있는 방안을 고려해볼 수 있습니다. 담배소비세를 종가세로 전환하거나 물가와 연동시켜 지방세 확충과 국민건강 증진을 도모할 필요가 있고, 주류에 대한 세율 인상을 통해 지방정부의 재원 확충을 도모할 수 있습니다.

● 최수호 = 더불어 새 정부의 연금 개혁, 어떤 방향으로 가야 하는지요?

▶ 최병호 원장 = 새 정부가 출범하면서 기초연금이 화두로 떠오르고 있고, 국민연금제도와의 관계 또한 관심을 받고 있습니다. 기초연금을 말 그대로 65세 이상 노령층을 대상으로 보편적으로 지급하는 제도로 이해한다면 국민연금 또한 제도 개혁은 피할 수 없을 것으로 보입니다.

국민연금, 기초생활보장제도 등 기존 제도와의 관련성, 재원 부담, 세대간·세대 내 갈등 등 다양한 요인들이 서로 복잡하게 얽혀 있어 정책 우선순위를 어떻게 설정하느냐에 따라 여러 가지 형태로 디자인될 수 있습니다. 개인적으로는 향후 인구고령화 등 사회경제적 여건 변화에도 국민연금제도가 지속되기 위해서는 근로기간동안 본인의 기여를 전제로 소득비례연금으로 전환하는 것이 불가피하다고 봅니다. 국민연금을 소득비례연금으로 전환하면서 기초연금을 도입하겠다는 것은 현재 국민연금이 안고 있는 재정 불안정을 국가가 국고로 일부 책임을 떠 앉는 것이므로 국가 책임을 강화하는 방안이라고 볼 수 있습니다. 다만 기초연금 도입 시 기존 노령계층, 연금을 받고 계시는 수급자 그리고 몇 년 내 연금을 받게 될 예비 수급자 모두에게 형평성 차원에서 문제가 발생하지 않게 차등화하는 작업이 정교하게 이루어져야 한다고 봅니다.

●최수호＝새 정부는 보육비용과 양육비용을 지원하는 무상보육 대상을 만 5세 이하로 확대한다고 했습니다. 가장 큰 문제는 재원이 아닐까요? 정부 예산이 어느 정도 확보가 되어 있다 해도 나머지는 지자체에서 맡게 되는 게 아닌지요?

▶최병호 원장＝보건복지부 영유아 보육 관련 사업은 모두 국고 보조사업 형태로 이루어지고 있습니다. 이 중에서 보육료 지원과 양육수당 지원은 각 지방자치단체의 사회복지비 지출과 재정 자주도 등을 고려하여 차등보조율을 적용하고 있습니다. 따라서 지자체의 재정 현황에 따라 적게는 총 보육료 재원의 40%에서 많게는 90%까지 지자체가 부담하도록 되어 있습니다. 보육료 지원을 보편적으로 확대함에 따라 보육료와 양육수당에 대한 지자체의 재정 부담이 커진 것은 사실입니다. 박근혜 정부 국정 과제 중의 하나인 "0~5세 보육 국가 완전 책임제"를 실현하기 위해서는 중앙정부와 지자체의 공동 노력이 필요합니다. 중앙정부는 현행 국고부담률을 지역의 영유아 수 혹은 보육 수요를 고려하여 일정 수준 상향 조정할 필요가 있습니다. 지자체 차원에서도 자체 사업비의 복지 부분 중 보육에 대하여 우선순위를 두는 노력이 필요합니다.

●최수호 = 마지막으로 지속 가능한 복지국가가 되기 위해 말씀 부탁드립니다.

▶최병호 원장 = 우리나라의 복지 지출은 선진국과 비교하여 여전히 낮은 수준이지만 짧은 기간 사회보장제도의 확충과 사회보험의 성숙, 사회 서비스의 발달 등 급격한 성장을 보여왔습니다. 이에 따라 복지 지출 역시 OECD 국가 중 가장 높은 성장률을 보이고 있습니다. 문제는 이러한 지출의 대부분이 경직성 지출인 관계로 향후 지출 자체가 조정 국면에 들어갈 수 없다는 것입니다. 따라서 복지 지출을 지속적으로 관리할 수 있는 방안이 필요합니다. 즉 지속 가능한 복지국가가 되기 위해서는 복지 지출의 증가를 받쳐줄 복지 재원의 확보가 필요하고, 많은 국민들이 복지 정책의 방향성과 로드맵에 대해 이해하고 동의하는 과정이 필요합니다. 이러한 일련의 과정에서 우리 한국보건사회연구원의 국책연구기관으로서의 소명을 다하고자 합니다.

●최수호 = 복지는 올바른 정책이 뒷받침 되어야 하겠지만, 그것보단 가장 먼저 국민적 합의가 이뤄져야하는 사항입니다. 그렇기에 국가는 복지 서비스에 대한 중장기 로드맵을 짜고 복지 지출에 따른 재정 부담과 국가 채무를 함께 고려해야 할 것입니다. 지속 가능한 복지국가를 위해 그 방향성을 정확히 알리고 국민 모두 공감하는 과정이 필요할 것입니다. <인물포커스> 오늘은 여기서 인사드립니다. 감사합니다.

[YTN science TV 인물포커스, 2013. 3. 23. YTN. 최수호 국장]

출산율 제고 없인
'통일 대박' 도 물거품

'100대 싱크탱크'
정치·사회 부문 1위…
한국형 창조 경제
복지 모델 만들기 나서
한국 대표 싱크탱크를 가다

최병호(57) 한국보건사회연구원장은 스스로를 '연구직 공무원' 이라고 부른다. 물론 공무원 연금 혜택을 받는 정식 공무원은 아니다. "정부 정책에 기여하는 것을 본분으로" 일 해왔다는 뜻이다. 최 원장은 그런 '연구직 공무원' 생활이 31년째다. 1983년 한국개발연구원(KDI)에 연구원으로 들어갔고, 미국 유학에서 돌아와 한국보건사회연구원으로 자리를 옮겼다. KDI 시절 김중수 한국은행 총재, 이덕훈 전 우리은행장 등 쟁쟁한 선배들과 국민연금 도입의 밑그림을 그렸고, 2000년대 초반엔 장기요양보험 시행의 실무 총책임을 맡았다. 최 원장은 2012년 한국보건사회연구원장에 오르면서 연구원을 '사회정책 분야의 대표 연구기관' 으로 키우기 위해 노력하고 있다. 한국보건사회연구원은 한경비즈니스에서 실시한 '2014 대한민국 100대 싱크탱크조사' 에서 사회·정치 부문 1위에 오르기도 했다. 2월 19일 은평구 불광동 연구원 본원에서 최 원장을 만났다.

연구원은 언제 만들어졌습니까.

1971년 가족계획연구원으로 출발했습니다. 출산율이 너무 높아 이를 낮추기 위한 가족계획이 주 임무였어요. 출산율을 조금이라 고 끌어올리려고 골몰하는 지금 시각에서 보면 옛날 이야기죠. 4대

사회보험과 국민 건강 증진, 노인 문제, 장애인 문제 등 국민의 삶과 밀접한 영역을 연구합니다. 양극화와 가족 해체, 정신 건강, 4대 중독 같이 한국이 선진사회로 가려면 반드시 해결해야 할 여러 현안도 포괄하죠.

원장님이 말씀하시는 '한국형 창조 복지' 는 무엇입니까.

원장이 되면서 한국형 창조 복지 모델을 만드는 걸 목표로 세웠지요. 박근혜 대통령이 추진하는 창조 경제의 문제의식을 복지 분야에도 접목할 수 있어요. 핵심은 한국형 모델이 돼야 한다는 거죠. 그동안 복지 쪽에서 스웨덴 모델이나 독일 모델을 많이 이야기하고 배우려고 노력한 것도 사실이에요. 하지만 한국인은 복지에 대한 인식과 마인드가 유럽과 달라요. 가족 개념도 마찬가지고요. 경제구조나 정치사회적 발전 과정으로 봐도 한국의 위치는 스웨덴이나 독일과 크게 다르죠. 한국은 경제뿐만 아니라 복지도 압축적으로 성장했어요. 흔히 말하는 유럽식 복지병을 해결하려면 한국 상황에 맞는 창의적인 모델이 나와야 해요.

참고할만한 해외 사례는 없습니까.

독일은 독일식 모델이 있고, 스웨덴은 스웨덴식 모델이 있죠. 또 미국은 미국식 모델이 있고요. 동아시아 지역을 보면 일본은 일찍 개방해 먼저 선진국에 진입했어요. 한국은 대만·싱가포르·홍콩과 함께 뒤늦게 이 대열에 동참했죠. 이들은 한자문화권이라는 공통점을 갖고 있어요. 4개국은 다행히 훌륭한 지도자가 나타나 급격한 경제성장에 성공했죠. 높은 출산율과 풍부한 노동인구, 높은 저축률 등 폴 크루그먼 미국 프린스턴대 교수가 말한 '자본의 양적 투입을 통한 성장'을 이룰 수 있는 최적의 조건을 갖추고 있기도 했고요. 사회정책과 관련해서도 이들 4개국을 서로 비교하고 참고하는 것이 좋다고 봅니다.

최근 통일 한국의 적정 인구 수도 연구하셨는데요.

경제 분야는 여러 가지 통일 대책이 논의되고 있어요. 사회정책 분야도 나름대로 준비가 필요합니다. 갑작스럽게 통일이 이뤄질 때 '북한을 어떻게 지원할 것인가', '북한의 사회 안정망은 어떤 식으로 만들 것인가'를 연구해야죠. 적정 인구 수 연구는 통일이 대박이라고 하는데, 정말 그렇게 되려면 인구 규모가 어느 정도 돼야 하는지 알아본 겁니다. 2100년 통일 한국이 주요 7개국(G7) 국력의 70% 수준에 도달하려면 인구 수가 8700만 명이 돼야 한다는 계산이 나왔지요. 통일 대박을 실현하기 위해서도 반드시 출산율을 끌어올려야 합니다. 지금 상태라면 2100년 남북한 인구가 5000만 명을 밑돌죠. 올해부터 통일에 대비한 연구를 꾸준히 해나갈 거예요.

박근혜 대통령의 복지 공약이 후퇴했다는 지적이 많습니다.

복지 재정이 100조 원을 넘어섰습니다. 복지에 더 많은 돈을 쓰면 다른 쪽을 줄여야 해요. 국가 부채는 오히려 더 줄여야 할 상황이고요. 정부로서는 쉽지 않은 처지죠. 어떻게든 복지를 늘리기 위해서는 사회간접자본(SOC) 투자를 줄이는 것밖에 방법이 없어요. 그런데 이게 말처럼 쉬운 일이 아니거든요. 대통령 선거 때 여러 가지 복지 공약을 내걸었지만 현실적으로 약속을 지키기 어려워요. 국민에게 이런 사정을 솔직하게 설명해야 해요. 역대 정부들도 수많은 공약을 했지만 그대로 지킨 적이 많지 않아요. 중요한 것은 공약의 진정성이죠. 공약의 본질을 지키기 위해 최선의 노력을 다했다는 것을 보여주는 것이 중요합니다.

한국의 건강보험제도에 대해서는 어떻게 평가하십니까.

세계적으로 봐도 매우 성공한 사례에 속하죠. 몸이 아플 때 얼마나 쉽게 양질의 의사를 만나고 양질의 시설에서 치료 받을 수 있는지를 기준으로 본다면 한국만큼 잘돼 있는 나라는 없어요. 외국 사람들도 깜짝 놀랄 정도죠. 다만 환자의 본인 부담이 많다는 게 문제죠. 역대 정부가 그걸 개선하려고 계속 노력해 왔어요. 고 노무현 전 대통령은 건강보험의 보장성을 강화했고, 이명박 전 대통령도 그런 기조를 유지했어요. 박근혜 대통령은 4대 중증질환만 확실하게 잡겠다는 정책이죠. 한 번에 모든 걸 완벽하게 만들 수는 없지만 큰 방향에서는 제대로 가고 있다고 봅니다.

의료계에서는 저수가 문제를 지적하는데요.

한국이 저수가 체계인 것은 분명합니다. 하지만 그 때문에 환자들이 병원을 자주 방문하는 것도 사실이에요. 병원들도 환자 수가 많으니까 저수가로도 견뎌낼 수 있는 거죠. 만약 의료계의 요구대로 수가를 인상하면 환자가 크게 줄어들 겁니다. 수가를 올리는 게 바람직한지에 대해 판단하기가 쉽지 않죠. 한국은 경제 시스템이 박리다매형이에요. 음식점이나 백화점이나 모든 매장이 박리다매로 돈을 벌죠. 대부분의 가게에 사람이 미어터지지 않으면 문을 닫아야 하는 구조인 거죠. 반면 외국에 가보면 매장에 손님이 그리 많지 않아요. 의료 수가를 올리더라도 전반적인 시스템을 먼저 바꾸고 올려야 합니다.

국책 연구소 체제에 대해서는 어떻게 생각하십니까.

국책 연구소는 한국에만 있는 독특한 체제입니다. 정부의 정책을 연구하지만 정부 조직은 아니죠. 그렇다고 완전한 독자성과 자율성을 갖는 것도 아니에요. 국민의 세금을 받는 이상 정부 정책에 기여해야죠. 일본은 정부 안에 이런 연구소들이 다 들어가 있어요. 개인적으로는 공무원 신분은 아니지만 실질적인 의미에서는 공직자라고 생각합니다. 학계에서 국책 연구소 시스템에 대한 존폐 논란이 나오고 있지만 아직은 필요하다고 봐요. 현재 국책 연구소가 없으면 정부가 정책을 펴기 쉽지 않은 구조거든요. 공무원들은 대부분이 여러 업무를 옮겨 다녀요. 누군가는 하나의 정책을 맡아 꾸준히 연구해야죠.

올 연말 세종시 이전은 계획대로 추진됩니까.

세종시로 가면 정부청사와 가까워져 좀 더 밀접한 업무 협조가 가능할 겁니다. 하지만 직원들은 걱정이 많아요. 연구원 중 절반이 넘는 55%가 여성이죠. 자녀가 있는 경우에는 교육 문제가 큰 고민이에요. 남편 직장이 대부분 서울이기 때문에 혼자 내려가야 하는 경우도 있고요. 일과 가정의 양립을 연구해 온 연구원들이 정작 자기 문제로 고민하게 된 거죠. (웃음)

[한경비즈니스, 2014. 3. 14. 장승규 기자 skjang@hankyung.com]

한국형 복지모델 개발과
보건사회정책 선도해 온 대표적 싱크탱크

중앙일보 중앙선데이 제정
'2014 한국을 빛낸 창조경영대상' R&D상 수상 기념 인터뷰

국가의 장·단기 보건복지정책 수립에 기여하기 위한 정책 연구를 수행하는 한국보건사회연구원은 다른 공공기관보다도 급변하는 사회 환경에 능동적이고 즉각적으로 대처하며 국민의 삶의 질을 향상시키는 데 이바지하고 있다.

최병호 원장은 "새로운 사회정책 및 보건복지 아젠다 개발, 취약한 재원 조달 구조, 고객 만족 서비스 극대화 요구와 같은 복잡하고도 중요한 현안 문제를 해결해감과 동시에, 연구 개발의 효율성과 투명성을 제고하며 조직에는 생명력을, 우리 사회에는 건강성을 불어넣는 데 힘을 모으겠다" 고 강조했다.

중앙일보와 중앙선데이가 제정한 '2014 한국을 빛낸 창조 경영대상' R&D 상을 받은 한국보건사회연구원(이하 보사연)은 한국 복지 연구의 총본산이다. 보사연은 1971년 가족계획연구원과 보건개발연구원을 모태로 개원한 이래 국민 보건의료·사회보장·사회복지 및 사회정책 부문의 정책 연구와 장단기 발전 계획 수립을 통하여 국민의 '삶의 질 향상'에 이바지해 온 국무총리실 산하 국책연구기관이다. 근래는 국가 정책의 주요 화두로 떠오른 복지 분야 연구를 선도하는 대표적인 정부 출연 연구기관으로 우뚝 서고 있다.

보사연은 또한 저출산·고령화로 증가하는 신 사회적 위험에 노출되어 있는 각종 문제들을 중점적으로 연구 개발해 정책화하는 데 기여하고 있다. 보사연의 주요 임무는 성장과 복지가 선순환 할 수 있는 지속 가능한 정책 대안 및 실천 전략 제시가 핵심 역할이다. 이를 주도하고 있는 이가 바로 최병호 원장이다.

최병호 원장은 "보사연은 사회적 약자, 즉 노인 및 장애인의 삶의 질 제고를 위한 효과적인 소득 보장 체계 구축 및 복지 서비스 개발과 영유아 보육에 대한 국가 책임을 강화하고, 건강하고 안전한 삶이 유지될 수 있도록 보건 인프라를 구축하고, 질병이나 재해 발생 시 맞춤형 보건 및 복지 통합 서비스를 효과적으로 제공하기 위한 다양한 정책 방안을 개발하고 있다"고 말한다.

최병호 원장은 국내외 보건의료·사회복지 및 국민건강 분야 전망에 대한 심층적 분석과 실천적인 연구를 통하여 우리나라 보건복지정책 수립에 기여할 수 있도록 노력해왔다. 노령, 질병, 실업, 재해 등 많은 사회적 위험으로부터 국민을 보호하고, 건강하고 활력 있는 삶을 영위할 수 있는 전 생애 국가 관리 체계를 구축해 전체 국민이 하나로 통합될 수 있는 한국형 복지 모델의 개발을 추구하는 보건복지 가족 분야를 선도하는 Think Tank로서의 소명을 다해와 이번 영예의 창조경영대상을 수상한 것이다.

◗ 소통·창조·실용으로 연구 역량 강화

최 원장이 내세우는 보사연의 혁신적 키워드는 '소통·창조·실용'이다. 이를 바탕으로 연구자로서 정부와의 소통, 국민과의 소통, 미디어와의 소통을 원활히 해왔다. 연구자로서 소통은 정부, 국민, 학계와의 창구 역할을 해야 하기 때문에 이를 통해 무엇을 해야 하고 또 무엇에 귀 기울여야 하는지를 부단히 노력해왔다.

이 같은 키워드를 강화한 결과 보사연은 한국경제 자매지인 한경비즈니스가 매년 실시한 100대 싱크탱크 평가에서 정치사회 부문 3년 연속(2012~2014) 1위를 차지했다.

한경비즈니스는 매년 100대 국책 및 민간 연구기관을 대상으로 정책 개발 등 활동상을 전문가 집단 200명이 참여해 심사, 이 중 경제산업·정치사회·외교안보·여성·노동환경 등 5개 분야의 싱크탱크 순위를 결정해 매년 1월 발표해오고 있다.

한경비즈니스 2014년 1월 15일자 발표에서 보사연은 영향력과 연구의 질·연구 역량 등에서 다른 관련 연구기관을 압도적인 점수 차로 누르고 1위를 차지했다고 보도했다. 한경비즈니스는 보사연이 1위로 선정된 배경에 대해 "최근 국가 정책의 주요 화두로 떠오른 복지에 대한 관심을 반영한 결과이며, 이에 걸맞게 국민의 보건의료, 국민연금, 건강보험, 사회복지, 사회정책 분야의 연구와 발전 계획을 선제적으로 주도해 온 점이 높은 점수를 받았다"고 설명했다.

보사연은 2013년 한 해 동안 학술 세미나, 정책 토론회 및 정책 개발 등을 통해 다양한 정책 이슈를 개발했다. 특히 2013년 연초 '신정부의 복지정책 방향 추진 방향', 6월 '한국과 미국의 보건의료정책 동향 및 개혁 방안에 관한 국제 워크숍', '아시아 10개국의 건강보장 정책 비교 연구'를 위한 국제 세미나, 12월 '벼랑 끝의 사람들—진단과 대책' 등의 토론회를 열어 정책에 반영토록 했다.

저출산 고령화, 외국인 이민자 증가 등 과거와 다른 급격한 인구 변동을 경험하고 있는 한국 사회에서 그에 대한 대응책을 마련하기 위해 2013년 인구전략연구소를 개소, 인구 전반에 관한 종합적인 연구를 실시하고 있는 점도 연구원의 위상을 높인 근거가 됐다.

◗ 지역 복지활성화를 위한 5개 지역 복지기관과 공동 MOU 체결

보사연은 2013년 경남발전연구원(원장 김정권), 충남여성정책개발원(원장 민경자), 대전복지재단(이사장 정진철), 경북행복재단(이사장 윤정용), 부산복지개발원(원장 김수용) 등 5개 기관과 지역복지 활성화 관련 업무 협약을 위한 연구 학술교류협력 협약식(MOU)을 갖는 등 8건의 MOU를 체결했다.

보사연은 지역복지 기관과의 MOU 체결을 계기로 원내 부설 지역사회보장발전연구센터(센터장 김승권)와 이들 지역복지단체와의 학술 교류 협력과 정보 공유, 복지 계획 수립, 모니터링 평가 및 관련 워크숍을 갖고 공동 연구와 조사 사업을 벌여오고 있다.

오늘날 복지시대를 맞아 지역사회의 맞춤형 복지, 고용복지, 전달체계가 중요한 과제가 되었다. 따라서 앞으로 복지정책 및 보건정책

과제를 수행할 때 지역복지 기관과 공동 과제를 수행해 현장감 있는 성과물들이 나오도록 하는 것은 당연한 일. 이를 위해 보사연은 기존 11개 광역지자체와 2012년 MOU를 체결한데 이어 이번 5개 기관이 더해짐으로써 광역지자체와의 MOU 체결이 완성됐다.

보사연은 지난해 상반기 인제대학교(총장 이원로)와도 학술교류협력 협약식(MOU)을 가졌다. MOU 체결을 통해 양 기관은 U-헬스케어를 위한 서비스, 장비기기 디자인 개발은 물론 건강 관련 디자인 연구를 체계적으로 나서고 있다. 국민건강 복지를 위한 헬스케어 연구가 심도 있게 이루어지고, 특히 건강 디자인 및 장비기기 디자인 연구에 상호 연구에 박차를 가할 수 있는 기틀이 마련되었다는 의미가 있다.

◗ 대대적인 조직 개편 단행, 연구실 간 창조와 융합 연구 위해 본부체제 갖춰

2013년 6월, 보사연은 대대적인 조직 개편으로 큰 변화를 맞이했다. 업무 효율성을 높이기 위해 각 연구실을 통폐합해 본부체제로 재편성한 것이다. 보사연은 그동안의 연구실 체제를 해체하고 기획조정본부를 비롯한 보건정책연구본부·사회정책본부·인구정책연구본부·미래전략연구본부 등 본부를 신설했으며, 본부 밑에 연구센터를 신설하거나 통합했다.

이 중 기획조정본부는 연구기획실과 경영지원실을 두었다. 그동안 별도의 기구로 나누어져 있던 두 실을 한 본부 밑에 둠으로써 유기적인 연구 및 경영 지원의 통일성과 효율성을 높일 수 있도록 했다.

보건정책연구본부는 건강정책연구실과 보건정책연구실을 통합했다. 본부 밑에 건강보장연구센터, 생활습관병연구센터, 식품정책연구센터, 의약품정책연구센터, 사회정신건강연구센터를 신설하거나 확대 개편했다. 사회정책본부는 사회정책연구실과 사회서비스연구실을 통합했다. 본부 밑에는 기초보장연구센터, 사회서비스연구센터, 사회통합연구센터, 지역사회보장발전연구센터, 사회보장통계연구센터를 두었다. 인구정책연구본부는 저출산정책연구센터를 출산정책연구센터로 개편하고 고령사회연구센터, 연금연구센터를 각각 두었으며, 미래전략연구 본부는 사회보장재정추계센터, 국제개발협력센터, 정보기술융합센터를 각각 신설했다.

최병호 원장은 "보사연의 이 같은 대대적인 기구 개편은 각 연구실 간의 칸막이를 없애고 융합 연구를 강화하는 데 근본 취지가 있다"고 설명했다.

"본부 밑에 센터를 두어 내·외부 현안에 보다 역동적이고 능동적으로 대처할 수 있는 전문화 시스템 강화 연구 역량의 집중도를 높이며, 주요 업무를 수행하고 있는 보건복지부와의 유사한 조직체계를 갖춰 상호 교류와 협력을 강화하자는 취지로 단행한 것입니다. 이에 발맞춰 보사연은 보다 역동적으로 연구실을 운영해오고 있으며 완성도 높은 연구 결과를 내놓고 있습니다."

최원장의 부연 설명이다.

보사연은 이에 앞서 3월에 인구전략연구소(소장 이삼식) 개소식 및 기념 세미나를 갖기도 했다. 인구전략연구소는 한국사회가 경험하고 있는 저출산, 고령화, 외국인·이민자 증가 등과 같은 급격한 인구 변동에 성공적으로 대응하기 위해 인구에 관한 풍부하고 심층적인 연구 기반을 구축하기 위해 개소한 것이다.

최병호 원장은 인구전략연구소 개소식에 대해 "보사연은 지난 40년 동안 축적된 인구에 관한 연구 경험과 노하우를 기반으로 중장기적인 관점에서 국가의 비전과 국민의 삶 향상을 위한 국가인구전략에 대한 종합적이고 체계적인 연구를 펴나가게 된다"고 말했다.

◗ 맞춤형 복지체계 개편 위해 제도와 전달체계 개편 주도

보사연은 지난해 정부의 국정 과제 실현을 위한 계획을 수립하고 준비하는 한 해를 보냈다. 올해는 박근혜 정부 2년차로서 공공부조제도를 개별급여체계로 개편하여 시행 안을 마련하는 단계이며, 노인을 위한 기초연금제도를 도입하며, 4대 중증질환의 보장성 계획을 이행하고, 저소득층의 의료비를 경감하는 계획들을 실행에 옮기는 해다. 또한 선택 진료료·상급 병실료·간병비 등 3대 비급여의 개선안을 마련할 것으로 전망된다. 이를 위해 보사연의 역할이 그 어느 때보다 막중한 것이다.

최 원장은 "맞춤형 복지체계로 개편하기 위해 제도와 전달체계의 개편이 함께 이뤄져야 한다. 특히 복지 사각지대에 처해 벼랑 끝에 내몰린 사람들을 도울 수 있는 맞춤형복지를 고민해야 한다"고 강조했다.

이 같은 과제들을 해결하기 위해서 최 원장은 "건강한 복지사회 구현을 선도하는 사회정책의 중심 연구기관인 보사연이 이 비전을 실천하기 위해 우리 모두 합심할 것"이라고 힘주어 말했다. 최 원장은 또 의료의 공공성을 강화하면서 의료 서비스의 질을 제고하고, 저출산의 늪에서 벗어날 지혜를 모아야 하며, 고령사회에 대비할 창의적인 발상과 미래사회에 대비하는 복지와 과학기술의 융합, 통일에 대비하는 사회보장제도를 준비해야 한다"고 말했다.

한편 보사연은 올해 말 세종시 신청사로 이전한다. 세종시 시대에 발맞춰 보사연은 새로이 도약하고 거듭나기 위한 방안을 마련하고 있다. 보사연이 추구하는 비전은 오로지 하나, '모두가 건강한 사회'다. 연구 개발과 정책을 강구하는 일과 더불어 사회복지연구기관 구성원으로서의 조직 가치를 실현할 수 있도록 자원봉사활동을 권장하고 나눔 문화를 정착시키고자 노력하는 이유도 거기에 있다. 1사 1촌 농촌사랑운동 및 농촌 일손 돕기, 지역 농산물 구매, 성산 지역 아동복지센터 등 5개 시설에 대한 정기적 봉사활동, 사회복지공동모금회와 연계된 불우이웃돕기 활동 등 다양한 사회공헌 활동은 보사연의 행보가 그들만의 것이 아니라 '국민과 함께 꿈을 실현해가는 과정'임을 증명하고 있다.

국민의 의식수준과 삶의 질을 함께 높이는 복지 시스템 구축으로 모두가 혜택을 누리는 그날을 위한 보사연의 정책 개발에 힘입어, '다 같이 행복한 나라'를 꾸려갈 때다.

복지 확대는 결코
국가 발전의 걸림돌이 아닙니다

〈최병호 원장〉
- 1957년 3월 13일 출생
- 성균관대 무역학 학사
- 서울대 행정대학원 행정학 석사
- 미국 조지아대 대학원 경제학 박사
- 한국보건사회연구원 선임연구위원
- 보건복지부 장관자문관
- 건강보험재정운영위원회 위원장
- 장기요양실행위원회 위원장
- 건강보험심사평가원 심사평가연구소장
- 現 한국보건사회연구원 원장
  국민연금기금운용위원회 위원
  저출산·고령사회위원회 위원
  사회보장심의위원회 위원
  국가통계위원회 위원

지난 9월 19일 한국보건사회연구원(원장 최병호, 이하 보사연) 주최로 '담배규제정책 개선을 위한 세미나'가 열렸다. 이 세미나에서 우리나라 금연정책지표는 OECD 25개국 중 24위로 나타났을 뿐 아니라 담배가격지표와 광고규제지표에서도 최하위를 기록했다. 이는 사회 전반적으로 금연지원체계가 부족하다는 의미다. 보건학적으로 담배가 인체에 얼마나 해로운지는 이미 잘 알려진 사실이지만 그에 합당한 금연정책 서비스는 실질적으로 잘 이뤄지고 있지 않고 있다. 이에 대해 한국보건사회연구원의 최병호 원장은 어떻게 보고 있을까. 그는 우선 담배와 관련된 우리의 모순된 모습을 지적했다. 우리나라의 경우 담배를 제조하고 판매하는 주체가 민간기업이 아닌 공기업이기 때문이다.

"금연정책 서비스를 보다 더 확실히 하려면 국가에서 담배를 제조하지 않는 게 가장 바람직하지만, 특정 공기업이 담배의 제조 및 판매를 독점하고 있는 현 상황에서 이는 쉽지 않습니다. 게다가 국가가 담배를 제조하면서 소비자들에게 흡연을 규제하는 나라도 흔치 않죠."

이처럼 현재 상황의 모순을 안타까워하면서도 그는 흡연규제정책에 동의하고 있었다. 그렇다면 흡연 규제는 어떤 방향으로 이뤄지는 것이 가장 바람직할까. 이에 그는 "가격 규제와 비가격 규제가 있다"고 전했다. 가격 규제는 말 그대로 담배의 가격을 규제하는 것으로 담배 가격 인상이 소비자들의 구매 욕구를 저하시킬 것이라는 분석을 바탕으로 하고 있다.

OECD 금연정책 통합지표 순위

통합지표 순위	국가명	가격 지표	가격지표 순위	공공장소 규제지표	공공장소 규제순위	광고규제 지표	광고규제 순위	종합 지표
1	아일랜드	30.00	1	22	5	10	15	62.00
2	영국	27.54	2	22	4	12	9	61.54
3	뉴질랜드	21.63	5	22	3	13	4	56.63
4	노르웨이	24.58	3	12	7	12	8	48.58
…	…	…	…	…	…	…	…	…
23	미국	13.56	20	2	20	4	27	19.96
24	한국	9.36	34	4	15	3.6	28	16.96
25	스위스	12.28	28	0	25	2.4	29	14.68

※ 자료 : 한국보건사회연구원.

또한 비가격 규제는 담뱃갑에 담배의 해로움을 알리는 문구나 그림을 삽입하는 것이다. 이를 통해 흡연의 위험성을 직접적으로 알리는데 목적을 두고 있다. 하지만 현재 우리나라는 가격 규제와 비가격 규제 모두 상당히 느슨한 편이다. 담배에 대한 국가관리가 매우 허술한 수준이라는 뜻이다. 좀 더 자세한 내용을 알아보기 위해 표를 준비했다. 이는 보사연에서 발표한 OECD 금연정책 통합지표 순위를 나타낸 표다.

최 원장은 흡연규제정책 방향을 두고 "담배 가격을 올리는 것은 주머니 사정이 여의치 않은 서민들의 낙을 뺏는 것"이라며 "비가격 규제를 통한 흡연규제정책 성공이 가장 좋다"고 전했다. OECD 국가 중 금연정책 통합지표에서 최하위를 기록하며 망신살을 뻗친만큼 좀 더 실효성 있는 대책이 마련되길 기대해 본다.

구체적 논리 및 근거 바탕된 복지는 포퓰리즘 아냐

최근 우리나라의 모든 정치적 이슈는 연말 대선에 맞춰져 있다. 지난 9월 19일 안철수 서울대 융합과학기술대학원장이 출마를 선언하면서 대선에 대한 국민적 관심은 더욱 커졌다. 이에 국민들은 대선 후보들만큼이나 그들의 공약도 눈여겨보고 있다. 특히 모든 후보들이 앞 다퉈 내세우고 있는 '무상복지 공약'에 대한 관심이 뜨겁다. 일각에서는 이러한 복지 공약을 두고 포퓰리즘적이라는 주장을 제기하고 있는데 최 원장은 이를 어떻게 보고 있을까.

"저는 보편적 복지를 추구해야 한다는 것에 찬성하는 편입니다. 다만 이것이 포퓰리즘인지 아닌지를 구분하기 위해서는 그 바탕에 구체적인 논리가 있어야 한다고 봅니다. 정확한 계산이나 근거 없이 감정적으로만 주장하는 무상복지가 바로 포퓰리즘이 아닐까요. 표심을 얻기 위해 무작정 복지 확대를 외치는 것은 진정한 공약이 아닙니다. 무상복지를 확대할 경우 필요한 비용과 국민들이 감당해야 할 부담을 분명히 밝혀야 진정한 복지가 이뤄질 것입니다."

이러한 복지를 논함에 있어 아동과 노인은 결코 빠뜨릴 수 없는 존재다. 이들을 위한 복지 확대가 가장 큰 축을 이루고 있기 때문이다. 하지만 아동을 위한 복지를 언급하기에 앞서 살펴봐야 할 것이 있다. 바로 심각한 저출산 문제다. 통계청에서 발표한 우리나라의 현재 출산율을 보면 약 1.23명이다. 이 추세가 2060~2070년까지 지속된다면 우리나라 전체 인구는 약 3500만 명으로 줄어들 것으로 보인다. 이에 대해 최 원장은 "이를 해결하는 것은 미래의 문제가 아닌 현재의 문제"라며 "지금 출산율을 올려야 20년 뒤에 그 효과가 나타난다"고 했다. 그는 덧붙여 저출산 문제를 해결할 수 있는 세 가지 방안도 언급했다. '출산에 대한 인식을 바꾸는 것', '아이를 키울 수 있는 제도적 여건 마련', '재정적 부담 해결' 등이 바로 그것이다.

"일단 재정적인 면에서는 상당히 많은 발전이 있었습니다만 결혼 및 출산에 대한 인식을 바꾸는 일은 참 쉽지 않습니다. 이는 베이비부머 세대들의 현실과도 연관되기 때문입니다. 최근 경제시장에서 서서히 은퇴하고 있는 베이비부머 세대들의 자녀들은 대부분 결혼 적령기에 있습니다. 아버지의 경제적 지위가 불안하니 결혼을 앞둔 자녀들도 덩달아 불안해질 수밖에 없죠. 또 결혼을 한다 해도 출산이라는 큰 난관 앞에서 깊은 고민을 하게 됩니다. 때문에 출산율을 올린다는 것은 사회적으로 매우 힘든 일이라고 보여집니다. 그렇다고 이대로 두 손을 놓고 있을 수는 없습니다. 이를 개선하기 위해서는 먼저 사고의 틀을 과감히 바꿔야 합니다. 사회보장 시스템의 틀을 획기적으로 전환해야 한다는 뜻입니다. 하지만 이를 시행하기 위해서는 국민들이 세금도 많이 내야 하고 경제 및 재정 부처에서의 부담도 커져 아마 어려움이 많을 것으로 사료됩니다."

베이비부머 세대 위한 연금 및 노동시장 취약…
사회보장제도 마련 시급

저출산과 관련해 잠시 언급됐던 베이비부머 세대들. 그의 말처럼 이들은 최근 경제시장에서 서서히 은퇴하고 있다. 하지만 이들의 은퇴 이후의 삶은 상당히 불안정하다. 가입자들에 한해 국민연금이 지급되긴 하지만 그 액수는 너무 적어 일상생활을 하기에 불편

할 정도이며, 안정된 직장에 다니지 못했던 사람들은 연금은커녕 퇴직금도 받기 힘든 실정이다. 때문에 소유하고 있는 아파트나 부동산을 팔아 생활을 영위하고 있는 베이비부머 세대들이 늘어나고 있다.

그러나 무엇보다 더 근본적인 문제점은 평균수명이 100세로 늘어난 지금과 같은 시대에 이들이 다시 경제적 활동을 시작하기가 매우 어렵다는 점이다. 나이가 많은 퇴직자들을 받아주는 시장이 흔치 않아 차선책으로 창업을 택하지만 그마저도 경험이 없어 실패하기 일쑤다. 이에 대해 최 원장은 "연금이라는 장치가 제대로 마련돼 있지 않고 은퇴 이후 노동시장에서 자리 잡기가 쉽지 않은 상황"이라며 "이들을 위한 사회보장제도가 시급하다"고 전했다.

사회 취약계층에게 '희망' 줄 수 있는 제대로 된 복지 필요

그가 언급한 사회보장제도는 비단 베이비부머 세대들을 위해서만 필요한 것은 아니다. 하루가 멀다 하고 터져 나오는 묻지 마 범죄 및 아동 성범죄 발생 원인으로도 이 사회보장제도의 부재가 손꼽히고 있다.

현재 우리나라의 상황을 살펴보면, 자신의 능력만으로도 생활이 가능한 사람들은 온갖 종류의 사회보장제도에 포함돼 있는 반면 사회적 위험에 많이 노출돼 있는 취약계층 상당수는 사회보장제도 적용 대상에서 제외돼 있다. 사회보장제도에서도 뚜렷한 양극화 현상이 나타나는 것이다. 최 원장은 특히 아동들을 위한 제도적 장치가 부족한 것에 안타까움을 나타냈다.

"우리나라의 아동 기준 나이는 만 18세입니다. 만 18세면 고등학교 3학년이죠. 우리가 고3이었을 때를 생각해 봅시다. 얼마나 철이 없고 어렵니까. 그런데 아동보호시설에서는 만 18세가 된 아이들을 사회로 내보내고 있습니다. 거기서 나온 아이들은 어디로 가게 될까요. 그 아이들을 감싸고 보호하는 건 사회의 밝은 세력들이 아니라 어두운 세력들입니다. 당장 배가 고프고 일이 없으니 아이들은 그 어두운 세력에 영혼을 팔게 되죠. 그렇게 되면 자연스레 범죄의 길에 빠져들게 되고 이후 쉽게 헤어나지 못하게 되는 것입니다."

그는 이러한 현실에 분개하며 "맞춤형복지, 보편적복지라고 말만 외칠 것이 아니라 제대로 된 대책이 필요하다"고 강조했다.

"이들에게 희망을 줄 수 있는 복지가 절실합니다. 희망이 없어지면 이들은 자살이라는 극단적인 방법을 택할 수도 있습니다. 우리는 그 심각성에 대해 진지하게 고민해야 할 것입니다."

OECD 국가 중 자살률 1위… 무감각한 국민들이 더 문제

그렇다. 살아가기 위한 '희망'이 없어진 사람들은 극단적인 방법으로 자살을 택하기도 한다. 보건복지부가 발표한 자료를 보면 우리나라의 자살률은 지난 2010년 기준으로 인구 10만 명 당 33.5명에 달하고 있다. 이는 전년의 28.4명보다 5.1명 늘어난 수치다. 하루 평균 42.6명에 이르는 우리나라의 자살률은 OECD 회원국 평균 수치인 12.8명보다 무려 2.6배나 높게 나타났으며, 지난 2003년 이후 8년째 '자살률 1위'라는 불명예를 얻고 있다.

자살률은 흔히 사회의 건강성을 나타내는 핵심 지표라고 한다. 하지만 '세계 자살 예방의 날' 10주년을 맞이한 올해 우리나라의 자화상은 안타깝기만 하다. 이에 대해 최 원장은 "국민들이 이런 충격적인 수치에 무감각한 것이 더 큰 문제"라며 "이러한 상황에 처해보지 않은 사람들은 이를 깊게 생각하지 않는 것 같다"고 했다. 이 문제를 좀 더 깊이 있게 다루고자 그는 지난 2008년 보사연에서 시행한 '노인장기요양보험제도'에 대해 언급했다. 이는 고령이나 노인성 질병 등의 이유로 혼자서 일상생활을 수행하기 어려운 노인 등에게 신체활동 및 가사활동 지원 등의 장기요양급여를 제공해 그 가족의 부담을 덜어주고자 시행한 제도다.

"이 제도가 시행된 것은 2008년이었지만 사실 준비는 지난 2000년부터 해왔습니다. 그때 당시에는 정책을 결정하는 부처의 공무원들도 자신들이 처한 상황이 아니다보니 심각하게 생각하지 않는 경향이 있었습니다. 그런데 실제로 그들의 부모님께서 고령이시거나 지병으로 거동이 불편하신 상황에 처하니 비용이 많이 들더라도 꼭 필요한 제도라고 느끼더군요. 시행한 지 5년이 넘어가고 있는 지금은 대부분 이 제도에 만족하고 있습니다."

그는 인터뷰를 마무리하며 "사회 취약 계층을 위한 복지가 국가발전에 걸림돌이 아니라는 것을 널리 알리고 싶다"고 했다.

우리나라가 '20-50 클럽'에 가입하며 선진국 대열에 들어섰지만 1인당 GDP만 늘어난다고 진정한 선진국이 되는 것은 아니기 때문이다. 국민들의 의식 수준과 삶의 질을 높일 수 있는 복지 시스템이 함께 이뤄져야 비로소 진정한 선진국 대열에 진입할 수 있다는 것이 그의 지론이다. 그는 "우리나라가 건강한 복지국가가 될 수 있도록 보사연을 정책 중심기관으로 발전시키겠다"며 "정책 결정자나 정치인, 국민들이 모두 동의할 수 있는 복지정책을 만들어내겠다"고 향후 계획을 밝혔다.

아직까지는 사회 지도층 사이에서 경제 분야가 가장 큰 목소리를 내고 있다. 하지만 시대적 화두로 '복지'가 관심을 얻고 있는 만큼 그는 이 분야의 힘을 좀 더 키울 생각이라고 했다. 이러한 계획을 바탕으로 앞서 언급됐던 '포퓰리즘적 복지'가 아닌 '논리와 근거가 확실한 복지정책'을 마련해 국민 삶의 질을 한 단계 향상시켜주길 바란다. [국회전문지 '동행', 2012. 10월호. 남영주 기자 juicce@hanmail.net]

글자 그대로의
무상의료는 불가능하다

"지속 가능성 위해 보험료 인상 대국민 설득 필요"

정부 산하 보건의료 관련 연구기관이 몇 개나 될까. 한국보건산업
진흥원이나 한국보건의료연구원, 국민건강보험공단, 건강보험정
책연구원, 보건의료인력개발원, 국립보건연구원, 보건환경연구원,
산업안전보건연구원 등 어림잡아도 10개는 족히 된다. 여기에 대한
의사협회 의료정책연구소와 대한병원협회 병원경영연구소, 여러
학교와 기업의 보건의료 관련 연구기관이 하루가 멀다 하고 연구 보

고서를 쏟아내고 있다. 이 연구들은 우리나라 보건의료정책 수립에 참고 자료로 사용된다.

지난 6월 29일 설립 41주년을 맞은 한국보건사회연구원(이하 보사연)도 그 중 하나다. 예전에는 보사연의 전신인 한국보건개발연구원(1971~1989년)이 거의 유일한 연구기관이었다. 보사연은 40여 년 간 가족계획으로 대표되는 인구억제정책부터 개인위생 증진, 건강보험체계 마련 등 우리나라 보건의료정책의 근간을 수립하는 데 크고 작은 역할을 도맡아 왔다.

지난 5월 보사연의 새 원장으로 선임된 최병호 원장은 스스로를 '건강한 복지사회를 위한 연구를 생산하는 지식공장 공장장'이라고 소개한다. 하지만 "보건의료 분야에서 보사연의 위상이 예전만 못하다"면서 "앞으로 보건의료 분야 연구를 더 확대하겠다. 책임감이 크다"고 포부를 밝혔다.

Q 앞으로 보사연이 나갈 방향은 무엇이라고 보는가?

A 보건의료정책 분야에서 보사연이 중심에 있지 못했다. 가족계획연구원 및 한국보건개발연구원 시절에는 다른 연구기관이 없었기 때문에 비교적 경쟁력이 있었지만, 세월이 흐르면서 경쟁 관계에 있는 연구기관들이 많이 생겼다. 보사연의 보건의료 분야 (연구)역량이 예전만 못한 것은 사실이다. 그래서 보건정책 쪽 연구를 강화하고자 한다. 이를 위해 기존 사회보험연구실을 없애는 대신 의료정책연구실과 건강보장연구실을 신설했다. 사회보험연구실에서 수행했던 건강보험 및 연금보험 업무를 세분화해 건강보험 관련 연구는 건강보장연구실에서,

연금보험은 기초보장연구실과 합쳐 사회보장연구실에서 맡았다. 현재 보건의료정책은 적정 비용으로 국민의 건강 수준을 얼마나 향상시키느냐에 초점이 맞춰져 있다. 이런 측면에서 당분간은 건강보험 및 의료급여에 대한 연구를 중점적으로 추진할 계획이다. 건강보장연구실을 만든 이유이기도 하다. 건강보장연구실을 중심으로 인력이나 병상, 장비 등 의료자원에 대한 연구뿐만 아니라 전달 체계에 대한 고민까지 엮어서 연구할 방침이다. 동시에 의료산업과 관련한 연구에도 집중할 생각이다. 비용만 컨트롤한다고 의료가 발전하는 건 아니다. 제약, 의료기기 등 분야에서 신 의료기술을 받아들임으로써 국민 삶의 질이 향상되는 부분이 있다. 치를 비용은 치러야 한다. 다만, 가치가 없는 부분(기술 등)에서는 재정을 절감해야 한다. 이를 선별하는 역할을 보사연이 하고자 한다.

Q 추진 중인 연구에서 핵심적인 것을 꼽자면?

A 저출산 고령화에 대한 대비다. 연구기금도 이 분야에 가장 많이 편성돼 있다. 불과 30~40년 전만 하더라도 인구 억제 방안이 연구의 화두였다. 그러나 최근에는 저출산 고령화 문제가 심각한 사회 문제로 대두됐다. 보사연 뿐만 아니라 전 정부 부처가 높은 관심을 보이고 있다. 지난달에는 대통령이 8개 부처 장관과 함께 보사연을 방문했다. 베이비부머들의 은퇴에 따른 여러 문제를 논의하기 위해서였다. 급속한 고령화보다 더 큰 문제는 동반되는 의료비다. 고령인구 증가는 의료비 증가와 일맥상통한다. 아니, 고령인구가 늘어나는 속도에 비해 의료비는 더

가파르게 증가한다. 고령화가 진행될수록 복합질환자가 많아지기 때문이다. 이 모든 것은 건강보험료로 조달되고 있다. 그러나 보험료는 이 속도에 비례해서 증가하지 않는다. 때문에 보건의료 분야 중에서도 건보 재정에 관한 연구에 집중하고 있다. 보건의료 재정에 대한 소요, 재원 조달 방법에 대해 연구함으로써 어디서 어떻게 재원을 조달할 것인지를 논의하고자 한다. 연말 대선을 앞두고 이 문제는 더욱 심각하게 부각될 것이다.

Q 대선을 앞두고 보건의료 분야에서는 무상의료가 화두로 부각됐는데, 이와 관련한 보사연의 역할은 무엇이라고 생각하나?

A 무상의료는 좋든 싫든 간에 정치의 종속변수일 수밖에 없다. 어떤 정당이 집권하느냐에 따라 무상의료든, 선택적 복지든 정책 방향이 정해질 것이다. 집권 정당의 방향에 대해 정부가 정책을 짤 것이고, 보사연도 그에 맞춰 연구를 진행할 것이다. 개인적으로는 무상의료에 대한 정답은 없다고 생각한다. 여야를 막론하고 보장성 강화 필요성에 대해서는 동의하고 있다. 다만 그 방법에 이견이 있는 것이다. 이에 대한 치열한 연구가 필요하다. 어떤 부분에 보장성을 강화할지, 이에 따르는 재원은 얼마나 되는지, 재원은 어디서 충당할지, 또 앞으로 얼마나 늘어날 것인지 등에 대해 연구할 예정이다. 보수든 진보든 우리의 연구를 참고해 정책 방향을 결정할 것이다. 우리의 역할은 딱 거기까지다.

Q 최근 새누리당 안종범, 민주통합당 김용익 의원을 초청해 양당

정책을 논의하는 자리를 마련하기도 했다. 양당 보건복지정책에 대해서는 어떻게 생각하나?

A 민주통합당이 제안하는 무상의료가 대선을 앞두고 어떤 구체적 안으로 등장할지는 모르겠다. 다만 지난 총선 때 나온 안을 토대로 민주당의 무상의료를 예상한다면 '입원 진료 90% 보장, 외래는 현행대로'다. 이를 토대로 계산하면 보장성은 75% 수준이다. '1만1000원의 기적'을 외치며 무상의료가 실현 가능하다고 주장했지만, 글자 그대로의 무상의료는 불가능하다. '입원 90% 보장' 역시 정치적인 수사라고 생각한다. 먼저 입원 90%를 맞추는 것 자체가 대단히 힘들다. 비급여 부분이나 임의 비급여 문제 등 여러 복잡한 문제가 있다. 입원 90% 보장을 위해서는 비급여를 급여화 할지, 아직은 어느 부분을 급여화 할지 등에 대한 구체적인 방안을 제시하지 못하고 있다. 또 선택 진료나 상급 병실 등의 문제도 선결돼야 한다.

Q 보장성 강화와 이에 따르는 재원 마련 문제에 있어서는 새누리당이 제시하고 있는 '4대 중증질환(암, 심장질환, 뇌혈관질환, 희귀난치성질환) 보장'도 마찬가지 아닌가?

A 그렇다. 형평성에 문제가 있다. 많은 비용을 필요로 하는 중증질환은 그 4개 외에도 많다. 중요한 건 질환이 중증이냐 경증이냐가 아니다. 환자 입장에서 얼마나 많은 비용이 드느냐가 중요한 기준이 돼야 한다. 환자 중심, 비용 중심으로 접근해야 한다고 생각한다. 그런 관점에서 환자의 부담이 가능한 상한제가 가장 유용한 수단이다. 형평의 측면에서도 1년간 부담할 수

있는 각 계층의 상한을 정하는 게 옳다. 궁극적으로는 비급여 항목의 급여화가 필요하다. 다만 비급여 가운데 반드시 비급여로 남아야 하는 부분은 선별해야 한다. 1인실이나 미용성형의 경우가 이에 해당한다. 어느 질환부터 급여화 할지 심도 있는 논의가 필요하다. 비급여를 당장 급여화 하기에는 어려움이 따르기 때문에 본인부담률을 조금씩 줄이는 방안에 대해 생각하고 있다.

Q 결국 핵심은 보장성 강화와 지속 가능한 건보체계 유지로 귀결된다. 건강보험 재정운영위원장과 보건경제학회장 등을 역임할 정도로 이 분야에는 전문가인데, 장기적 관점에서 지속 가능한 건보체계 유지를 위한 안은 무엇이라고 생각하는가?

A 지속 가능한 건보체계 유지를 위해서는 건전한 건보 재정 확보가 무엇보다 중요하다. 건보 재정은 주로 보험료로 조달되고 있는데, 문제는 앞서 언급했다시피 고령화 시대를 맞이하면서 의료비는 급격히 늘고 있는 반면 건보료 증가 속도는 더디다. 이에 대한 대국민 설득이 필요한 시점이다. 물론 보험료 인상에 대한 국민 설득이 쉽지 않은 건 사실이다. 그러나 반드시 필요한 부분이고, 현 상황에서는 가장 수월한 방법이다. 국고지원금을 늘리는 방안도 논의되고 있는데 국고를 끌어다 쓰는 것보다는 국민을 설득하는 게 더 쉬울 것이다. 국고는 기획예산처를 설득하고 국회심의까지 두 단계를 거쳐야 하지만, 보험료 인상은 가입자만 설득하면 되기 때문이다. 중요한 건 이러한 논리를 의사나 병원들도 설명할 수 있어야 한다는 것이다. 최근 포괄수

가제 논란이 일었는데, 포괄수가제라는 게 사실은 불필요한 낭비를 줄여 보험 재정을 아끼기 위한 방편이다. 의료계도 불필요한 재정 소모를 줄이고자 하는 것에는 반대하지 않는다. 의료계 스스로도 행위별수가제 하에서 과잉 진료를 한 측면이 있다고 인정하고 있지 않나. 재정 건전화 방안에 반대만 해서는 안 된다. 바람직한 지불제도에 대해 정부와 함께 고민해야 한다. 의협도 이제는 어느 정도 성숙할 필요가 있다. 정부와 같은 눈높이에서 전체를 보고 지속 가능성에 대해 고민해야 한다. (의협이) 특정 전문과의 이익을 대변하는 시대는 지나갔다. 10만 의사를 대표하는 대표자로서의 역량을 발휘해야 한다.

Q   건보 재정의 악화 원인은 뭐라고 생각하나?

A   대단히 복합적인 문제다. 가장 큰 원인은 공급이 무한정으로 늘어나는 것이다. 수요에 대한 판단 없이 병상과 장비만 늘고 있다. 그럼에도 이에 대한 규제는 전혀 없다. 재미있는 건 공급 과잉 문제에 대해서는 의료계나 정부가 크게 부딪히지 않고 있다는 점이다. 정부는 규제를 하지 않고, 의료계는 불평만 늘어놓을 뿐 관리하지는 않는다. 정작 정부와 의료계가 크게 부딪히는 건 수가 문제다. 그러나 수가 문제보다 중요한 게 공급 과잉 문제라고 생각한다. 공급이 늘어날수록 의료계 입장에서는 나눠먹는 몫이 작아질 수밖에 없다. 그럼에도 불만만 얘기할 뿐 근본 원인을 해결하고자하는 모습을 보이지 않는다. 여기에서 의료비 증가라는 악순환이 생기는 것이다.

Q 정부에서 공급을 강제적으로 규제하기에는 명분이 부족하지 않나?

A 심도 있는 논의를 해야 할 때다. 현재는 정부와 의료계 모두 고민만 있을 뿐, 해결책을 찾고자하는 의지는 안 보인다. 겨우 나오는 해법이 1차 의료 활성화 정도다. 이 문제도 포괄수가제 논쟁처럼 치열하고 진지한 논의가 필요하다. 지금까지의 논의는 대단히 국소적이었다. 1차 의료 활성화를 위해 선택의원제, 만성질환관리제를 시도했다가 반발에 부딪히고 있는 상황이다. 포괄수가제 역시 마찬가지다. 각 개별 사안에 대해서는 찬성과 반대 입장이 확연히 구분되는데, 전체적인 구도에 대해서는 논의가 이뤄지지 않고 있다. 이에 대한 관심을 보사연에서 이끌어 내고자 한다. 정부에서도 큰 그림을 두고 정책을 짜야 한다. 복지부 산하에 '보건의료정책심의위원회'라는 기구가 있다. 건정심과 유사한 복지부 산하 상시 조직이다. 보건의료정책을 논의하는 국가 최고의 조직이지만 이름만 있을 뿐 가동되지 않고 있다. 현재 모든 의료정책이 건정심과 건강보험에만 쏠려 있는데, 건정심에서는 의료자원 규제는 이야기하지 못하고 있다. 보건의료정책심의위원회에서 건강보험뿐만 아니라 의료 인력이나 자원, 병상 등 여러 가지를 논의해야 한다.

[청년의사, 2012. 08. 01]

재정 안정화 위해
부당청구 억제-총액예산제 등 필요

ᕉᕉᕉ

진료비 지출 합리화와 건강보험 재정의 안정적 확보 측면 고려돼야
성분명 처방은 환자와 소비자 관점에서 문제 풀어가야
재임중 의료 선진국 되기 위해 필요한 조건과 시스템 연구하고 싶어

　　건강보험 재정 안정화를 위해서는 진료비 부당청구 억제와 진료
비 지불제도 개선 등과 보험료 부과 기반 확대 등의 정책이 요구된
다는 주장이 제기됐다.

　　보건사회연구원 최병호 원장은 취임 4개월을 맞아 본지와 가진
인터뷰에서 건강보험 재정 안정화 방안과 관련 "진료비 지출 합리
화 정책과 안정적 재정 확보 방안이 모두 고려돼야 한다"고 강조했
다. 최 원장은 진료비 지출 합리화와 관련 공급자 측면에서 '선택의
원제도 실시', '의료전달체계 확립', '병상 및 고액의료기기 규제',
'진료비 부당청구 억제', '요양기관 계약제 도입' 등 의료비용 절감
노력이 요구된다고 언급했다. 또 포괄수가제 도입, 개원의 및 병원
의 총액예산제 도입 등 진료비지불제도 개편과 약제비 절감 등을 들

수 있고, 소비자 측면에서는 본인부담제도의 개편 등을 꼽을 수 있다고 전했다.

수입 측면에서는 근로소득 이외에 여러 가지 소득이 있는 직장가입자에게 건강보험료 부과, 기타 담배 부담금 인상, 주류세 등에 보험료 부과 등 건보 재정의 안정적 확보를 위해 보험료 부과 기반을 확대하는 방안을 제시했다.

최 원장은 지난 4월 일괄 약가 인하로 인한 약제비 절감 전망에 대해 "단기적으로 사용량에 변동이 없다면 해당 약제의 약품비가 그만큼 절감될 것으로 예측할 수 있다"고 말했다. 다만 그는 "장기적으로는 제약산업의 성장과 건강보험 약제비 규모의 증가가 계속될 것"이라며, "향후 약제비 관리는 약가관리 뿐만 아니라 사용의 적정화를 비롯한 사용량 관리에 주력하는 것이 필요하다"고 역설했다. 약제비 절감책으로 정부 내에서 언급돼 온 참조가격제와 관련해서는 4월 약가 인하와 맞물려 있어 현실화되기는 어려울 것이란 전망을 내놨다.

최 원장은 "참조가격제는 대체 가능한 의약품군에서 보험상환가격을 고정하고 그 이상의 가격에 대해서는 전액 환자가 부담하는 제도"라며, "그러나 4월 약가 인하로 보험상환가가 동일가격으로 정해져 있어 참조가격제가 성립하기 어렵다"고 지적했다. 그는 이어 재정 안정화 정책의 일환으로 지난 2007년 시범사업이 실시됐던 성분명 처방에 대해 어떻게 생각하느냐는 질문에 대해서도 "모든 조건들이 이해관계로 얽혀 있기 때문에 이해 당사자가 함께 협상 테이블에 앉고 환자와 소비자의 관점에서 문제를 풀어가야 한다"고 조언했다.

최 원장은 최근 의약품 재분류 결과와 건강보험 재정의 상관관계에 대해 "전문약에서 일반약으로 전환하면 건보 재정에는 분명히 긍정적일 것"이라면서도 "일반약에서 전문약으로 전환함으로써 발생하는 건보 재정의 증가분과 함께 비교해야 할 것"이라고 덧붙였다.

최 원장은 끝으로 "재임중에 의료 선진국이 되기 위해 필요한 조건과 시스템이 무엇인지를 연구하고 싶다"고 포부를 밝히기도 했다. 그는 '환자의 안전을 위한 시스템 구축', '보호자 없는 병동 시스템 구축', '중질환의 보장성을 확보', '의료자원의 공급관리 및 이용 효율성의 제고', '보건의료 조직과 의사 결정의 거버넌스 선진화', '신기술 등 보건산업의 육성' 등에 관한 내용을 연구하고 정책에 반영시키고 싶다고 언급했다.

그는 "보건정책의 거시적인 연구, 다른 정책연구기관에서 하지 않는 기초 연구, 의료 선진화를 위한 글로벌한 연구 등이 강화돼야 한다고 생각한다"고 강조했다.

다음은 일문일답이다.

Q 지난 5월 15일 취임 이후 여러 차례 보건사회연구원의 방향과 관련 '보건의료정책연구 강화'를 언급했다. 이의 의미와 구체적인 내용은?

A 보사연의 역사를 볼 때 처음에는 인구, 다음으로 보건, 다음으로 복지정책이 강조됐다. 근래에 다시 인구정책이 화두로 등장했다. 보건정책은 근래에 보건대학원과 보건 관련학과의 성장, 건강보험공단 및 심평원연구소, 진흥원, 보건의료연구원, 의약품

안전연구원, 건강증진재단, 국립암센터연구소, 질병관리본부 및 식약청 자체 연구 기능, 의료 단체들의 자체 연구소 등 보건정책 유관 연구소들이 늘어남에 따라 보사연의 위상과 정체성이 모호해지고 있다. 보건정책의 거시적 연구, 다른 정책연구기관에서 하지 않는 기초 연구, 의료 선진화를 위한 글로벌한 연구 등이 강화돼야 하지 않나 생각한다.

Q 건강보험 재정과 관련 여러 전망이 나오고 있다. 보건사회연구원에서 바라보는 건강보험 재정의 안정화 방안 및 정책은?

A 고령화와 소득 수준 향상, 신기술의 확산 등 의료 수요 증가로 인해 진료비가 지속적으로 늘어나고 있는 반면 수입 측면에서는 건강보험료 부과 기반인 소득 증가의 둔화, 보험료율 인상의 한계(법으로 8%제한) 등으로 인한 보험료 인상의 한계가 있고, 국고지원율은 계속 감소하고 담배 소비량 감소에 따른 건강증진기금 감소 등으로 전반적인 건강보험 재정에 불안 요인이 있다.

국민건강보험공단의 '건강보험 중·장기 재정 전망 연구' 추계 결과에 따르면, 보험료와 수가를 인상하지 않고 현 상태를 유지할 경우에도 건강보험 재정수지 적자 규모가 매년 늘어나는 모습을 보이고 있다. 당기수지 적자 규모는 2015년에 4조8000억 원, 2020년에는 15조9000억 원, 2030년에는 47조7000억 원이 발생하는 것으로 나타나고 있다. 건강보험 재정 안정화를 위해서는 진료비 지출 합리화와 건강보험 재정의 안정적 확보 두 가지 측면에서 모두 고려돼야 한다.

진료비 지출 합리화는 공급자 측면에서 의료비용 절감 노력(선택의원제도 실시, 의료전달체계 확립, 병상 및 고액 의료기기 규제, 진료비 부당청구 억제, 요양기관 계약제 도입), 진료비 지불제도 개선(포괄수가제 도입, 개원의 및 병원의 총액예산제 도입 등), 약제비 절감 등을 들 수 있고, 소비자 측면에서는 본인부담제도의 개편 등을 들 수 있다.

수입 측면에서는 보험료 재원의 안정적 확보를 위해 보험료 부과 기반을 확대(근로소득 이외에 여러 가지 소득이 있는 직장 가입자에게 보험료를 부과, 기타 담배 부담금 인상, 주류세 등에 보험료 부과 등)를 통한 재원을 확보하고, 국고 지원의 안정적 확보를 위한 법적 정비가 필요할 것으로 판단된다.

Q 지난 4월 1일 정부의 일괄 약가 인하가 시행됐다. 이 같은 일괄 인하 방식이 국내 제약업계를 비롯한 보건의료계, 건강보험 재정 등에 어떤 영향이 있을 것으로 전망하는가?

A 일괄 약가 인하로 인해 기존 의약품에 대한 가격이 직접 인하됐으므로 단기적으로 제약업계의 매출이나 수익을 감소시키는 효과가 있을 것이다. 그러나 해당되는 제품이 기업 전체 제품에서 차지하는 정도에 따라 기업별로 영향을 받는 정도에는 차이가 있을 것이다. 건강보험 재정 측면에서는 가격이 인하된 약품의 사용량에 변동이 없다면 해당 약제의 약품비가 그만큼 절감될 것으로 예측할 수 있다. 다만 이런 전망은 약가 인하의 직접적인 영향에 국한된 것이라 할 수 있다. 장기적으로 또는 약제비 전체적으로 볼 때는 다른 결과가 나타날 수 있다.

약가 인하에 대응해 제약기업은 신제품 개발/도입, 일반의약품을 포함해 사업의 다각화 등 다양한 방식으로 대처하고 있으며, 연구 개발 투자를 더욱 확대하는 기업도 있다.

4월 약가 인하와 함께 정부에서는 혁신형 제약기업 선정 및 연구 개발 지원을 강화하고 있어 약가에 대한 정부 정책은 특허가 만료된 의약품의 가격은 인하하되 신약에 대한 가치는 인정하는 방향으로 가고 있다고 보인다. 제약기업의 연구 개발 투자 확대는 이런 정책 방향을 인식한 대응이라고 볼 수 있다. 또 인구의 고령화, 신약 도입 등의 요인에 따라 의약품 사용량은 당분간 증가세를 유지할 것이므로, 전체적인 제약시장 규모는 계속 커질 것이다. 즉 장기적으로 볼 때 제약산업의 성장과 건강보험 약제비 규모의 증가가 계속될 것이라고 할 수 있다.

향후 약제비 관리는 약가관리 뿐만 아니라 사용의 적정화를 비롯한 사용량 관리에 주력하는 것이 필요하다. 약제비 증가의 주요 원인은 사용량 증가와 고가의 신약 도입이다. 신약에 대해서는 보험 등재 시점에 기존 의약품과 대비한 약효, 비용 효과성을 평가해 적정 수준의 가격을 설정하는 것이 중요하고, 더 나아가 꼭 필요한 환자에게 적정한 수준으로 처방되도록 공급자에 대한 관리를 할 필요가 있다. 특히 고가 신약은 주로 항암제, 희귀 의약품 등에서 많은데, 보장성 강화에 따라 이들 의약품의 본인부담금이 낮아짐에 따라 공급 측면에서의 엄격한 사용 관리가 더욱 필요하다.

Q 건강보험 재정 안정화와 관련 정부 및 보건의료계 일각에서는

참조가격제를 언급하기도 한다. 이에 대해 어떤 시각을 갖고 있나?

A 참조가격제는 대체 가능한 의약품군에서 보험상환가격을 고정하고 그 이상의 가격에 대해서는 전액 환자가 부담하는 제도이다. 즉 환자가 지는 재정 책임이 증가하게 되는데, 이를 위해서는 환자가 주체적으로 의약품을 선택할 수 있도록 정보가 충분히 제공돼야 하며, 의사나 약사와 같은 의료 공급자 또한 환자의 의약품 선택을 지원해야 한다.

참조가격제 하에서 저가의 의약품 선택이 활발히 이뤄지기 위해서는 생동성 시험에 대한 사회적 신뢰가 공고해야 한다. 국내에서 참조가격제가 시행되기 위해서는 최소한 이런 진료 환경과 문화가 구축돼야 한다고 본다.

한편 현재의 약가제도를 볼 때 특허가 만료된 동일 성분, 제형의 의약품은 동일 가격의 원칙이 지난 4월 약가 일괄 인하와 동시에 마련됐는데, 이는 참조가격제의 배경과 맞지 않는 문제가 있다. 이미 보험상환가격이 동일 가격으로 정해져 있으므로 참조가격제가 성립되기 어렵다.

Q 보건의료계 일각에서는 건강보험 재정 안정화 및 환자의 의약품 선택권 강화 등을 위해 성분명 처방제 도입이 요구된다는 목소리가 있다. 실제로 복지부에서도 시범사업 이후 최종 결과 보고서에서도 추가로 시범사업이 필요하다는 의견을 제시한 바 있다. 제도 도입에 대해 어떻게 생각하는가?

A 의약 분업제도는 깊은 숙고 끝에 탄생하였다기보다는 당시의

정치적 상황, 이해관계 집단들 간의 협상의 산물로 제도가 설계됐다. 의약 분업 도입 이후 10년이 지나면서 의약 분업제도의 원칙을 엄격하게 관리해오지 못하면서 여러 부작용이 발생하고 있다. 약제비 증가, 리베이트 문제, 항생제내성률 등 여전한 오남용 문제, 잠재된 약화 사고 등이 대표적이다. 현재의 상품명 처방은 의료기관·약국 간 기관 분업과 매칭돼 있고, 성분명 처방은 의·약사 직능 분업과 매칭돼 있다. 성분명 처방이 가능하기 위해서는 연결돼 있는 여러 조건들이 함께 해결돼야 한다. 모든 조건들이 이해관계로 얽혀 있기 때문에 이해 당사자들이 함께 협상 테이블에 앉고 환자와 소비자의 관점에서 문제를 풀어가야 한다.

Q 최근 식약청에서는 6400여 품목에 대해 재분류 작업을 진행했고, 이 가운데 504 품목에 대해 스위치 작업을 마쳤다. 특히 전문약에서 일반약으로 200 품목이 전환됐다. 일반약으로 전환하는 것이 향후 건강보험 재정에 긍정적 영향이 있을 것인가?

A 전문약에서 일반약으로 전환하면 건보 재정에는 긍정적일 것은 분명하다. 일반약에서 전문약으로 전환함으로써 발생하는 건보 재정의 증가분과 함께 비교해야 한다.

Q 끝으로 보건사회연구원장으로 재임하면서 반드시 추진하거나 반영하고 싶은 정책이 있다면?

A 의료 선진국이 되기 위해 필요한 조건, 갖추어야 할 시스템을 연구하고 싶다.

첫째, 환자의 안전을 위한 시스템 구축이다. 수술장에서의 안전, 약화 사고로부터의 안전, 응급환자의 안전 등 안전은 선진화를 위한 기본 인프라이다. 의료의 질을 결정하는 기본이기도 하다.

둘째, 보호자 없는 병동 시스템의 구축이다. 환자 보호자가 병실에서 환자와 함께 숙식을 하는 후진적 행태에서 벗어나야 한다.

셋째, 중질환의 보장성을 확보해야 한다. 노인 빈곤의 원인은 주거 다음으로 의료비이다. 의료 보장이 강화돼야 노인 빈곤이나 자살을 사전에 예방할 수 있다.

넷째, 의료자원의 공급관리와 이용의 효율성을 제고해야 한다. 효율성을 높이지 않고는 장기적으로 거시적 의료비 관리를 할 수 없고, 의료자원의 낭비를 초래한다.

다섯째, 보건의료 조직과 의사 결정의 거버넌스를 선진화 해야 한다. 의사 결정의 합의 문화가 부재하고 이해관계 갈등으로 제도 개선이 한 걸음도 나가지 못하고 있다.

여섯째, 신기술은 미래성장동력의 주요한 원천이다. 보건산업의 육성에 힘을 쏟아야 한다. [약사공론, 2012. 09. 17]

9장

에필로그

나의
산책 사랑

〰〰〰
나는 걸을 때만 명상할 수 있다. 걸음을 멈추면 생각도 멈춘다.
나의 정신은 오직 나의 다리와 함께 움직인다.
─장자크 루소

　사람의 오감과 사지를 이용하여 하는 일에 쏠쏠한 재미를 느끼면 그게 바로 취미가 된다. 그게 직업이 되거나 의무가 되면 취미가 되지 않는다. 구속 없이 자유롭게 하면 취미가 된다. 매일 아침 조간신문 펼쳐놓고 아메리카노 커피 한 잔하는 시간이 행복하다면 그것도 취미라 할 수 있다.

　취미는 한때 빠졌다가 시들해지기도 한다. 나 같은 경우에는 서도와 회화, 탁구, 등산, 사이클링, 영화와 뮤지컬이 한때 빠진 적이 있는 취미들이다. 그래도 여태껏 꾸준히 해온 취미는 산책이다. 산책이 무슨 취미냐고 코웃음 칠 수도 있지만, 나에게 산책은 취미 이상의 의미를 가진다.

　1983년 한국개발연구원에 입사하면서 시작된 연구원 생활은 의자에서 오래 버텨야 살아남을 수 있는 직업이었다. 위장이 약했던 나는 식후에 늘 속이 거북했다. 대부분 동료들은 식후에 낮잠을 즐기는 경우가 많았지만, 나는 홍릉 연구단지의 넓은 캠퍼스와 산림청 뒷산을 산책하는 습관에 길들여졌다.

유학 시절에는 학교 캠퍼스에서, 보사연으로 직장을 옮긴 뒤에는 북한산 자락의 산책로에서, 3년간 파견 근무했던 직장에서는 예술의 전당 뒤편 우면산 산책로를 즐겨 찾았다. 자연과 벗 삼아 산책하기에 좋은 환경을 갖춘 직장만 찾아다니는 행운을 갖게 되었다. 집 근처의 한강고수부지 서래섬과 반포천 산책로 역시 바쁜 저녁 일정이 없으면 늘 찾는 나의 산책로이다.

산책은 주택가에서도, 출장 중에도 얼마든지 가능하다. 4년 전 안식년 기간 중에 캘리포니아의 아름다운 마을(Palo Alto)의 주택가와 동네 공원은 늘 찾는 저녁 산책 코스였다. 미국인들은 왜 집에 틀어박혀 저녁 시간을 보내는지 늘 궁금했다. 미국인들의 비만을 줄이는 확실한 방법은 범국민적으로 산책을 장려하는 시민운동을 펼치는 것이라는 생각을 해보았다.

산책은 언제, 어디서든 별다른 준비 없이 할 수 있다. 운동삼아 하는 산책은 운동화만 있으면 되고, 슬슬 여유를 부리는 산책은 간편한 슬리퍼나 캐쥬얼화도 좋다. 때론 맨발도 좋다.

나는 바쁠 때일수록 산책 기간을 꼭 챙기려 노력한다. 산책으로부터 얻을 수 있는 것은 여러 가지이다.

보건학적으로 보면 식후의 산책은 당뇨를 예방한다. 당뇨환자도 식후 산책은 당뇨약과 같은 효과를 가진다고 한다. 햇볕 아래 산책은 골다공증을 예방한다. 산책은 다리와 허리 근육을 튼튼하게 하고 심장질환을 예방한다. 중년의 뱃살을 빼는 데는 산책이 제일 좋다. 신기하게도 산책로에서 비만한 사람들을 발견하기는 어렵다.

산책 시간은 누구로부터도 방해받지 않는 혼자만의 시간이고 사색에 잠길 수 있다. 산책하면서 머릿속으로 시도 짓고 글도 쓰고 그림을 그린다. 군자가 갖추어야 할 덕목인 시서화(詩書畵)를 즐길 수 있다. 부부가 함께 하면 답답한 거실에서 보다 더 자유롭고, 에너지 넘치고, 풍성한 소통을 할 수 있다. 부부의 건강을 함께 챙기는 것은 보너스이다.

장자크 루소(1712~1778)는 "나는 걸을 때만 명상할 수 있다. 걸음을 멈추면 생각도 멈춘다. 나의 정신은 오직 나의 다리와 함께 움직인다"라는 글을 남겼다. 그는 그 시대에서 장수하였다.

몸과 마음의 건강을 지키는 산책, 저녁이 있는 삶을 누려보시라. 오늘 당장 산책에 빠져보시라. [경제인문사회연구회 뉴스레터]

낙훈이 견진

꼭꼭꼭꼭

막내가 새아버지를 얻었다. 영적 아버지다. 멀리 떨어져 있어도
영혼이 소통되는 따뜻한 세상이면 외롭지 않으리라.

막내아들 낙훈이가 견진성사를 받았다. 유학 시절의 친구 Ike가 대부를
서기 위해 미국에서 날아왔다. 레스토랑 '톰볼라' 에서 식사를 하고 집에서
시원한 수박을 나누었다. 녀석이 워낙 축구를 좋아하는지라 왼쪽 무릎팍
에 상처 딱지가 붙어있다. 낙훈이가 영적(靈的) 아버지를 얻은 날이다.

창덕궁 부용지

〰〰〰〰
한때 20대 총각이었던 내 곁에 풋풋한 20대 딸아이가 서있다.
가족이 무거운 짐이 아니라 기적이 되는 세상을 만들자.

창덕궁 부용지의 여름. 학창 시절에는 창덕궁이라기보다는 비원(secret garden)이었다. 비원을 사랑했다. 은밀하고 고요한 아름다움을 즐겼다. 학교 담장을 넘으면 비원이었다. 교련시간에 비원 속으로 침투한 기억이 선명하다. 부용지는 유화반 동료들과 함께 이젤과 팔레트를 펼쳐놓는 단골 장소였다. 부용지 앞에 아내와 딸이 함께 서 있다니 기적 같은 일이다. 기적은 늘 일어나는데 사람들은 그냥 스쳐 지나갈 뿐이다.

병상의 어머니

୧ଚ୫ୗ

한평생 아끼고 또 아끼신 어머니 앞에서 우린 늘 불효자다.
노인의 황혼이 아름답게 물들도록 우리는 정성을 다하고 있는가.

2013. 8. 11
B.H. Tchoe

　어머니에게 남은 건 달랑 환자복 한 벌, 손에 쥔 휴지 한 조각이다. 인생
은 허망하다. 특히 여자의 일생은…. 이럴 줄 알았으면 좀 더 재미있게 살
았을걸. 요양병원에서 생의 마지막 시간을 보내고 계시던 어머니. 그 어머
니가 꽃들이 흐드러지게 핀 봄날…, 영원한 하늘 소풍을 가셨다. 어머니 앞
에서 나는 늘 죄인이다.

봄을 기다리는 겨울나무

∽∽∽

칠부 능선을 넘자. 넘고 또 넘다보면 고산준령도 두렵지 않다.
인생, 쉽게 포기하지 말자.

봄을 생각하는 겨울의 끝. 뜨거웠던 여름이 지나갈 무렵, 가지의 푸른 잎
들이 무참하게 삭발 당했다. 삭풍과 눈보라가 몰아치는 긴긴 겨울을 발가
벗은 온몸으로 견뎌냈다. 인고의 시간 끝에 새로운 생명을 잉태하고 있다.
번개탄에 목숨을 내어주지 말자. 참고 또 참다 보면 봄날은 온다.

아버지와 막내

〜๑๑๑

인생 즐거움 중 으뜸은 아이와 함께 보내는 시간이다.
행복은 돈이 아니라 시간에 있다.

2013. 12. B.H Tchae

　식당에서 음식을 기다리면서 막내 낙훈과 함께 스마트폰에 빠졌다. 내 어깻죽지에 턱을 괴고서 시시콜콜 훈수를 두고 있다. 낙훈의 풋풋한 기운과 따스한 체온이 늙어가는 몸을 휘감고 있다. 늦둥이 아빠는 늘 행복하다. 아이 갖기가 두려우신가요. 글쎄 일단 한 번 낳아보시라니까요.

버려진 난

ᕙᕙᕙ
어둡고 버려진 곳에서도 생명은 잉태된다. 우리가 그 생명을 거두자.
새 생명이 밝고 따뜻한 세상을 만든다.

    베란다 구석에 내버려둔 싸구려 볼품없던 난이 어느 날 아침 꽃대를 쑤
욱 밀어 올렸다. 꽃대 끝에 소박하고 단아한 기품을 지닌 세 처녀들이 수줍
게 고개 숙이고 있었다. 우리 사회의 어둡고 소외받은 곳에서도 아름다운
생명은 늘 잉태된다. 우리는 생명을 품어야 한다. 베풀고 나누어야 한다.

열대식물

ᘒᘒᘒᘒ

어떤 환경에 처하더라도 우리의 정체성과 품위를 잃어서는 안 된다.
가난해도 비굴해서는 안 된다.

　일요일 늦은 오후, 낮잠을 즐기다가 문득 베란다에 놓인 열대성 화초의
곡선에 매료되었다.

　열대의 기억을 간직하고 왕성한 생명력을 뿜내었다. 하지만 서울의 겨
울은 만만치 않다. 견뎌내느라고 힘들었을 것이다. 역경을 이겨내야 강인
해지고 생명력은 더 단단해진다.

그 많던 아이들은 어디로 갔을까

〰〰〰

놀이터가 아이들로 넘쳐나던 동네.
사람 땀 냄새 풀풀 나던 세상을 다시 돌려받자.

2014.3
BH Tchoe

　새까만 눈동자에, 이마에는 땀이 송글송글 맺히던 아이들. 뛰고 굴리고 모래투성이가 되어 웃고 떠들고 싸우고 울던 아이들의 외침. 아이 엄마들은 등나무 그늘 아래 옹기종기 모여 재잘재잘… 남편 자랑, 아이 자랑. 이른 봄의 을씨년스러운 날씨 탓인가, 한낮인데도 아이들이 안 보인다. 나는 아이들이 보고 싶다.

러브하와이

ᕦᕤᕦᕤ

순결하고 화사한 품성은 비극 속에서 오히려 더 빛난다.
늘 갈고 닦아 빛을 잃어서는 안 된다.

2013년 초여름, 하와이 진주만을 방문했다. 미백색의 러브하와이 꽃들
이 도처에서 화사하게 웃음 지었다. 이 꽃들을 엮어 꽃목걸이 '하와이안레
이(Hawaiian Lei)'를 만든다.

1941년 12월 7일 진주만 공습, 2200명의 청춘을 앗아간 핏빛 일요일 아
침에도 이렇게 순결한 아름다움을 뽐내었을까.

스타벅스의 낙훈이

꽃꽃꽃
마흔에 본 늦둥이, 행복은 기적과 같이 왔다.
이 땅의 아버지들이여, 고목에 꽃을 피우자.

2014. 1.
B.H. TCHOE.

　낙훈이의 행복한 시간, 스타벅스에서 자몽주스를 쪽쪽 빨고 있다. 내
나이 마흔에 낳은 늦둥이다. 녀석이 없으면 무슨 재미로 사나. 낙훈이 만난
다는 생각에 저녁 퇴근길은 늘 설렌다. 나 혼자 짝사랑하고 있나 보다. 막
내를 낳아준 마누라에게 고마울 따름이다. 사람은 꽃보다 아름답다.

복지정책 디자이너 30년 최병호 칼럼집

복지 담론

ⓒ 최병호, 2014

제1판 1쇄 찍음 | 2014년 06월 05일
제1판 1쇄 펴냄 | 2014년 06월 10일

지은이 | 최병호
펴낸이 | 이영희
펴낸곳 | 도서출판 이미지북
등록번호 : 제2-2795호(1999. 4. 10)
주 소 : 서울시 강남구 논현로113길 13 (논현동) 우창빌딩 202호
대표전화 : 02-483-7025, 팩시밀리 : 02-483-3213
전자우편 : ibook99@naver.com

ISBN 978-89-89224-25-9 03330

이 도서의 국립중앙도서관 출판시도서목록(CIP)은 서지정보유통지원시스템 홈페이지(http://seoji.
nl.go.kr)와 국가자료공동목록시스템(http://www.nl.go.kr/kolisnet)에서 이용하실 수 있습니다.
(CIP제어번호 : CIP2014009551)